続・私的《わたくし》旅の味わい方

目次

ネパール文化の神髄とヒマラヤハイキング――1
チュニジア周遊とサハラの初日の出――29
ウズベキスタン周遊、歴史と人にふれる旅――73
悠久の北インド周遊の旅――113
九寨溝・黄龍――157
シンド、パンジャーブ紀行――175
秘境の小チベット、ラダックの旅――211

冬の新疆シルクロードの旅 231
スリランカ世界文化遺産巡り 267
ミャンマー・ハイライト9日間 301
王の道が貫く砂漠の国ヨルダン 353
雲貴高原少数民族紀行　ミャオ族とトン族の村を訪ねて 391
訪朝の記 425
あとがき 479

ネパール文化の神髄とヒマラヤハイキング

期　間　２００３年12月28日～２００４年１月６日（10日間）
旅行先　ネパール

（２０１２年５月執筆）

アフガニスタン
中華人民共和国
パキスタン
ネパール
ブータン
インド
ミャンマー
バングラデシュ

一、急遽ネパールを選択

特に思い入れがあって選んだわけではなく、たまたま予定していたツアーが催行されなかったために急遽選んだ先であった。だが、「だから旅は止められない」と思うほど刺激に満ちた楽しい旅であった。

ネパールは、北は中国チベット自治区と国境を接し、ヒマラヤ山脈がその国境線に位置し、南はインドに接している。南の方には大きな平原もあるが、一口に言ってネパールは山国である。国土の85％が山であるという。だから、山の上の高所と平原との温度差は大きい。またネパールは、ヒマラヤの玄関口といわれるように、雪国の寒いイメージがあるが、緯度は奄美大島と同じくらいであり、冬でも東京より暖かいくらいだ。

山国のため鉄道は通っていない。観光地図を見ると分かるが、山国なのに飛行場が多い。長距離移動は飛行機でということになる訳だ。バスはあるがまだ道路が整備されていない所が多く、その割にトラックが多くて渋滞しがちで移動には時間がかかる。

広さは、北海道の倍ぐらい。ヒンドゥ教が国教（訪れた当時）だったが、仏教も違和感なく共存しているようだ。人口は約３０００万人で（訪れた時は２３００万人くらいだったからその増加率は凄い）意外に多い。そのためか、貧困層も多いことを旅の中で実感した。

訪れた年の２年前に政変があり、王宮内で国王ら多数の王族が殺害されたので、日本でも大きく報道され、当時その記憶は新しかった。また、ネパール共産党毛沢東派が反政府武装闘争を展開し、多くの地域を実効支配しているとの報道も時たま目にしていた。そのため、決して安全な国とは言えないことは分かっていたが、旅行社を信頼し参加した。

その後、王政が廃止されて共和国になり、毛沢東派が第一党となっているようだ。やはり貧困がなせるワザか。

二、カトマンズ到着

29日24時30分、首都カトマンズのトリブバン空港に到着。バンコク国際空港から約2時間の飛行。着陸時上空から見たが、カトマンズは高い山々に囲まれた盆地に造られた町である。標高は1500ｍくらいで前述のように気候は年中温暖であるという。確かに行った時は真冬であるのにカトマンズは暖かく空気も澄んでいた。

空港は煉瓦造りの2階建て。その茶色が真っ青な空に映えてすっきりと清々しい。目を遠くに転ずると、真っ白に雪を頂いたヒマラヤの山並が見える。ヒマラヤとの初めての対面、いささか気分が高揚するのを覚え、選択に誤りの無かったことを確信した。空港で歓迎のしるしとして戴いたマリーゴールドの首飾りも、旅の前途に期待を膨らませるものとなった。

三、スワヤンブナート寺院、ボダナート寺院

「スワヤンブナート寺院（目玉寺）」下方にマニ車が巡っている

スワヤンブナート寺院、カトマンズの町を見下ろす緑に包まれた丘の上にある。寺院の四面にはブッダの目が大きく描かれた巨大なストゥーパ（仏塔）が建っており、その特徴から「目玉寺」とも呼ばれている。また猿が多いことから「モンキー・テンプル」とも呼ばれたりもしている。ストゥーパの尖塔の上方からは紐が八方に伸びて、そこには万国旗のような祈祷旗が連なっている。またストゥーパの下部の壁面の周囲にはマニ車が設置されている。マニ車とは円筒形の回転させることが出来る仏具。中にお経が入っていて、それをくるくる回すとそのお経を読んだのと同じご利益があると言われている。手に持てる小さなものもある。ストゥーパの中は空洞で仏舎利があるという。ここは、ネパール最古の仏教寺院で世界文化遺産に登録されて

いる。寺院の周りには土産物屋が並んでおり、ＣＤ屋からは、なにやら超低音のバスで「オム・マニ・ペメ・フム」（日本で言えば「南無阿弥陀仏」と同様）と何度も繰り返して、読経しているようにも歌っているようにも聞こえる音楽が流れてきた。これは珍しく早速土産に買った。今でもそれを聞くと、あの強烈な印象を与えた目玉寺の大きな目玉を思いだす。

ボダナート寺院は、カトマンズ市内から7㎞離れた所にあり、ネパール最大というストゥーパがある。ここは古くからチベット仏教徒の主要な巡礼地であり、中国の武力によるチベット併合後は世界でも有数のチベット文化の中心地となっている。形はスワヤンブナート寺院と同じで、円形のドームの上に仏塔が乗っている。ドーム下方の周囲の壁面には窪みがあり、それぞれ小さな仏像が彫られている。最下層の土台部分にはマニ車が設置されている。信者はマニ車を回しながら「オム・マニ・ペメ・フム」と唱えながら右回りに回っていくのである。我々も俄信者になり回ってみた。その途中五体投地をしながら回っている信者に出会ったが、実際に見るのは初めてであった。ドームの上にも登ることが出来て、そこから町を望むと、周囲には多数のチベット仏教のゴンパ（僧院）が建っているのが見えた。中国から亡命したチベット仏教徒も大勢住んでいるという。またこの町には、チベット亡命政府の経営するホテルまであると聞いた。ネパールもなかなか懐が深いと思い好感を抱いた。

四、ダルバール広場

ダルバール広場およびその周辺はカトマンズ観光の中心地。ヒンドゥ教寺院が立ち並ぶ旧王宮前広場である。寺院といっても日本のお寺とは趣を異にし、全体に3層4層とあたかも塔のような造りで各層の庇も長い。層塔建築というネパール独特の建築なのだそうだ。屋根は瓦葺きで壁は煉瓦積みである。窓や出入り口は木製で、そこには繊細で見事な彫刻が施されている。しかもその彫刻は、男神と女神が堂々と抱擁し合い交合し合っているものも多い。それどころか性器までも誇張した形で彫られているものもある。このヒンドゥ教の大らかさには驚きと共に親近感を覚える。

建物の色調は赤茶系で異国情緒が漂っている。そのような中を古いバイクやリキシャが走り、自分より2～3倍もありそうな大きな荷物を担いだ担ぎ屋さんが行き交い、寺院の庇を借りて商売をしている者もいて、王宮前広場でありながら生活臭がぷんぷんと漂っている。ひところ、ここはヒッピーのメッカだったと説明された。私も、彼らがたむろしていたというシバ寺院の高い基壇に腰掛けてぼやーっとしてみたら、何だかせかせかした日常生活がばかばかしくなってきた。だが同時に、その日常生活からすっぱりと離れられず、せいぜい年に1～2度外国旅行をして憂さを晴らしている自らの限界をも再認識させられたのではあるが。

広場の一角に「クマリの館」がある。3階建ての見事な彫刻が施された建物である。旅行案内書『地球の歩き方』(ダイヤモンド・ビッグ社、以下出版社略)の説明を要約するとこうだ。「ここにはヒンドゥ教の女

「クマリの館」左上の窓から、
クマリが少しだけ顔を出してくれる

神クマリの化身として崇拝される少女が住んでいる。クマリは家柄正しい利発で美しい幼女が選びだされ、初潮をみると交代する。選ばれると両親の元より引き離され、日々、神としての振る舞い方を教え込まれる。クマリは生き神様として人々に敬われてもいるが、畏れられてもいる存在である。大祭の日には町を巡り、邪気を祓い、人々に繁栄と成功の力を与える。普段は館にいて、人々の病気治療や願望成就の祈願などを行う」のだそうだ。面白いのは、クマリの世話人にしかるべき拝観料を渡すと、2階正面の窓から何秒間か顔を出してくれる。我々も見たが、額は真っ赤に塗られ目の縁は金色に縁取られた5~6歳の可愛い少女であった。その後王政が廃止されたが、今でもクマリは居るのだろうか。

ある寺院の門の前に、サンタクロースのような真っ白な髭を蓄え、真っ赤な僧衣を着たいかにも行者風の人がいたので、カメラを向けたらポーズまでとってくれた。これは有り難いとシャッターを押したらお金を要求された。どうもこれが商売らしい。

五、インドラ・チョーク〜アサン・チョーク

「チョーク」とはバザールの意味のようである。いずれも中世から続くというオールドバザールである。ほとんどが名所旧跡巡りのパック旅行者にとって、この市場見物は地元の人々と直に接しその生活臭をかぎ取ることの出来る数少ない機会であって、どこへ行く時も市場見物が大きな楽しみの一つである。

インドラ・チョークへは王宮前広場から道が通じていて、人の流れに沿っていくと到着する。そこの狭い道路の両側には、煉瓦や木造の3階建ての古い建物が隙もなく建ち並んでいる。その格子窓は寺院ほどではないが彫刻が施されている。その1階は小さな店が間口を並べている。また、歩道にも品物を広げている者もいる。両手一杯に品物をぶら下げて売り歩いている者もいる。哀れな姿の物乞いもいる。そのような中を、人、リキシャ、バイク、タクシーが入り交じって動き回り、それぞれにそれぞれの音を発している。臭いも発している。私は、このような混沌が大好きで、その中にいると何故か気持ちが高ぶってきて旅する喜びを満喫することが出来るのである。

そこを通り過ぎて、彫刻の美しい寺院にお参りをしてそのまま進むと、アサン広場に着く。ロータリーのようにあちこちからの道がここに集まって広場となっているのである。広場の一角には寺院もある。相変わらず、人とリキシャ、線香と香辛料の臭いが入り交じり混沌広場となっている。ここで私は、以前行ったモロッコの「ジャマ・エル・フナ広場」の喧噪と混沌を思い出した。イスラムとヒンドゥ、何故かこの混沌に

は共通するところがあるようだ。

六、朝の散歩

朝、出発までに時間がある時は散歩に出ることにしている。だいたい1時間余りであるが、これは旅先でそこの人々の生活に直に接する良い機会で、どこに行った時でも実行している。今回も2回行った。

1回目は、ホテルから大通りに出て右方向に行った。昼間は上着を脱ぐような暖かさであるが朝晩は寒い。その日は霧も深く、その為町は全体的にぼやーっとしていて、それが粗隠しにもなっていた。丁度通勤時間帯で、バスやオートリキシャは満員であった。いずれもオンボロ車で、あるバスはドアが壊れて無かった。バスはほとんど「TATA」と書かれたインド製であった。トラックもインド製が多い。

ネパールとインドとの繋がりが深いのは、両国が国境を接し、歴史的にも文化的にも経済的にも密接な関係にあることから当然のことである。しかし、密接であることは必ずしも友好関係にあることを意味せず、時に不和になることもある。そうした場合、インドから経済封鎖をされればひとたまりもない。地形的にもネパールはインドに首根っこを押さえられているからである。現に1989年には、当時国境紛争の相手国である中国からミサイルを購入したとの理由でインドから経済封鎖をされ、塗炭の苦しみを味わった経験がある。いやでもおうでもネパールはインドとうまくやっていかざるを得ない関係にあるのである。地図を見るとそのことがよく分かる。

道路沿いの粗末な小屋の前で、大鍋で食べ物を売っているおじさんを囲んで小さな子供達がたむろしていた。犬もいる。また、自転車に大きな袋や籠を付けて野菜を量り売りしているおじさんもいる。バス停近くで立小便をしている男を、終わるまで待っていたバスには笑ってしまった。道路沿いにはゴミが多く、それを掃除夫が箒で掃いていたが、ただ端に寄せているだけであった。あとから回収に来るのであろうか。

2回目は、大通りに出て左の方に行き横道に入ってみた。そこは小さな商店街になっており、各種日用品や食べ物を売っていた。また、ある路上の一角では、男達がそこに野菜を広げて売っていた。小さな朝市という感じであった。また、別の一角では、山羊が首と前足を切り落とされてぶら下げられ、バーナーで毛を焼かれ売り物として仕上げられている場面にも出くわした。バス停近くでは、ボロを敷いてボロ服を着た少年と犬が抱き合って寝ていた。小銭とキャラメルをやると弱々しい笑顔を見せた。帰りがけに、屋台から揚げ菓子を買って食べた。

七、沐浴場、火葬場

パシュパティナート寺院を見学した。聖なるガンジス川の支流の聖河バグマティ川の岸に建立されたネパール最大のヒンドゥ寺院ということだ。シバ神を祀っている。この寺院は、ヒンドゥ教徒以外は立ち入り

「パシュパティナート寺院」火葬の最中であった

禁止であり門前までしか行かれない。寺院側の岸の一角には数か所の火葬場が設けられ、現に死体が焼かれていた。火葬台の上に薪が組まれその上に死体が載せられ、藁もくべられて焼かれていく。初めて見たので衝撃的であったが、親族に見守られながら焼かれていく様子は厳粛でもあった。自然、私も祈るような気持ちで焼き終わるのを最後まで見ていた。

その対岸は石段造りのガート（沐浴場）になっている。冬のせいか沐浴をしている人は見なかったが、石段には行者風の人があぐらをかいて座り祈りにふけっていた。

見ていた火葬も終わり遺灰も川に流されたので、今度は近くの11基の白い石の塔が並ぶ寺院を見学した。その塔の中には、シバ神の象徴である石造りの立派なリンガ（男根）が祀られていて、地元の女性は平気でそれに触りなにやら祈っていた。日本でも、村はずれの田舎道の脇に、道祖神として木造の男根が祀られているのを見ることがあるが、リンガと何か関係があるのであろうか。

その後、そこから上方に向かう石段を登って、その奥にあるヒンドゥ寺院を見に行った。ここも古く立派な寺院であったが、ここまで来る観光客は少なく深閑としていた。その代わり猿がいっぱいいて餌をねだられた。

八、古都パタン

パタンは人口32万人の古都である。カトマンズとパタンは大河バグマティ川で区切られている。昔カトマンズ盆地に三つの王国があった時代に、一つの王国の首都として栄えたのだそうだ。仏教の歴史が古く、そのため今も住民の8割が仏教徒だと説明された。

パタンへは、橋を渡って入る。道路の両側には相変わらず3~4階建ての古い建物が連なり、その1階部分は相変わらず多種多様な店屋が連なっている。人も相変わらず多く、祭日の仙台市一番町並の混雑ぶりで活気に溢れている。なにしろ国土の割には人口が多く、かつ山国で地形的にも大きな町を造れる場所が少ないのだから、町に人口が集中するのは当然であろう。そのような中に、堂々と農業用トラクターまで乗り入れている人がいたがこれは凄い。

そのような道路を、興味津々たる目つきをしながら歩って行った先が、ダルバール広場である。ダルバール広場同様、この広場にも旧王宮やいくつもの寺院が整然と配置されている。17世紀から18世紀に建てられ

「ダルバール広場」層塔建築が美しい

たものというから、それぞれ相当古びており、近くによると破損も目立つ。しかし少し離れて全体を見渡すと、層塔建築の各建物の赤茶系の色調と高山都市の空の青とが鮮やかに調和して実に美しい。パタンとは「美の都」の意味を持つと聞いたが、全くそのとおりである。しかしそのような中、広場の一角ではこれまたダルバール広場同様、何人もの者が地面に果物籠を並べて堂々と商売をしている。この不調和の調和とも言うべき光景は、旅行者には嬉しい。これは、許可を得ない限り、道路や公園での商売やパフォーマンスは一切禁止という日本の日常生活の窮屈さからの解放感からくる心情であろう。寺院の柱には、ここでもエロチックな肢体の彫刻がみられ、これによっても気分は大いに解放された。

また、ここは昔から、彫刻や絵画など芸術に優れた職人が多いということで、歩いていると仏像を作る工房や仏画を描く職人の店が目に付く。私はここで、現地ガイドの案内で、ある奥まった工房に案内され、真鍮製の小さな仏像を買った。今でも自宅の仏壇に静かに納まっている。

九、チャンドラコットの丘

当日は大晦日。カトマンズのローカル空港から空路ポカラへ行った。

ポカラは、カトマンズの西方200㎞にあるペワ湖という湖とアンナプルナ連峰の眺望で知られる美しい町である。標高は850m～900m、気候も温暖である。空港へ降り立った瞬間から、マチャプチャレ山が近くに見えた。いよいよ町中観光から自然観光へ出発である。

バスで、ハムレという村を目指す。そこからトレッキングで、アンナプルナ連峰が最も綺麗に見えるチャンドラコットという丘を目指すのである。右手にアンナプルナ連峰を遠望しながら行ったが、余りの美しさに途中バスに停まってもらって写真を撮った。

村に着いたのは15時であった。ここからは山村のなだらかな山道の登りである。道には敷石が敷いてあり登りやすい。道の横には石積みの農家が点在している。家の横には薪が積まれ、大きな稲叢《いなむら》も目に付く。屋根には何やら干し草が広げられている。畑は石で土留めされた段々畑で、まだ時期ではないのか植えられているいる野菜は少ないが、なぜか菜の花畑の黄色を目にすることが出来た。時折牛や鶏の鳴き声が聞こえる。道

共同井戸で洗濯をしていた

路沿いの共同井戸では2人のおばさんが洗濯をしている。学校帰りの賑やかな子供達にも出会った。学校に行かない子供達からは「スウィート」と言ってお菓子をねだられたりした。真に真に長閑である。私は少年時代まだ裸足で遊んでいたふる里の風景を思い出し、すっかり郷愁に駆られてしまった。

チャンドラコットからのアンナプルナ連峰の眺めは素晴らしかった。私はこれまでにこれ程雄大な大自然を眼前にしたのは初めてであった。連峰を背景にして急な段々畑が下方に広がり、その斜面の中に、あたかも観光客のカメラの被写体用に造られたのではないかと思われるような位置に、2軒の白壁の建物が建っている。文字どおり筆舌に尽くしがたい美しさであった。「今度は、ヒマラヤトレッキングだ!」とその時自分に誓ったが、残念ながらそれをまだ果たしていない。

帰り道は丁度日没時で、夕焼け空の中、金色に輝く連峰を見た。その荘厳さに再び圧倒され、確かにヒマラヤは「神の座」であると言われていることに、「真っことそのとおり！」であると同感出来た。

十、ポカラ観光

当日は元日。午前6時に、まだ暗い中、初日の出を見に車で「サランコットの丘」という展望台に向かった。途中、暗さがとれてきた頃、遠方に連峰の雄峰マチャプチャレがその輪郭を現してきた。展望台について程なく陽光が山頂を黄色く染め始めた。次第に光は強くなってきて、陽光は山頂から山の中腹へと広がり、連峰が全容を現し始める。その前方の低い山々は朝靄に霞んでいて、あたかも薄墨を掃いたような感じである。昨日の夕焼け、今日の朝焼け、いずれも甲乙つけ難くその荘厳さには自然脱帽をして手を合わせるしかなかった。

その後ホテルに帰ったが、前夜着いたときは暗くて分からなかったが、そのホテルからは真っ白にそびえ立つアンナプルナ連峰が眼前に見渡せる。その広々とした芝生の中には椰子やバナナの木や真っ赤なブーゲンビレアの花など植えられ、あたかも南洋の雰囲気である。ここで、ネパールの緯度が相当南にあるのだということを実感する。このホテルはポカラの最高級ホテルだという。今回の旅行では高級など全く期待していなかったので、かえってビックリした。これも、パック旅行の良さの一つである。

午後は市内観光。最初は、「パタレ・チャンゴ」という岩壁の穴から水が滝となって流れ出て、そのまま

一人が踊り、他の人が噺している

地中深く落下していく不思議な洞窟を見た。

その後、ペワ湖のレイクサイドの町に行った。丁度ストリートフェステイバルをやっていた。大勢の民族衣装をきた女達が車座になり、踊っている1人以外はみんな太鼓に合わせて歌を歌っている賑やかなグループに出会った。場所をロープで囲い、その中に男達が集まり、1人の男だけが目隠しをされて何やらゲームに興じているグループもある。道路両側は商店街になっており屋台も一杯出ている。何しろ楽しそうにやっている。

ひととおり見物したあと、ペワ湖の渡し舟に乗り島に渡った。舟からは、前日登ったサンスコットの丘の全容が見える。またそれが、湖に「逆さ富士」となって映っていた。島には古いヒンドゥ寺院があった。

その後町に戻り、再び祭り見物をしたが、お祭り実行委員会がオープニングセレモニーをしていたのにぶつかった。その会場には大勢の人が群がり、舞台横には羊や鶏が繋がれていた。これはこれから始まる演芸大会の賞品であるとのことだった。何ともローカルなお祭りである。

十一、チトワンに向けて

ポカラからチトワンへの道のりはハラハラ、ドキドキの連続であった。

旅の楽しみの一つは、車窓から見る、または途中下車の際見る町や村の風景や生活である。今回もチトワンまでの5時間余り大いに楽しませてもらった。

チトワンまではほぼ大きな川沿いの道を行く。トイレ休憩はだいたい道路沿いの村のバザールである。そこには、粗末な屋台でミカンやバナナを売っているおばさんや、ドーナツ状のパンが乗った大きな平たい笊を頭に載せて売っている少年がいる。ミカンは貧弱だが味も香りも豊かであった。

道路標識にはハイウェイと書かれてあったが、その実際はハイウェイのイメージとはほど遠いものであった。時間が立つにつれ、道は荒れて危険な状態になっていった。道幅は、2台のバスやトラックが注意しながらようやくすれ違える程度。だから、先行の車が事故などで立ち往生したら大きな渋滞が発生することは必定である。また、路肩が深い谷側に崩れ落ちて居る箇所や、山側の土砂が道路上に崩落している箇所も多々ある。その度に交互通行となる。私は川側の席に座ったため、そのような時、バスが路肩すれすれに進んでいく様子が厭でも目に入って、その度に肝を冷やした。昔、イブ・モンタン主演の『恐怖の報酬』という、悪路や狭路を、ニトログリセリンを積んだトラックでいくサスペンス映画を見たが、その映画の追体験をしている感じであった。しかし、それほどの渋滞もなく難所を通過し、そうなるとこのひやひやの緊張感もまた旅の良き思い出となった。

ところが、翌日のカトマンズへの帰路では、予想していた事態、即ち先行車の立往生に遭遇し、二進も三進も行かなくなり、バス内に缶詰状態となってしまった。しかも、幹線道路故、貨物トラックの多いこと多いこと。結局、この状態ではカトマンズには着けないとの添乗員の判断でずっと手前の町のホテルを見つけたが、それでも着いたのは4時間遅れの午後9時であった。もうくたくたであった。

現地ガイドの話では、ネパールでは道路予算に回せる金は少なく、このような道路でもインドの経済援助に頼っているということであった。

十二、チトワンのタルー族の村

「チトワン国立公園」は中央ネパールの平原にある。東西80㎞南北23㎞の広大な公園で、野生生物保護区になっている。今までの傾斜の強い山岳風景とは打って変わり、そこは広々とした大平原である。その南はインドに国境を接している。

子供が大勢集まってきた

公園の入り口に到着後、ジープに分乗してチトワンの村見学に行った。ネパールの少数民族タルー族の村であった。農家は木造で、藁葺き屋根の家も多く、小屋には牛や羊が繋がれ、庭ではニワトリが餌をついばんでいる。庭には、バナナやマンゴーが植えられ、ポインセチアが赤も鮮やかに咲いている。村の周りの畑は一面菜の花畑で黄色く染められている。また、畑を遠望するとピンクの花をつけた野菜が植えられているのか、一面薄いピンクに染まっていた。私にとっては、子供時代の赤蓮華畑の風景がそのまま現れたような気がして、懐かしさに心を奪われた。懐かしいのは風景ばかりではなく、人なつこそうに集まってくる子供達にも感じた。粗末な服装の子も多く、裸足の子もいるがみんな明るく元気であった。物をねだるようなこともしない。庭にいた若い女性達にカメラを向けたら笑顔で応じてくれた。心和む村見学であった。

十三、チトワン国立公園、象サファリ、カヌーライディング

村見学の後、チトワン国立公園内（といっても一帯はジャングルである）のロッジに行った。ジャングルの中にある観光客用の宿泊施設である。

遅い昼食をとった後、「象サファリ」に出かけた。1頭の象に4人ずつ分乗して約2時間ジャングル内を巡り、野生動物に遭遇しようという趣向である。この象サファリはチトワン観光のハイライトで、今回の旅行の大きな目玉でもあった。

チトワン公園のある平原一帯は亜熱帯性植物の生い茂るジャングルで象、トラ、サイ、ワニや何百種の鳥類の生息する野生生物の楽園ということだ。我々の最大の期待も、トラなど大物に出会うことであった。6頭に分乗して入っていった。

始めは葦の原であった。早速、ニシキヘビ、鹿、猿に出会った。そこを過ぎていよいよジャングルの中へ入っていった。象使いが鉄や木の棒でうまく象を扱いながら、道無き道を進んでいく。さながら象はジャングルのブルドーザーの感がある。

奥深く入ったところで、何か大型の動物の気配がするということで、それまでの一列縦隊の隊列を解いて、気配のするところを6頭の象で囲むような隊形をとった。しかし、それは姿を見せずに逃げられてしまった。象使いの話ではサイとのことであった。そのあと、ジャングルを出て川沿いの道を通って帰途についた。折

「象サファリ」ジャングルの中に入っていった

から、夕陽が川面を照らしていた。十二分に満足であった。

夕食後、添乗員と同行の女性とバーに行ってブランデーを飲んだ。ネパールではブランデーやラムを製造していることを教わった。なかなかの味であった。

そのうち、バーに公園のスタッフの人達が集まってきた。添乗員と同行の女性は英語が堪能で、私も通訳をしてもらいながら話が盛り上がった。9時が消灯時間でその後はランプとなる。スタッフの1人から「象の寝姿を見に行かないか」と誘われた。

ロッジから少し離れたところに象の寝場所と象使いの宿舎があった。闇の中に一か所だけ焚き火が焚かれており、それを頼りに象が餌を食べていた。深閑としたジャングルの中での象の食事、この体験は嬉しい。せっかくなので寝るまで待つことにした。懐中電灯を消すと当たりにはホタルが舞っていた。幽かに覗く空の星と闇とホタル、それに心地よい酔いが加わって身も心も幻想的な気分に包まれた。そうこうするうち、一番端の象が寝た。音を立てずに近づくと、横寝になってすやすやと寝入っていた。「かわいいー！」。

翌朝は早起きをして、カヌーライディングを楽しんだ。川はラプティ川、昨日見た川である。浅瀬の川を細長い木造の舟で下るのである。前日とは打って変わって、当たり一体広々と開けていて清々しく気持ちがいい。川のせせらぎと川舟、ここでも私は少年時代を思い出した。私の母の実家は神奈川県の相模川沿いの農家であり、叔父さんは釣りが好きだったせいもあり川舟も持っていた。私は夏になると夏休み中そこに泊まり、農作業の手伝いもしたが舟遊びも良くした。だから今でも、私は機会さえあれば竿や櫨を使って舟を漕ぐことが出来る。

木には猿が群がりキジも留まっている。ガンが空を舞っている。カヌーの私の前の席の、私よりずっと若い綺麗な女性が双眼鏡をそっと渡してくれたので、それで猿やキジをしっかりと見た。

その女性とはその後、互いに海外旅行へ行くたびに絵葉書をやり取りし、今も続いている。南米パタゴニアの塩湖を見に行ったり、アラスカにオーロラを見に行ったりと大自然派の人である。会って旅談義でもしたいと思うが、まだ一度も会っていない。

十四、チャング・ナラヤン寺院、バドガオン

「チャング・ナラヤン寺院」はカトマンズ盆地の東端の丘にある世界遺産にも登録されている由緒あるヒンドゥ寺院である。ビシュヌ神の化身であるナラヤン神が本尊であるという。ここも、建物は皆繊細な木彫りの彫刻で飾られている。丘の上からはカトマンズの町が一望できる。

門前町があり、土産物屋が並んでいる。ダージリン茶とネパール茶を買った。木製仮面を売っている店が多い。共同水道では、若い娘さんが諸肌脱いで体を洗っている所に出会ったが、特に臆することなく続けていた。意外であった。また、境内の庭先で穀類を天日干しにして篩にかけている場面も見たが、近くいた坊さんも何も言わなかった。大らかなものである。また、境内の寺院の基壇には、山羊と犬が一緒になって日向ぼっこをしていた。のんびりしたものである。これが、世界文化遺産に登録された寺院でのことだから嬉しい。日本ではこうはいかないのではないか。

バドガオンの町を見学した。人口36万人、陶器が有名とのことで、確かに、町中あちこちで手回しの轆轤《ろくろ》で陶器を作っている場面に出会った。また、沢山の陶器が路上に並べられ売られていた。町は古いが王宮や寺院や広場があり、全体的に古都の雰囲気がある。路地や小路も多く、そこのそぞろ歩きは楽しい。学校帰りの制服を着た子ら、ミシン1台で頼まれ物を縫っているおじさん、バリカンで頭を刈っている床屋さん、閑そうに寺院にたむろしている男達、集会場らしき所に集まっておしゃべりをしている老人達、いずれもの

んびりとした感じである。

広場の一角にある古い民家、といっても17世紀の王様の家ということだが、ここを見学させてもらった。ここで、「ロキシー」という名の焼酎とネパール式のつまみをご馳走になった。ロキシーはかなり強い地酒で土器のような杯で飲む。つまみは乾いた飯、煮豆、ジャガイモなどでチークという葉の上に載せられていた。

その夜は、食事をしながらの民族舞踊の見学であった。私はここで、ロキシーをたらふく飲んで、いつもながら勧められるままに真っ先に踊りの輪に加わった。ここでロキシーを土産に買った。

十五、エベレスト遊覧飛行

最後の観光は、エベレスト遊覧飛行であった。飛行機が飛ぶということで、早起きでローカル空港に向かった。カトマンズの辺りは霧の出やすいところで、飛ばない日も多いということだったので、これはラッキーであった。ところが行ってみると、やはり霧が出てきていてすぐには出なかった。出発は1時間半後になってしまった。

飛行機はどこかの国の相当の年代物。しかも、滑走路も短い。大いなる不安を感じた。だから、大事をとって出発を見合わせるのは賛成であった。

飛行機からエベレストを写す

霧もすっかり晴れて出発。たしか、往復30分ぐらいのフライト。上空低くヒマラヤの峰々を見ながら行く。ところが、目指すエベレストに接近した頃、その山頂に雲がかかり全容は見えなくなっていった。でも、とにもかくにもエベレストをこの目で直に見たのだから良しとせねばならないであろう。機長は気さくな人で、操縦室の中から写真を撮ることを身振りで教えてくれたので有り難くそれに応じた。後にも先にもこういうことは、もう経験できないことであろう。

チュニジア周遊とサハラの初日の出

期　間　２００４年12月28日〜２００５年１月６日（10日間）
旅行先　チュニジア

（２０１１年３月執筆）

トルコ
チュニジア
アルジェリア
リビア
エジプト
サウジアラビア
スーダン

一、はじめに

２０１１年で、私の旅本『私的旅の味わい方』を出版してから、ほぼ10年経つ。この間にも毎年２回平均で正月とゴールデンウィークにパックツアーに参加していて、その際のアルバムやメモも大分溜まったので、新たに出版するかどうかは別にして旅行記を纏めておこうと思い立ち、閑を見ては何か所か分は纏めた。さて、次はどこにしようかと思っていたところ、今年１月に、思いもしていなかったチュニジアの政変（ジャスミン革命）があり、１９８７年から23年もの間政権の座にあったベンアリ独裁政権があっけなく崩壊し、彼はサウジアラビアに亡命した。失業、汚職、物価高騰、言論統制がその背景にあったようだ。アラブ世界初めての市民蜂起（ネット市民蜂起）ということで世界の注目を集めた。ということで、今回はチュニジアを纏めることにした。

因みに、この政変は同じような独裁的な政権である別のアラブ国家にも波及し、30年間政権の座にあったエジプトのムバラク首相も退陣に追い込まれが、リビアのカダフィー大佐は、１度は民衆に追いつめられたものの、今現在（２０１２年）は親衛隊や傭兵を使って反撃に出ており混沌状態にある。

二、チュニジア概観

チュニジアという国だが、アフリカ大陸の北端にあり、リビア北西部とアルジェリア北東部と国境を接し、国の東部は地中海に面している。イタリア、シチリア島とも近く海岸線も長い。その南部にはサハラ砂漠が広がっている。アルジェリア、モロッコと共にマグレブ地方と呼ばれている。面積は日本の本州の約4分の3。人口956万人。民族はアラブ人、ベルベル人。アラビア語を公用語とするアラブ圏国家で、イスラム教が98％。これで、大体この国のイメージは掴んでいただけるものと思う。さらに紀元前に栄華を極めたフェニキア人が建国し繁栄したカルタゴの国、ローマ帝国と3度に渡り覇を競ったが、ついに敗退し徹底的に破壊された国、といえばそのイメージは相当具体的になるであろう。

隣国がリビアと国境を接していると聞いただけで何となく緊張感を覚える人がいるかも知れないが、当時は、あの強面の最高権力者カダフィー大佐もパックスアメリカーナを受け入れ、アメリカから悪の枢軸国のレッテルを外されていたので、周辺国との緊張関係も和らいでおり、チュニジア旅行も、その安全性に問題があるということはなかった。

今回の観光を通じて、チュニジア観光には、大きく分けて三つの目玉があると思った。一つは、地中海沿岸の古代遺跡巡りである。たとえばそこには、あのハンニバルが大活躍したカルタゴや、それに対する大復讐を遂げた古代ローマの遺跡があちこちにあり、観光資源には事欠かない。しかも、まだ発掘が進んでいない遺跡も多く、しかし、それがかえって旅行者には魅力なのである。たとえば、後述のブラレジアとかドゥッガといった大ローマ遺跡さえ、その発掘作業がまだ全体の4分の1しか進んでいないと説明されたが、それがまた初物好きの旅行者の自惚れ心をくすぐるのである。

二つ目は、チュニジアにはイスラム特有のメディナ（迷路のように入り組んだ旧市街）やモスクなどが多く見所も多い。チュニスのメディナとスースのメディナは世界遺産に登録されている。

三つ目は、南部に広がるサハラ砂漠である。我々日本人には砂漠というと、荒涼とした砂砂漠とか岩砂漠しか思い浮かばないと思うが、実際にはそうではない。砂漠には砂漠なりの生活もあり産業もあり都市もあるのである。

その他、自然や街並みや人々の生活や食べ物等にも惹かれたが、折に触れて述べたいと思う。

三、チュニス～カイラワン

〈チュニスの町〉

今回は長男と一緒だった。

当日、成田からパリ＝シャルル・ドゴール空港までは約13時間のフライト。それからまた、約2時間半のフライトでようやくチュニジアの首都チュニスのカルタゴ空港到着。時差マイナス8時間で11時。アフリカ大陸はやはり遠い。狭い座席にこれだけの時間拘束されているとさすがに疲れる。しかし、空港を出るとその国との初対面の感激から、疲れはどこかに飛んでいってしまうというのがいつもの例であるが、当日は雨模様で、思いの外寒かったので第一印象としては一寸残念であった。

チュニスは、北部地中海のチュニス湾の西側にあるチュニス湖に面している北アフリカ屈指の大都市である。空港から町の中心部までは車で約20分であるが、その道路は道幅も広く整然としている。中心部に入り、メインストリートブルギバ通りを通ったときには、その整然さとあか抜けた雰囲気にいささか驚いた。道路中央はゆったりとした遊歩道になっており、その両側には街路樹が植えられ上に真っ直ぐに延びている。遊歩道の両側は3車線の車道であり、その外側はまた幅広い歩道となっている。意外だったのはそればかりではなく町を歩く人の服装であった。チャドル姿はほとんど見られず、女性のスカーフも大げさなものではなく、付けていない人もいる。ここでは「アラブ」の固定観念を棄てなければならないかもしれない。昼食には、何の問題もなく当然のようにビールが飲めたのも意外であった。

ただ一つ、大通り一角にベンアリ大統領のどでかい顔写真が備え付けられていたのには、やはりここチュニジアも、その権力構造はやはりアラブなのかという思いはした。

〈バルド国立博物館〉

チュニスの郊外にある。「チュニジアのルーブル」と呼ばれ、カルタゴ遺跡の出土品やチュニジア各地で発掘されたモザイク画など、考古学的に価値のある品を数多く所蔵している。特にモザイクは出色で世界でも最大規模のモザイクの収蔵を誇る。元々建物は、オスマン・トルコ時代の権力者の別宅として建てられた。

大広間やレセプションルーム、ハーレムやベッドルームなども残っていると言われたが、立派な価値あるモザイク画が多すぎて、そちらの方を見るゆとりは無かった。

ところでモザイクだが、大理石、陶器、ガラスなどを小片にし、それをはめ合わせて様々な絵画を描き出す芸術だ。紀元前のメソポタミアが発祥地といわれており、その後地中海に渡り、ギリシャ、ローマ文明に組み込まれた。チュニジアでは、フェニキア時代からモザイクが広がり、ローマの支配下に入ってから無数の作品を生みだしたという。後述するが、我々もこの度のブラレジアの遺跡では、建物の床部分にはめ込まれた発掘途上のモザイクを見た。というより踏みしめた（念のため申し添えると踏まなければ通れない場所だった）。傑作だとして「ネプチューンの勝利」、「バッカスの勝利」、「ユリシーズとセイレーン」のモザイクの説明を受けたが、見る目はないが、よくもまあこんな小さな石やガラスの小片でこのような絵を作ったものだと感心した。モザイク画は絵の具の絵と違い、色があせるということはなく、そのため今でも紀元前後のモザイク画が、当時そのままの色で見られるわけでこれは感動ものである。

どこの国の旅行でも、その国を代表する博物館見学が組み込まれているが、旅行者にとってはその国の歴史を概観するうえで博物館見学は手っ取り早く有り難い。また、博物館はその国の原点を、換言すればその国の誇りを展示品によって表しているわけで、それはそれで素直に受け止めるのが客としての礼儀だと思う。そんな気持ちで見ていたが、同博物館の、特にモザイクからはチュニジア人の誇りを感じ取ることが出来た。

〈ザクーアンの水道橋〉

チュニスからカイラワンに行く途中、「ザクーアンの水道橋」を見学した。２世紀に時のローマ皇帝ハドリアヌス帝により建設された。標高1295mのザクーアン山よりカルタゴまでの132kmに敷設された。現在残る部分だけでも20kmもあり、今も使われている部分があるというから驚きだ。その残っている部分のまたほんの一部を見ただけだが、その歴史の重みには感動させられる。この国だけではなく、古代ローマは、その支配した国々ではどこでも水道橋を造らせているので、私もそれまで何か所かの国で見ているが、その度にその土木技術のすごさに感心している。

なお、ガイドからこんな話を聞いた。この水道橋はローマ遺跡ではなく、あるオスマン帝国の王様の后で風呂好きの人がいて、王様はその愛する后のためにわざわざザクーアン山から水道を引いたというお話である。

〈雑学の時間〉

当日は雨模様で、辺りの景色もくすんでいたのでガイドの話に耳を傾けた。

1881年に、フランスによって占領され、以後フランスの保護領になった。しかし、その後ナショナリズム運動が起こり、自治要求運動に発展した。初代大統領となるブルギバなどがフランスに対する抵抗運動を組織し、地下活動が活発化した。第2次世界大戦中チュニジアは、ドイツ、イタリア等の北アフリカ戦線の激戦地となったが、その後連合国の勝利によって解放された。しかし、フランスからの独立は1956年になってからであり、ブルギバが大統領になった。1987年にベンアリ大統領に政権を引き継ぐまで30年間勤めた。その間、ベールの廃止、外出自由、一夫一婦制、職業の自由など女性解放に努めた。いわゆる「ソフトイスラム」を目指した。しかし、田舎の方ではまだイスラム色は強い。この説明で、チュニスの町中では、若い女性達が西洋的なファッションで、町を闊歩する姿の訳が分かったわけである。

農業が主産業で、北部は麦、中部は果物、南部はナツメヤシ、海岸部はオリーブを主に作っている。第2の産業は観光で、当初はヨーロッパ人だけだったが、1990年以降日本人も来るようになり、最近は中国、韓国からも来るようになっている、等々。

カイラワンのホテル「オテル・ラ・カスバ」に着いたのは、19時であった。

四、カイラワン〜スベイトラ〜ネフタ

早く目が覚めた。「オテル・ラ・カスバ」はカスバの名のとおり城塞の雰囲気があった。場所も城壁に囲まれたメディナの一角にあり、その異国情緒は申し分ない。いま自分は「アラブ、イスラム」の真っ直中にいると考えただけで、旅心は否応なしに昂揚してくる。

出発まで時間があったので息子とホテルの近くに散歩に出た。メディナの中は朝まだ早く人影は少ない。どこからか、男がスーッと現れて「ベルベル、ベルベル」とかなんとか言いながら、「着いてこい」との仕草をするので、特に怪しそうな顔つきもしていなかったので着いていくことにした。そこは、ベルベル人の居住地区であった。古く狭い迷路のような路地の両側には、四角い1〜2階建ての漆喰で白く塗られた煉瓦造りの建物が並んでいた。男は何やら説明しているようであるが、皆目分からない。20分くらい案内されて

1人1ディナール（85円くらい）を請求された。朝の小遣い稼ぎだったのではないか。なお、ベルベル人だが、当地に先史時代から住んでいる先住民族の総称であるが、11世紀にアラブ人に侵略され少数民族に貶《おと》められてしまったということだ。

〈カイラワン観光〉

ここで、カイラワンについて概観しておこう。チュニスの南165㎞に位置する平原にある。その周囲は砂漠に続いている。確かに高台より遠望すると乾燥した岩山が連なっているのが分かる。今は冬だから良いが、夏は相当に暑く観光もきついらしい。マグレブで最初のイスラム寺院「グランドモスク」が建設され、イスラム世界ではメッカ、メディナ、エルサレムに次ぐ第4番目に重要な聖都とされている。また、チュニジア第5の都市だそうだ。しかし、全体に都市といったイメージはなく田舎町の雰囲気である。1988年、世界文化遺産に登録された。人口は約10万人。

〈アグラブ朝の貯水池〉

最初の見学場所は、現在もカイラワンの市民の水源となっているという「アグラブ朝の貯水池」であった。「9世紀、アグラブ朝時代に造られた中世世界では最高技術のもの、現在は大小四つ残されているが、当時は14の貯水池があり、その頃深刻だった水不足を解消していたという」（『地球の歩き方』より）。水源は36㎞離れた丘から水道によって運ばれたというが、その技術は古代ローマから引き継いだのではないか。展望台から貯水池を眺めたが、砂漠の中の平原に町を造るというのはそれこそ大変なことなのだということが理解できる。問題は、そんなにまでしてこの地に町を造らざるを得なかった理由であるが、当然私には分からない。

〈シディ・サハブ霊廟〉

次なる所は、「シディ・サハブ霊廟」。ここはモハメットの同志で聖者と崇められたシディ・サハブが眠るという霊廟で、7世紀に建てられた。その後、巡礼宿、モスク、ミナレット、神学校などが付け加えられ、相当大きな建物となっている。入って目を引くのは、イスラム建築独特のアーチ型の回廊の優美さとイスラム紋様のタイルの繊細な美しさである。アーチを支える柱の上の壁の部分は、スタッコ様式といって、大理石の粉を練り固めそこに刻み紋様を彫り入れるという技法で造られているが、これもタイル同様、実に繊細で優美である。私がイスラム圏の国をじっくりと旅行したのはモロッコが最初であったが、その時も感じ入ったのはこれであった。

このイスラム紋様は美術史の中では「アラベスク」というらしい。ウィキペディアによればこうである。「アラベスク（arabesque）は、モスクの壁面装飾に通常見られるイスラム美術の一様式で、幾何学的文様（しばしば植物や動物の形をもととする）を反復して作られている。幾何学的文様の選択と整形・配列の方法は、イスラム的世界観に基づいている。ムスリムにとって、これらの文様は、可視的物質世界を超えて広がる無限のパターンを構成している。イスラム世界の多くの人々にとって、これらの文様はまさに無限の(したがって遍在する)、唯一神アラーの創造のありのままを象徴する」。ただ美しいとか繊細だとかいうだけでは伝わらないので、あえて引用した。

「グランドモスク」

〈グランドモスク〉

前述のとおり、「グランドモスク」はカイラワンの象徴的な建物であり、アフリカで最古・最大のモスクである。640年に建てられた。

モスクは、メディナ（旧市街）の中にある。全体は長方形で、土色の煉瓦造りの要塞のような外壁で囲まれている。われわれは、煉瓦色というと赤茶色を浮かべるが、その土地の土そのものの色の煉瓦の建物は、その土地そのものに馴染み、落ちついた美しさを感じさせる。外壁の一辺にミナレットが聳えている。その尖塔の先端は、三つの球形を串刺しにしたような形になっているが、下からイスラム、キリスト、ユダヤを象徴しているものだと説明された。元々イスラムは、自分たちムスリムのみならず、ユダヤ人もキリスト教信者も「アブラハム的宗教」としての「経典宗教」に属する「経典の民」の一員として、全て同じ唯一神アッラーを信じていると考えているから、これは特におかしいということにはならないらしい。

グランドというだけあって、モスクは大きく堂々としている。そしてその中である。「ゲートをくぐると現れるのは、大理石が一面に敷き詰められた中庭。中央の排水溝に向かい緩やかに傾斜し、地下には貯水槽があり、雨水がそこにためられる仕組みになっている。中庭を取り囲む回廊には、ビザンチンの遺跡から流用された列柱が重々しい雰囲気で並び、一瞬ローマ遺跡を思い出させる」（『地球の歩き方』より）。中に立つと、その大きさが実感できる。1度に8000人が礼拝できるそうだ。その時はほとんど我々しか居らず、むしろ深閑としていたが、ここを埋め尽くした信者がいっせいに礼拝する姿を想像するだけで、イスラム教の連帯感の源を知ったような気がした。

〈メディナ見学〉

チュニジアには八つの世界遺産があるが、そのうち三つはメディナ（旧市街）であり、ここカイラワンとチュニスとスースである。そのうちでカイラワンが一番小さい。東西1・3km、南北0・7kmの広さである。ここが、高さ8m、厚さ2mの城壁に囲まれ大きさも程々だから、迷い込んで出てこられないという心配はない。貴金属、金物、絨毯、衣類、革製品、香辛料、菓子類、土産物屋などが軒を並べている。あちこちの道路脇でも、観光客相手にいろいろな品々が並べられている。この整然としていないところがいい。

息子はここで、ベルベル人のマントを買った。毛布をフードつきのマントにしたような物だったが、値段は100ディナール。しかし、後で30～40ディナールで買えることが判明。これを騙されたと言ってしまうのは言い過ぎで、しっかりと値段交渉をしなかったのがいけなかったのだと思わなければならない。定価が

「ローマの遺跡」円形劇場

あるのは当たり前の国と、値段は交渉での国との違いを楽しむのも旅の楽しみの一つである。

〈スベイトラの町でローマ遺跡見学〉

スベイトラの町はカイラワンの町から南西約100㎞の所にある。カイラワンからバスで約1時間半。車窓からの眺めを楽しんだ。大平原の中を行く。しばらく行くとオリーブ畑が現れ、それが延々と続く。畑には白や青色をした草花が咲いている。時々畑の一角に実を付けた大きなサボテンが見られる。実は青い内に食べるとか、サボテンはフェンス代わりに植えられるとか、ラクダの餌になるとかのガイドの説明を漠然と聞きながら、車窓を流れる単調な景色を眺めている。単調ではあるが、延々と続くオリーブ畑は異風景であり飽きることはない。

スベイトラの町もオリーブ畑に囲まれた大平原の中にあった。オリーブの名産地だという。オリーブといえばイタリア、スペイン、ポルトガルなど南ヨーロッパの国を思い浮かべるが、チュニジアも地中海の国なのだから名産地でもおかしくないわけだ。だが、スベイトラといえば、何といってもローマ遺跡である。ローマ遺跡といっても1～3世紀にかけて東ローマ帝国によって建設された町で、チュニジアに残るローマ遺跡の中では一番新しい町で、しかし、7世紀にアラブの侵略に遭い次第に廃墟と化していったと案内書にある。

遺跡の中央にはミネルバ、ジュピター、ジュノーの三神を祀る神殿があり、その他どこのローマ遺跡にもある大浴場、劇場、凱旋門があり、いくつもの聖堂、礼拝所、教会がある。石畳のメインストリートを歩いていると、ローマ時代にタイムスリップした気分になる。ガイドから、古代ローマの町づくりの説明を受けたが、こうである。平らなところに造るのが基本。小高いときは上を削る。神殿や市場、浴場は町の中心部に、劇場は川の近くなど景色の良い所に、闘技場は騒がしいので町はずれに建てられるとのことだ。このようなことを確認しながらゆっくりと見学した。

〈一路、砂漠の町ネフタを目指す〉

近くのホテルのレストランで、七面鳥のトマトソース煮をメインとする昼食で腹を満たし、次なる目的地(宿泊地)を目指した。

相変わらずオリーブ畑が続いている。さすがにこの単調さに飽き始めた頃、ガフサという町のドライブインでトイレ休憩となった。1杯1ディナール也のコーヒーで一服して再びバス。ガイドから、ガフサの町についての一くさりがある。チュニジアを南北に分ける中間地点にある古代ローマ時代からの古い町で、今でもその時代の浴場がある。1886年にリン鉱石が発見され、それ以来栄えた。今でも世界6位の生産量がある等々。

ガフサを過ぎると、景色は次第に砂漠の風景に変わっていった。相変わらず続く大平原からはオリーブ畑が消え、トゲっぽい葉のラクダ草が目に付くようになって来た。平原の遥か向こうに山脈が見える。「あれはアトラス山脈です」と言われたときには、一寸ビックリすると共に懐かしさを覚えた。というのは、1997年に妻とモロッコ旅行をしたとき、バスでアトラス山脈越えをしたことを思い出したからである。ビックリしたのは、チュニジアとモロッコとの間にはアルジェリアが挟まっており繋がっていないのに何故と思ったからである。アトラス山脈は3か国をも繋ぐ大きな山脈だったのだ。

当日は朝から曇り空であったが、この当たりからようやく雲も切れてきて、太陽の光が西方の地平線にも現れ始めてきた。辺りの風景の中には次第にナツメヤシの林が増えてきた。それらナツメヤシの林は、ようやく出始めた日の光に包まれていき、それと共に我が旅情も満ちてくる。

途中、オアシス都市トズールの町を通り抜けて、当日の終着地ネフタの「サハラ・パレス」に向けてバスは行く。この間の光景が忘れられない。地平線の前方遥か遠くに陽が傾いて行き、左側には広大な塩湖が夕陽に輝いている。そして道の両側はナツメヤシの並木。360度の地平線。言葉もなしとはこのことだ。

「サハラ・パレス」に着いた時には夕闇が迫っていた。夕食は、ナツメヤシで儲けたという裕福な農家の家で摂った。ここで、ナツメヤシの実を食べたが、ねっとりと甘く美味かった。栄養分がたっぷりだという。

五、サハラ砂漠で命の洗濯

〈砂漠とオアシスについて〉

6時半起床。快晴である。朝食は、パン、チーズ、卵焼き、カフェオレのみ。貧しい。しかし、砂漠のオアシスの町なのだから、仕方ないであろう。

食後の1時間、息子と散歩に出た。前日の夕景色とは違った朝景色の清々しさに、またまた嬉しくなった。ネフタが砂漠のオアシスであることは、高台に登ったら一目瞭然であった。町の部分だけがヤシの林に覆われ、その外側は草木1本も見あたらない砂漠である。

ここで、砂漠とオアシスについて触れておきたい。私もここに来て初めて知ったことだが。

砂漠については、これまでモロッコでのサハラ砂漠、イスラエルのネゲブ砂漠、モンゴルのゴビ砂漠と見てきたが、いずれも私の心深くに強い印象を残している。その印象を一口で総括すると「無の魅力」とでも言えようか。岩砂漠にしろ砂砂漠にしろ、疎らな短い草程度は生えるゴビ砂漠にしろ、四方見渡してもそれ以外に何もないという風景は、何故か人の心を揺する。海を見たり空を見たりして、何かを感じるのと同じようなものであるとは思うが、砂漠という異風景だけにその印象は比べようもなく強い。その印象の中身は、太古であったり、遠い未来であったり、懐かしき未来であったり、大小であったり、有無であったりと、その時々で様々であるが、そこをじっと見つめていると、常になく情緒的になったり、柄にもなく哲学的になったりしてくる。不思議である。
次に、オアシスであるが、これはここに来て初めていろいろ知ることが出来た。まず、オアシスには、砂漠のオアシス、山のオアシス、海辺のオアシスがあると説明された。場所による分類であるが、山の上にもオアシス部落があるのには驚いた。砂漠といえばまず荒涼を思い浮かべ、通常その荒涼たる山に水があることなど想像しにくいが、然《さ》に非《あら》ず。例えば後述のマトマタという街だが、一見するとほとんど緑も見られず荒れた感じの山の上の街であるが、街が形成されているくらいだから水もあることは間違いない。また、当日昼食を摂った「タメルザ・パレス」という名のレストランは乾燥した丘の高台に造られていたが、そこの中庭には水を並々と湛えたプールがあった。また、砂漠のオアシスには、万単位、千単位の人口を擁するオアシス都市もある。また、われわれがイメージする荒涼たる大地の中に、忽然と現れる緑の島といったオアシス部落も相当にある。砂漠は荒涼だけではないのである。

〈オフロード車で砂漠見学〉

当日一番目の観光は、フランス植民地時代に使われていたという年代物の列車に乗っての峡谷見物である。列車は「レザールージュ＝赤いトカゲ」という名の小豆色の当時は豪華であったことが偲ばれる客車だが、今や外貨稼ぎの観光列車。乗客はフランスを中心とするヨーロッパ人がほとんど。これに乗って「セルジャ峡谷」という岩山の大峡谷沿いをのんびりと登っていくのである。峡谷の底には川が流れていた。羊の群も見られる。ここも山のオアシスの分類に入るのだろうか。
元々この鉄道は、チュニジア特産のリン鉱石を運ぶために敷設され、今もそのために使われている。それ

「レザールージュ」という名の時速20kmの観光列車

が証拠に、終点で降りたところはリン鉱石の採石場であった。

観光列車を降りて、いよいよ砂漠観光の本番である。日本製の古いオフロード車に分乗しての出発である。もう大分ガタがきた車だったが、「日本車は丈夫で長持ち」と運転手が言っていると、ガイドが通訳してくれた。

まず、ミデスというアルジェリアから8㎞の位置にある国境の村を見学。峡谷沿いのオアシス部落である。峡谷の名は「タメルザ峡谷」で、チュニジアのグランドキャニオンと言われている。「村はバルコニイ・オアシスといって、切り立った渓谷の上にある。下を覗くとぞっとするほど深い。ここの山肌にも太古からの年輪が深く刻まれ、一種独特の模様が山々を飾っており、言葉を失ってしまうような雄大な景色が展開する」(『地球の歩き方』より)。この独特な風景故に、映画『イングリッシュ・ペイシェント』のロケ地に使われたのだそうだ。しかし、この村は30数年前に3週間にも及ぶ大洪水に見舞われて、部落は廃村同様になったと説明された。しかし、今はその様な災害に遭ったことなどが嘘のような静けさと幻想的な美しさの中にあった。

次に見たシェビカ村も、同様に洪水で廃村になって村ごと引っ越して行ったそうだ。ここも山のオアシスで、たしかに赤茶けた岩山の間に細い川が流れ、カエルの棲んでいる池もあった。砂漠で洪水。砂漠の山に川と池。どうもぴんとこないがそれが現実。何につけ固定観念は禁物。ここにおいて私は、砂漠に対するイメージを改めた。

〈砂漠でラリー〉

我がオフロード車は、こんどは一転、広大無辺の砂砂漠に突入していった。一方は、遙か遠方にアトラス山脈を望めるが、他三方はすべて地平線という大景観。私にとっては、モンゴルの大平原以来の地平線である。「俺はこれが見たかったのだ」との感慨が湧いてきた。突然5台の車が、砂埃を巻き上げながら猛スピードで走り始めた。しかも、抜きつ抜かれつの競争を始めたのである。道路を外れたり戻ったりしながらの自動車レース。始めは度肝を抜かれたが、次第に興に乗り興奮してきて、乗客一同ワーワー、キャーキャーと騒いで、運転手にはっぱをかけるという始末となった。「パリ・ダカール・ラリー」もかくやと思われる体験であった。それが終わると、今度は、急傾斜の小山を昇ったり降りたりする遊びを始めた。これは、あたかもジェットコースターに乗った気分であり、肝を冷やし通しであった。いずれも、客を喜ばすための定番のメニューなのであろうが、運転の出来ない、しかも晩節の域にある私には、おそらく二度と味わえない刺

広大な砂砂漠を古いオフロード車で疾走する

激的で楽しい体験であった。このようなことも、旅の楽しみの一つである。それにしても、あんなガタのきた車であんな芸当が出来るのだから、運転手の言うとおり「やっぱり日本車はすごい」ということなのか。

〈『スターウォーズ2』の撮影セットと砂漠の夕日見物〉

しばらくラリーとジェットコースターの刺激を楽しんだ後、程なく大砂漠の中に設えられた妙な建物に出会った。その近くにはラクダの形をした岩もある。建物は、あの映画『スターウォーズ2』の撮影に使われたセットであった。わたしもその映画を見たが、確かに同じような場面が思い出される。私も何となくそう思うのだが、そのセットのような超未来のイメージが、砂漠という超過去のイメージに繋がっているというのは面白い。私の好きな「懐かしき未来」の言葉のイメージが当てはまる。

そこを出た頃は、日も大分傾いてきた。同時に気温も大分下がってきた。5～6度くらいになったろうか。

たしかに砂漠は寒暖の差が激しい。昼間とは全く違う。それまでと違って、車は砂砂漠の真っ只中を静かに滑るように走っていく。いよいよ日没30分前という頃に、砂漠の丘の日没見学場所に到着した。真に静かである。月も星も輝き始めている。微かな風を頬で感ずる外は、全体が静寂に包まれている。いよいよ太陽が地平線に近づき、その光が大地を真横から照らし地表に陰影を与えている。風紋や車の轍の跡も綺麗に映し出され、砂漠全体が幻想的な雰囲気に包まれている。先程までの話し声もすっかり消えて、皆、憑かれたような面もちで夕陽を見つめている。太陽は、瞬く間に残照を残して地平線に没していった。

六、ネフタ～トズール～マトマタ

〈砂漠の初日の出〉

5時起き。初日の出見物のためである。昨夜大晦日は、ホテル主催の年越しパーティーがあったものだから、早起きは辛い。砂漠の中のホテルだから仕方ないとは思うが、私の耳にも明らかに調子の外れたバンドと、私の目にも明らかに下手なベリーダンスと、明らかに強い度数の蒸留酒にすっかりと当てられて、不調この上ない。

しかし、朝まだ暗い砂漠の中を、オフロード車で突っ走っているうちに、調子も徐々に回復していった。場所は、ホテルから30～40分行った小高いところ。ここも砂砂漠で、たおやかな起伏がどこまでも続いている。寒さに震えながら日の出を待っていると、驚いたことに起伏の向こうから小さな影が近づいてくるのが見えた。小さな女の子が、粗末なラクダの縫いぐるみを売りに来たのだ。手足も顔も汚れ、しかも裸足であった。程なく、東の空が色付き始め、その色がレモン色からオレンジ色にかわり、地平線から太陽が顔を出すと同時に、金色の光が一斉に無数の線となって地表に広がった。もちろん光は、女の子の顔も照らしていた。私は、女の子から縫いぐるみを買った。

〈砂漠の大オアシス　トズール〉

旅は既に5日目。すっかり旅に馴染み身も心も旅の中にあり、祖国ニッポンは遥か遠くに霞んだ感じである。まずは、砂漠の大オアシス、トズールへ向けて出発。

途中、砂漠の中の動物園を見学した。まとまったヤシの林の中にあった一寸した金網に囲まれた小さな動物園で、ラクダ、ダチョウ、キツネ、クジャク、ガゼル、イノシシ、ヘビ等がいた。コーラを飲むラクダ、太いユーカリの木にとまるクジャク、管理人のおじさんが小さな菓子箱から取り出したサソリが印象に残っている。

トズールの町には9時過ぎ頃着いた。トズールはチュニジア南部観光の玄関口で、国際空港もある。ヨーロッパからの観光客が多いらしい。しかし今はオフシーズン。ヨーロッパ人らしい人も見かけない。

建物の模様が美しい。日干し煉瓦造りだが、その模様が幾何学模様で、それがいかにも砂漠の雰囲気にマッチしていて美しいのである。我々は、ウルド・エル・ハデフ地区というメディナを訪れたが、そこの細い路地の両側に立ち並ぶこれらの建物に囲まれていると、否応なしに異国情緒が湧いてくる。

牛の頭と内臓がぶらさがっている

メディナでは4kg入りのナツメヤシを買った。2ディナール也。ガイドによれば、ここトズールは、チュニジアでも最高品質のナツメヤシの産地であり、これが昔からトズールの繁栄を支えているということであった。というより、ここの緑と言えばほとんどナツメヤシの木であり、それ以外の産業は見あたらないという感じであったが。

ここの食肉市場を見学したが、やはりここも肉食文化圏にあることは、一目瞭然であった。牛や羊の頭や、足や、内蔵がそのまま大胆に吊されている。ある本で読んだが、西欧人には、日本の、たとえば鯛の姿造りを見ると残酷さを感じるらしいが、日本人の目からはこのような牛や羊の姿を見ると同様に感じる人が多いと思う。私は、あちこちと旅をしている内にこのような光景には慣れてしまって、今は特に残酷さは感じないが、いずれにせよ、それぞれの食文化についてあれこれ非難しあうことは止めるに如くはなしである。

「シーシェパード」等のような独善的な自民族文化中心主義は、聞くだに恥ずべき考えであると思う。というようなことを考えながら見学した。

トズールの町の南側は「ショット・エル・ジェリド」という広大な塩湖に接している。広さはおよそ南北200㎞、東西80㎞。太古ここは海の底だったという。その塩湖の中を長さ約70㎞の横断道路が突っ切っている。湖の中程や周囲には製塩工場がある。

湖の西方の遙か遠方にアルジェリアとの国境の山脈が見える。湖といっても、ほとんどが灰色っぽく湿ったどこまでも広がる大地である。道路の両側には水路のような水の部分があり、それが折から真昼の太陽に照らされキラキラと輝いている。草木は1本もなし。荒涼と広がる塩湖。この幻想的な景色は、砂漠とはまた違った感動を心に響かせる。途中下車をして道路の端の土産物屋に入った。そこではここで取れた塩と「サンドローズ＝砂漠のバラ」を売っていたので、私が塩を買い、息子がサンドローズを買った。サンドローズはある種の化合物が、自然現象でバラのような形状の結晶に成長した石で、この塩湖でよく取れるのだそうだ。

〈ドゥーズの町〉

塩湖を通り抜けた先に、ドゥーズというサハラ砂漠の玄関口に当たる町がある。ここも砂漠のオアシスである。砂漠の遊牧民の町だという。国の政策で定住している人も多いが、冬期間だけ住む人も多いとのことだ。年に1回「インターナショナル・サハラフェスティバル」が開催され、この時には各部族が揃いラクダレースが行われるという。また、ドゥーズは、ヨーロッパの金持ち等によるガゼルのハンティングの場としても有名だという。

ここで昼食を摂ったが、サラダの種類の多さにビックリした。砂漠の中で新鮮なサラダというのは有り難い。羊肉、鶏肉などの煮込料理も何品もあり、しかも皆美味だったので、これにもビックリした。砂漠を侮るなかれだ。

食後は、砂漠の砂丘をラクダで散歩。ベドウィン族のような衣装で砂漠に乗り出すのである。今、その時の写真を見ているが、私も年の割にはなかなか颯爽たる姿である。気分はアラビアのロレンスといったところか。モロッコの時には妻と2人乗りだったが、ここでは1人で1頭。およそ、30~40分の散歩だったが、何となくコツを覚えた。要するにラクダの動きに合わせて身体を上下していれば良いのだ。

ここで一寸、ガイドから聞いたラクダの話を紹介。ラクダは砂漠の舟と呼ばれる。2週間程度なら水を飲まずに歩くことが出来る。150~200kgの荷物を担ぐことが出来る。10分間ほどで100ℓ余りの水を飲み、それを背中のこぶだけでなく足首にも溜めることが出来る。1日に10ℓのミルクが取れ、それをチーズにすることも出来る。肉は美味く食用にもなり売ることも出来る。毛は織物に、骨は細工物に、糞は肥料になる。チュニジアのラクダはヒトコブラクダ。白いラクダは足が速く、レース用に用いられ他のラクダより値段も高い。

〈マトマタ〉

ドゥーズから東へ100km程走ると、ベルベル人の町マトマタに着く。ここもまた荒涼とした風景の中にある。ベルベル人は古くから北アフリカに住んでいた先住民族であったが、ここマトマタは、アラブの支配を嫌ってオアシス地帯からやってきた人々が造った町であり、穴居住宅が有名である。また、『地球の歩き方』からの引用である。「地面にまるで月面のクレーターのような大きな穴が開いており、穴の側面に避難用の横穴が掘られている。最初、この穴は敵の目をごまかすためや身を隠すために造られたのだが、時がたつに連れ家にまで発展。さらには村にまで発展していった。これを穴居住宅といっている」。我々も山の上の部落の近くにあった穴居住宅に住むベルベル人の民家を見学した。ここは、女2人、男4人の6人家族。寝室、子供部屋、キッチン、家畜小屋等の部屋が、横穴に掘られていた。そこのおかみさんの説明では、夏は涼しく冬は暖かく、また湿気もないので快適だということだった。料理や飲み水は、主にタンクに溜めた雨水を使うのだそうだ。家畜は数頭の羊で、大きな穴の中の庭で餌を食べていた。犬やネコも遊んでいた。

穴を出た山の上には井戸があるというので、その家の可愛い娘さんに着いて行ったら確かにあった。このような荒涼とした山の中の井戸とは一寸驚きであった。そういえば、ここの山の上の道路沿いのレストランでトイレ休憩をしたところ、水道の蛇口からは勢いよく水が出てきた。地下には、意外と豊かな地下水が流れているのかも知れない。

ここで、もう一つ穴居住宅を改造して造られたというホテルを見学した。ここも、『スターウォーズ』のロケに使われた所だというが、一寸思い出せない。今は、バックパッカーに良く利用されているとのことだが、確かに横穴の広い薄暗い一室にはベッドが並べられていて、何人かのバックパッカーらしき若者が横になっているのが見えた。

同夜のホテルは、「クセイラ」という名の山の上のホテル。ここからはマトマタの町が下方に一望できるが、

『スターウォーズ』のロケ地に使われただけあって、確かに起伏に富んでおり月面の雰囲気があった。陽が沈むに連れて、町の灯が光り始める。荒涼の中の土色の町と、点々と光る灯りと、沈む夕日とを見ていたら、何やら心の底を動かすものがあった。

夜食は鶏肉入りのクスクス、ブリックという春巻きのような揚げ物がメイン。ビールにワイン、そして食後バーでウオッカをひっかけていたら、「思えば遠くに来たもんだ」のフレーズに囚われた。

七、マトマタ〜スファックス〜エルジェム〜スース

〈車中で雑学〉

5時起き。しかし、昨夜は8時間も寝たので眠気はなく気分爽快。今日はチュニジアの東側、つまり地中海側を北上する。長距離移動をしながら、主な町で下車して見学という日程だ。

7時出発。マトマタから地中海方面に向けて走る。地平線の先に朝焼けを見ながら行く。最初に着いた町はガベスという町。チュニジア3番目に大きいオアシス都市である。フランス植民地下では海辺のリゾート地として華やいでいたというが、今は多くの工場の煙突が見られ、大気汚染も問題になっていて、海も汚染してしまっているという。何でも、80年代にガベス湾で石油が発見されて以来、リゾート地帯から工業地帯に変身してしまったのだそうだ。

この町には、リビアからの移民の人が多いとのこと。地中海沿いの道路を南に取ると、リビアに通ずる。道路脇でポリタンクにガソリンを詰めて売っている人達が目に付くが、移民の人達がリビアから石油を仕入れて売っているのだそうだ。

ガベスでトイレ休憩を取った後、バスはスファックスを目指す。右に地中海を、左に大平原を望みながらひたすら走る。このような時は、ガイドによる雑学の時間となる。

まずはオリーブの話から。チュニジアでは、紀元前１１００年頃からフェニキア人によって植林が始められ、その後ローマ人も盛んにオリーブを植えた。現在、全土で５５００万本の木があり、スペイン、イタリア、ギリシャに次いで世界第4位の生産国である。10月から12月が収穫時期で、11月頃の物は黄緑色で12月には黒っぽいものが獲れる。品質は良い。樹齢２０００年もの古木もあるが、実の収穫は１００年ぐらいが限度である。

次は結婚の話。独立前までは、女は外に出ることは出来ず、結婚相手は親が決めた。結婚年齢は男17歳、女12歳。結婚後女は男の家に入る。独立後は、女も解放されて外出もＯＫとなり、結婚も自分で決めるようになった。結婚年齢は男女とも17歳以上。しかし結婚率が下がってきている。それは主に経済的理由にある。結婚するには、家を準備しなければならないが、家賃が高く、家具、電化製品も高くなかなか家が持てない。共働きでないと生活は出来ない。結婚式は3日間行うが男女別々に開く。その間、飲んで、食べて、歌う。結婚式には５００人から１０００人の人を呼び、ホテルか式場で行う。ハネムーンは国内２～３泊が普通。結婚しても、生活が大変で子供を作れない。独立前は平均して7～8人の子を産んだが、今では１～２人である。

学校について。幼稚園は私立だけ。小学校から大学まではすべて公立。小学校6年、中学校3年、高校4年で、小、中は義務教育。高卒時大学入試があり、これに合格しないと大学に行かれない。しかし、90％近くが大学に行く。新学期は9月。人口の70％は若く修学人口多く、先生が足りない。教室も不足で2部授業もある、等々。

〈スファックスでメディナ見学〉

ガイドの説明によれば、スファックスとはこんな町だ。日本でいえば、大阪に当たる都市である。勤勉で倹約家で商売がうまい。チュニジアの商工業の中心地である。人口100万人。849年に築かれた町。フェニキア時代からオリーブの取引で発展。今でも町の周辺には1000万本ものオリーブの木が植えられ、その質も最高。また、ガフサ等から送られてくるリン鉱石の積出港でもある。市民は総じて裕福である。よって町も元気で、首都をここに移すべきだという意見もあるという。

ここの観光のメインは、何といってもメディナ。外壁がほぼ完全な形で残っている。堅牢かつ様式美に溢れていて、いかにもアラブ・イスラムの城塞といった印象である。ここでは魚市場と肉市場を見学した。魚市場は大きな円形で、客はそこを回りながら買い物をする仕組みになっている。大声で呼び込みをしているのは、いずこも同じである。ウナギも売っているので珍しいので眺めていたら、そこのおじさんがウナギを掴んでぶら下げてくれたので、カメラに収めた。肉の市場では、面皮を剥いだ羊の頭やラクダや牛の首、何やらの内臓が壁面にぶら下げられていたが、もはや慣れてしまいグロテスク感は薄れていた。

「メディナの城壁」

市場で意外なことを発見した。買い物客はほとんど男ばかりなのである。実は、買い物は男の役割なのだそうだ。日本ではひところ、男の家事役割分担が大きな議論になっていたが、この点チュニジアは日本に一歩先んじているようだ。財布もたいてい女が握っているというから、チュニジアの女は家庭の中で結構強いようだ。

〈エルジェムで円形闘技場見学〉

スファックスから整然と植えられたオリーブ畑を見ながら北上すると、大きなコロセウム（円形闘技場）が目立つエルジェムの町に着く。

コロセウムは巨大である。縦149m、横122m、高さ40m。舞台は、縦65m、横37m。ローマ、ベローナに次ぐ大きさだという。収容人数は、ローマ5万人、ベローナ4・5万人、エルジェム3・5万人という。宮城球場（楽天球場）が2・3万人余りというから、その大きさが図り知れよう。3階建てで、1階部分には

30か所のアーチ型の出入り口があり、その他もアーチ型が基本構造になっており全体として優美である。地下には猛獣用の檻がある。ローマ時代、ここに野生のトラやライオンが入れられ、何か重大な儀式の折などに、闘技場に引き出され剣闘士と戦った。昔、『ベン・ハー』とか『スパルタクスの反乱』といった映画で、コロセウムでの剣闘士と剣闘士の闘い、剣闘士と猛獣との闘いの場面を見たが、実際に猛獣の檻や闘技場を見ていると、その生々しさが現実に迫ってくるようだ。しかし、今では夏の7月や8月にはコンサートやオペラが催されるそうだ。ベローナのコロセウムのオペラは有名だが、こんな場所で『アイーダ』などを見たらさぞかし素晴らしいに違いない。

なお、この町は元々ベルベル人の造った町であったが、7世紀末のイスラム・アラブ軍の侵攻の時も、1695年のオスマン帝国の侵攻の時も、ベルベル人はこのコロセウムに立てこもり最後の闘いをしたと説明された。そんな話をされると、このコロセウムからはベルベル人の悲哀も伝わってくるようだ。

コロセウムの大きさと歴史に圧倒された後は、市内レストランで昼食。ここで出されたサラダは簡単で美味く、今でも時々作っている。トマト、タマネギ、キュウリ、キャベツを細かく刻み、コリアンダーを香り付けに入れ、ツナ缶を混ぜ合わせ、オリーブオイル、塩、レモンで味付けをする。お勧めである。

〈スースのメディナで革ジャンを買う〉

エルジェムより1時間ほど北上すると、「サヘル（湾岸地域）の真珠」といわれる美しい海岸を持つスースという町に着く。チュニジア第3の都市。人口30万人。国を代表する観光リゾート地だそうだ。確かにヨーロッパ人の観光客が目に付く。町もあか抜けた感じで、なだらかな丘の斜面には白壁の家々が連なり、街並

エルジェムの円型闘技場

スースは迷路のようである

みも綺麗に整備されている。一方、あたかも要塞のようなモスクや世界遺産に登録されたメディナもある。美しい砂浜に歴史遺産、確かに観光リゾート地の条件は整っている。

ここでは、北アフリカの古代モスクを代表するという「グランドモスク」、メディナ最古の建造物といわれる「リバト」、ローマ時代に迫害されたキリスト教徒が地下に造った墓場「カタコンベ」、チュニスのバルド国立博物館に次ぐモザイクの宝庫の「スース考古学博物館」、そしてメディナを見学した。メディナの中の革製品屋さんで革ジャンを買った。2万円也で、この国にしてはなかなかの値段であった。

当夜のホテルは、海岸沿いの五つ星の高級ホテル。日本でなら、金にも小心な私には到底泊まれないホテルである。この点からもパック旅行は有り難い。

夕食は、ウサギ肉、豚肉ソテー、サラダ。食後は、息子とバーに行って23時まで飲む。

八、スース〜ナブール〜チュニス

海岸から朝日を拝むために早起きをした。ホテルの庭は、そのまま海岸に通じている。海岸は、緩やかな弧を描きながら左右に長く延びている。小さな波がピチャピチャと海岸線を洗っている。まだ薄暗く、人影もほとんど見えない。東の水平線上には、黒い雲がかかっている。その雲の向こう側が、次第にオレンジ色から金色に変わり、ついには曙光が天に広がる様を神妙な面持ちで眺めていた。たしかに素晴らしい海岸の夜明けであった。

バスは相変わらず地中海沿いを北上して行く。当日最初の見学地は、「ナブール」というボン岬半島の中心都市。ちなみに、ボン岬半島はシチリアまで140㎞の距離にある。以前シチリアに行った時、チュニジアからの出稼ぎが多いと聞いたが、ようやくその意味が理解できた。ここは、「ナブール焼」という陶器で有名な町である。我々もそこで陶器工房を見学した。工人が轆轤《ろくろ》を回して皿や壺を作っているところや、絵付けをしているところを見学したが、ブルーで描かれたいかにもイスラム風の絵柄が気に入って皿を2枚買ってしまった。

ナブールの近くに、同じくボン半島の町ハマメットがある。ここは、ボン半島にあるリゾートの中でも老舗だそうで、フランス植民地時代からヨーロッパ人がリゾート開発をしたという。たとえば、1920年代にルーマニアの大富豪がこの地に別荘を建て、そこに金持ちや芸術家が集まったのだそうだ。画家パウル・クレー、建築家フランク・ロイド・ライト、作家アンドレ・ジードやモーパッサン等々である。この町にもメディナがあり、それを護るためのカスバ（城塞）があり、何れも見学した。カスバの上より地中海を見晴らしたり、白壁の家々が立ち並ぶ市街地を眺めたりしたが、清々しい気分となった。

昼食後、振り出しのチュニスに戻り、チュニジアのシャンゼリゼ、ブルギバ通りで下車した。チュニスはパリの町を模して造られたというが、確かにパリの雰囲気が残っており、あか抜けた感じだ。しかしここにも、しっかりと立派なメディナが残されておりユネスコ世界遺産に登録されている。メディナの入り口には、「フランス門」という名の昔メディナを囲っていた城壁の立派な門が残されている。そこより中に入っていくと、狭いスーク（商店街）が縦横に延びており、その見て歩きは飽きることがない。しかし、いつもながら、その中では方向感覚を失うことは間違い無しで注意しなければならない。案の定、同行の息子が迷ってしまい集合時間を大分過ぎてから現れた。

その夜の食事は、メディナの中の築300年という民家レストランで摂った。イスラム紋様の部屋でのチュニジアの伝統料理。部屋の奥では、坊さんのような衣装を着た男の人が、神妙な面持ちでウードー（琵琶のような形をした楽器）を奏でてくれた。酒というよりもいかにもイスラム的な雰囲気に酔ってしまった。

九、チュニス～ブラレジア～ドゥッガ～チュニス

〈ブラレジアのローマ遺跡見学〉

今日は、1日かけてチュニジアに残るローマ遺跡の見学である。まずは、アルジェリアとの国境付近に位置するブラレジアの遺跡である。

ここは、紀元前2世紀にベルベル人のヌミディア王国の首都であった所。元々はカルタゴの勢力範囲に入っていたが、第2次ポエニ戦争の際、ハンニバル率いるローマに寝返りローマの同盟国となった。以後カルタゴの領土を徐々に侵略しカルタゴ滅亡に力を貸した。しかしその後、結局ローマの属州となりローマ化していったが、この地域が穀倉地帯であったお陰で繁栄を続けた。しかしそれもハドリアヌス帝時代までで、以

「ブラレジアのローマ遺跡」

後ビザンチン時代以降は没落し寂れていった。その後大震災にも見舞われ建物は倒壊し、現場は一見寂しい景色となってしまった。しかし、ここの遺跡独特の地下住居は残っており、その見学は感動ものであった。

地下住居は、この地方は夏の暑さが特に厳しいため、夏は涼しい地下に、冬は1階に移って暮らすといった工夫の結果として造られたのだそうだ。我々もその地下住居を見て回ったが、その床に敷き詰められたモザイク画にはビックリした。最初に見たバルド国立博物館に飾られていたものと同等の価値があると見られる素晴らしいモザイクが、ここで見られたからである。モザイクは水をかけると鮮やかになるといって、案内のおじさんが実際にかけてくれたが、確かに鮮やかに蘇った。このような建物の廊下のモザイクを、踏まずには歩けない場所もあったが、もったいなくも恐れおおいといった感じであった。

その他、他のローマ遺跡同様に、広大な敷地の中に神殿、劇場、フォーラム、大浴場、市場、貯水池、水道施設、住宅街などの跡が見られる。現在も発掘作業が続けられているが、まだ4分の1しか進んでいないという。春には、この辺一帯に真っ赤なポピーが咲き乱れるとのこと。いずれ、世界遺産に登録されること間違いなしと見た。今は、見学者は我々のみといった感じで独占状態であったが、これもまたもったいない話である。

〈ドゥッガのローマ遺跡〉

ここも、元々はブラレジアと同じくヌミディア王国の町。チュニジアにはローマ遺跡が数多いが、ここは規模も大きく保存状態も良く、そのためアフリカを代表するローマ遺跡として世界遺産に登録されている。チュニスから南西106km、標高600mの丘の上にある。2〜4世紀に繁栄を極め、当時1万人の人が住んでいたという。

遺跡の周囲は畑の緑で覆われており、遠く見える山々に連なっている。広大な景色で気持ちがよい。ここもまた、ローマの古代都市の要件をすべて備えている。『地球の歩き方』の表現を借りて列挙すると次のとおりである。3万5000人を収容できた劇場、神殿やマーケットの集まる風の広場、ドゥッガのシンボル的存在キャピトル、市民のオープンスペースフォーラム、アーチが美しい凱旋門、多くの床モザイクが発見されたローマ人住宅、冬季用として使われた浴場、ローマ時代の売春宿。奴隷市場もあった。面白かったのは、売春宿を示す石。男の象徴が石に浮き彫りにされ、宿の方向を示している。宿へは、独身の男性は大きい門より、既婚者は小さな門より頭を下げて入るのだそうだ。誰に頭を下げるのであろうか。

〈高級レストランで外食〉

当夜の宿も、「シェラトン・チュニス」という五つ星ホテル。夕食もそれなりのものであったが、当夜が旅行最後の夜であったので、何となくお仕着せから離れたくなって、旅行中に親しくなった気のいい御夫妻と外に出て摂ることにした。行った所は「ダル・エル・ジェルド」という名のチュニス市内で最も有名なレストランであった。メディナの首相官邸の近くにあった。元は商人の館だったそうで、壁面はすべてイスラム紋様のタイルで彩られ、雰囲気も申し分なし。メインは羊の煮込みとスズキのムニエル。豆腐のような柔らかいチーズ、春巻きのような揚げ物、辛くて美味いピクルス等々。それにボン岬半島特産の葡萄から作られた「マゴン」という名の名醸ワイン。そしてさらに雰囲気を盛り上げるような先述の琵琶のような楽器の演奏。チュニジア最後の晩餐としては、申し分のないものであった。

十、カルタゴ、シディ・ブ・サイド見学

〈カルタゴ〉

旅行最後の日となった。いつもながら、楽しい日々は過ぎるのが早い。

カルタゴは、ローマと3次に渡る戦争（ポエニ戦争）を行い、最後には破れて徹底的に破壊し尽くされた歴史的な舞台である。塩野七生の『ローマ人の物語Ⅱハンニバル戦記』（新潮社）での、第2次ポエニ戦争で、

「カルタゴ遺跡」ローマ軍に徹底的に破壊された

カルタゴの名将ハンニバルがスペインからアルプス越えをしてイタリアに侵入しローマ軍を破る物語は、まさに手に汗を握る物語であり、それだけに私はこの旅でカルタゴの地に立つことを大いに期待をしていた。

カルタゴは、チュニス郊外12㎞ほどにある静かな海岸沿いの高級住宅街となっており、また大統領官邸や役所、外国の大使公邸の別荘が集まっている。第3次ポエニ戦争でカルタゴが遂にローマに敗北した後、ローマはカルタゴが二度と再び立ち上がれないようにと町を徹底的に破壊したばかりか、廃墟に大量の塩をまいて人も住めず作物も出来ないようにしたというが、今はその面影は無い。

まず、「ビュルサの丘」に行った。ここはカルタゴの中心地で、ここから地中海や市内が一望できる。古代カルタゴ時代も、ローマの支配下においても中心的な役割を果たした場所だということだ。丘には、フランス植民地時代に建てられた「サン・ルイ教会」や「カルタゴ博物館」が建てられている。「サン・ルイ教会」は白亜の建物で美しいが、現在は教会としては使われておらず、演奏会会場などに使われているとのことだ。

丘の斜面に、一部ポエニ時代の住居跡が残っているが、ここもローマによる徹底的破壊の跡かと思うと、平家物語の「諸行無常」「盛者必衰」の哀れを思い出した。

「カルタゴ博物館」を見学した。ここも白亜の建物で美しい。カルタゴからの出土品が充実しているという。カルタゴ時代とローマ時代の町を対比した絵が掲げられていて、ローマも、軍港と商業港だけは破壊せずそのまま使い続けたというが、フェニキア人はそれだけ海戦に長け、海運による商売が上手かったのであろう。我々もここを見学したが、今では池のようにしか見えなかった。

近くにはローマ時代の遺跡もあり、そこも見学した。遺跡の近くには、ベンアリ大統領の別荘があったが、何故か撮影禁止とのこと。特に撮影したくもないが、その様な対国民姿勢が今回の「ジャスミン革命」の遠因になっているのであろうと、今となっては思う。

フェニキア時代の遺構「トフェ」。カルタゴの面影を残す数少ない遺跡だというが、その一角にある幼児の墓石には凄い話がまつわっている。カルタゴでは、幼児を殺し神へ捧げるという生け贄の習慣があったというのだ。しかし、幼児死亡率の高い古代では、幼くして死亡した子供を供養の意味で火葬し神に捧げたのではないかとの説もあるという。是非、後者であってほしいと思った。

「アントニウスの共同浴場」。すぐ前が海という海浜浴場である。2世紀にローマの皇帝の1人アントニウスによって造られた。その大きさ、広さには驚きである。『地球の歩き方』によれば以下のとおりである。「当

チュニジアンブルーが美しい

時、建物は2階建てで、更衣室、温浴風呂、水風呂、サウナ、プール、噴水、談話室、トイレなど100を越える部屋が2階部分に左右対称に配置されていた。壁にはフレスコ絵、柱には彫刻、床には色鮮やかなモザイクが敷き詰められ、それは贅沢な造りだったという」。ローマの皇帝も市民の共感を得るためには、ここまでしなければならなかったのだろうと思うと、皇帝もなかなか大変なものだなと思った。

〈シディ・ブ・サイド見学〉

地中海に面する国々の人は、ブルーが好きらしい。トルコではトルコブルー、ギリシャではエーゲ海ブルー、そしてここチュニジアではチュニジアンブルー。何れもそのブルーに対するのは白である。確かにブルーと白の対比は目に鮮やかで清々しい。

シディ・ブ・サイドは地中海を見下ろす丘の上の町である。石畳の坂道の両側には白壁の家並みが続き、その家々のドアーや窓枠はブルーに塗られている。そのドアーの白壁にはブーゲンビレアが蔦って紫色の花を付けていて、ジャスミンやハイビスカスの花も諸所に見られ、真っ黄色な実を付ける柑橘類の木も目に付く。海に目をやるとヨットが浮かんでいる。とにかく海と建物と花々との対比が鮮やかで、美しくお洒落な町である。この町の美しさに惹かれ、多くの芸術家にも愛されたという。パウル・クレー、ボーボワール、アンドレ・ジードがあげられている。

この小さな町をぶらぶらと歩き、喫茶店で休み、ゆっくりと旅の最後を満喫した。

ウズベキスタン周遊、歴史と人にふれる旅

期　間　２００５年４月29日～５月７日（９日間）
旅行先　ウズベキスタン

（２０１１年８月執筆）

カザフスタン
ウズベキスタン
トルクメニスタン
イラン

一、はじめに

今回は妻と一緒だった。

旅の魅力は、要するに「知らない町を歩いてみたい、どこか遠くへ行きたい」ということに尽きると思うが、私にとってウズベキスタンはそれにピッタリの国であった。それまで私には、この国が「・・スタン」と名の付く中央アジアの国々の一つで、旧ソ連から独立したイスラム国家の一つという程度の知識しかなかった。シルクロードを繋ぐサマルカンド、タシケントという町の名は知っていたが、それらがこの国の町の名で、タシケントが首都であることはそれまで知らなかった。ただ私は、ボロディンの『中央アジアの草原にて』という交響楽の異国情緒溢れる旋律が好きで、ウズベキスタンにも勝手にその旋律のイメージを当てはめ、その様な国であってほしいと期待しながら行った。

二、ウズベキスタン基本情報

その位置だが、北はカザフスタン、南にトルクメニスタンとアフガニスタン、東でタジキスタン、キルギスと接している。海に出るには最低2回国境を越えないと出られないという超内陸国。北方で大湖アラル海の約半分を取り込んでいるが、ソ連邦時代に国策によってそのアラル海の水を利用して風土を無視した綿花栽培が大々的に行われたため、湖の水位は大きく低下し、その面積は急激に縮小し塩害も発生しているという。ひどい話である。

最初から一寸脱線だが、社会主義国の中国も現在、経済発展に伴う土地の過剰な開発（たとえば遊牧地の大規模な開墾等）によって急激に砂漠化が進行している。黄砂にみられるように、自国内にとどまらず日本にまで悪影響を及ぼしている。私は、いわゆる安保世代の人間であり社会主義思想には親近感を覚えているが、主義思想にかかわらず独裁化した国家権力による国家中心・国民生活軽視の非科学的な政策には反対の立場である。社会主義ソ連の崩壊も、要するところその様なロシア中心の連邦国家軽視や国民生活軽視の政策の積み重ねに起因して自壊したのではないかと思っている。ソ連崩壊は社会主義に対する資本主義の勝利であるというような単純化した思潮には違和感を覚えている。

ウズベキスタンは、14世紀にティムール朝が起こり、中央アジアから西アジアに至る広大な地域を征服して大国家に発展した。しかし、王朝滅亡後ウズベク人が侵入して国を興すが、19世紀にはロシア帝国に征服され、ロシア革命後はソビエト連邦下の共和国となった。しかし１９９１年、ソ連崩壊によりウズベキスタン共和国として独立した。以後、現在に至るまでイスラム・カリモフ大統領が権力を集中し、ほぼ独裁政権を続けている。

国土の広さは日本の約１・２倍。しかし、国土の80％は砂漠で覆われており非常に乾燥している。農業が出来るのは僅か10％しかない。それにもかかわらず、前述のように貴重な水源であるアラル海の水位が下がっているというから、これは深刻であり食糧自給率は半分ほどである。それに引き替えエネルギー資源には恵まれていて、その輸出が経済を支えている。人口は2423万人（訪問当時）。チュルク（トルコ）系民族が優勢で、その内でもウズベク人が73％と多く、他は少数民族。宗教はほとんどがイスラム教スンニ派。

これでおおよそのウズベキスタンのイメージを感じていただけたと思う。

三、タシケント〜サマルカンド

〈朝の散歩〉

成田からソウル経由でタシケント空港に到着したのは21時10分。入国手続に1時間半。持ち金の申告まである。空港内撮影禁止。見つかったらフィルム没収とのこと。ホテルは五つ星ホテルの一流だが、スーツケースがなかなか届かず風呂にも入れない。やはり、まだソビエト時代の非効率が残っているのだろうと諦めて待った。

結局、その日の夜の就寝は0時となってしまった。その後、3時頃に目が覚めてしまいなかなか寝付かれず。子供の頃の遠足や運動会の前夜のような感覚で、翌日への期待で気持ちが高ぶっているからだ。外国旅行の時はたいていそうだ。

6時起床。食事後散歩。ウズベキスタンとの初対面。ホテルの立地が良く、その前は大きな緑豊かな公園

「ナヴォイ・オペラ・バレエ劇場」日本敗戦後、日本兵捕虜が造った

に連なっている。公園に入ると古く大きくがっしりとした建物が目に入る。「ナヴォイ・オペラ・バレエ劇場」であった。この旅の最後がここタシケントに戻っての市内観光だったが、その時に知ったが、ナヴォイとはウズベキスタンの国民的大詩人の名であった。建物の周りを1周したが、その一角の壁に日本語で書かれた説明書きがはめ込まれてあった。興味津々読んでみたら、次のように書かれていた。「1945年から1946年にかけて、極東から強制移送された数百人の日本国民が、このアリシェル・ナヴォイ劇場の建築に参加し、その完成に貢献した」。これは、一寸した衝撃であった。日本の敗戦後、ソ連軍に捕虜にされた日本兵が何十万人と強制労働に従事させられたが、数百人とはその一部に違いない。多くは酷寒の地シベリアに送られたが、暑い中央アジアに送られた人々もいたのだ。案内書によれば、劇場は1947年に完成し1400人収容できるという。内装も素晴らしい。そ

の後当地を襲った大地震の際にもビクともしなかったという。奇しくも日本人の技術の素晴らしさをウズベキスタン国民に知らしめたわけである。その誇らしさと、強制労働の理不尽がない交ぜになって複雑な心境であった。このようにウズベキスタンとの初対面は、私に忘れようにも忘れられない印象を与えた。

ホテル前の道路も歩いてみた。マロニエやプラタナスの太い街路樹が回廊を作っている感じで、清々しく気持ちがよい。中央アジアの暑い砂漠の国をイメージしていたが、外れであった。砂漠にはオアシスがあり、所々には大オアシスもあり、その様なところでは緑も豊かなのである。ここの街路樹は、杜の都仙台の定禅寺通りの欅並木に匹敵し、道路の長さは仙台の比ではない。

〈サマルカンドへ向けて〉

7時半の出発。およそ6時間の行程。現地ガイドはイケメンの青年。「アッサローム・アレイクム＝おはようございます」の後、早速ウズベキスタンの概説が始まった。シルダリヤ川とアムダリヤ川に挟まれた中央アジアの中心部に位置する国である。基本的に農業国家であるが、自動車も造って輸出もしている。ソ連時代には飛行機も造っていた。タシケントには市電も地下鉄もある。義務教育は9年。入学は9月。英語も教えられている。成績優秀者は学費免除される。通貨は「スム」で1スムは約0・1円。月給は3万スムから5万スム。気候は大陸性気候で夏は非常に暑く、冬は比較的寒い。西部では真夏には気温45度を超えることもある。その様な話を聞きながら行ったが、車も造っているというが我々のバス以外、走っている車はオンボロが多い。どうも、ガイドは愛国主義者なのかも知れない。

砂漠の国というが、郊外に出ても意外と緑の多い田園風景が広がっている。道の両側には真っ赤なポピーの花が咲いている。その葉の緑と花の赤の対称が美しい。

2時間も走ったところでトイレ休憩。ウズベキスタンにはドライブインが無いので、町を外れるとトイレを借りる場所がない。その様な中でのトイレ休憩というのは、男女が道路の左右に分かれての青空トイレを意味している。最初の内は多少違和感を覚えるが、慣れると汚い公衆トイレなどより余程気持ちがいい。私などの年代では、野外での青空トイレ（立ち小便）は当たり前であったものであり、大空の下、大地に向かってやっていると、むしろあのころの爽快な開放感が蘇ってきた。

サマルカンドまであと1時間という所に、二つの小高い岩山が行く手の道路を挟むようにして鎮座している場所がある。「チムールの門」と言われる所であった。チムールが遠征するときにここを通ったからその様に呼ばれているということであった。新疆ウィグル自治区からタジキスタンを経てこの地で消える天山山脈の山塊の果ての山である。岩肌には、意味は分からないが岩を白く塗っていろいろな落書きが成されていたのが印象的であった。一寸時間があったので、近くに見えたガソリンスタンドに行ってみたが、事務所の前庭にポツンと2機の小さなスタンドが建っているきりであった。車も1台もなく、近くでアヒルが2羽ヨチヨチと歩いていた。真に長閑で静かな光景であった。

相変わらず、長閑な田園風景が続いている。「ソ連時代に良かったことと言えば、イスラム教の厳しい決まり事から解放されていたことです」等とガイドが話している。このようなことが堂々と話せるくらいだから、ここのイスラム教はそう厳格ではないようだ。道行く女性の服装を見ても相当開放的であるのが、その証左である。

13時に、サマルカンド市内のホテルに着いた。ここで食事。意外と新鮮なサラダ類が多いのに安心した。

四、サマルカンド市内観光

サマルカンド。何と異国情緒溢れる響きであるか。ここがウズベキスタンの一都市だと知ったのはこの旅行からであることは先述のとおりであるが、シルクロードの中継都市であることは知っていた。シルクロードは、今でこそ旅番組などで身近なイメージとなったが、我々が若い頃は未知、神秘の響きがあった。だから、『NHK特集　シルクロード』が放映されたときには驚きの目で見ていた。しかし何故か、私は長安から桜蘭までくらいしか見ておらず、その先は相変わらず神秘のままであった。特にそのころ中央アジアはソ連圏であり、鉄のカーテンの向こう側でもあり、意識的にも隔絶された遠い世界であった。そこで、いざ行くことになった今回の旅でも、エキゾチシズムだけが先に立っていたものである。そして、実際に行ってみて、その先入観が大して裏切られはしなかったのは良かった。

ウィキペディアや『地球の歩き方』のお世話になってサマルカンドを概観すると、次のとおりである。歴史は古い。世界に知られるようになったのは紀元前4世紀、アレキサンダー大王率いる遠征軍が到着したときからで、当時、マラカンダというソクド人の都市であった。大王もその美しさにビックリしたという。ソクド人は様々な王朝の支配を受けながらも数世紀に渡りサマルカンドの町を築き上げてきた。しかし

1220年にモンゴルによって徹底的に破壊され、人口の4分の3が殺され町も破壊し尽くされた。しかし、14世紀に至り、モンゴルの系統を引くチムール率いるチムール朝がモンゴルの支配を脱し、サマルカンドはチムール帝国の首都として建設され繁栄した。しかし、王朝末期には、諸王家がサマルカンドを巡って争奪を繰り返すようになり、1500年にはウズベク勢力に滅ぼされた。以後も、先述のような経過を経て、現国家独立に至る。

いつも、外国旅行をして思うことだが、どこも民族や王朝の興亡があり、時にジェノサイドが引き起こされることも希ではない。その点確かに日本は、第2次世界大戦後の一時期を除いては、有史以来異民族の支配もなく、「万世一系」の「王朝」が続いてきた特殊な国である。これは、極東の、大陸と国境を隔てた島国という「地政学的」な位置に負うところが大きいと思うが、有り難く幸せなことである。もう一つ思うことは、町とか都市とかは民族の興亡にかかわらず永らく存続し続けるということである。それ故、その町々、都市々々にはそれぞれの歴史や文化が色濃く残っていて、それを見聞きするのが旅の大きな楽しみになるのである。このような視点からも、サマルカンドは魅力溢れる都市であった。

〈グリ・アミール廟〉

「グリ・アミール」とは「支配者の墓」という意味で、ここはチムールを始めチムール一族が眠る霊廟である。概観はいかにも古びた建物である。全体として青色のタイルで装飾されている。入り口にはマッチ箱を縦にしたような形の四角い大きな門が建っている。その後ろの廟も含めて、全体的に壮大といっていい大きさである。門の正面中央は大きくアーチ型に彫り抜かれていて、その上方のアーチ部分は蜂の巣状のイスラム建築独特の細工が施されている。その全面には青を基調としたタイルがイスラム紋様で貼られている。廟の内部にはいると、金色を基調とした豪華な紋様に変わる。この金色紋様には、金3kgが使われているという。この金色紋様で、室内全面が隙間なく埋められている。室内中央には、黒色の棺を中心にして数個の棺が置かれていた。黒色がチムールのものだという。実際の遺体は、その位置の下方3mの地下に納められている。ソ連時代に、チムールらの墓が掘られたが、チムールの足は不自由だったことが明らかになったそうだ。

高校時代世界史の授業で、チンギス・ハン亡き後の各汗国の争いの中から、チムールという英雄が現れたという程度の知識はあったが、そのチムールに、棺ではあれここで対面するとは思いも寄らないことであった。だから、旅は楽しい。

〈レギスタン広場〉

サマルカンドの町は、旧市街と新市街に分かれていて、旧市街の中心に「レギスタン広場」がある。装飾された石畳敷きのすっきりと広々とした広場である。広場には三つのメドレセがある。向かって左側に「ウルグベグ・メドレセ」、正面が「ティラカリ・メドレセ」、右側が「シェルドル・メドレセ」。何れも青タイルで装飾されているので、それが折からの澄んだ真っ青な空の下に映えておりとても綺麗である。サマルカンドが「青の都」「イスラーム世界の宝石」「東方の真珠」と言われているのも宜なるかなである。2年に1度ここで音楽祭も開かれるという。それはもう、想像するだに素晴らしいに違いない。

添乗員からもらったイスラム建築物の用語解説によれば、メドレセとはイスラム教の神学校のことである。

「レギスタン広場」全景

中庭の四方を2～3階建ての部屋が囲む。時の権力者達がスポンサーになり、自分の名を冠したメドレセを多く建てたのは、人材の育成が目的だったといわれている。天文学や数学、論理学などの宗教以外の学問もメドレセで行われていたので、行政の人材の供給も行われた。ウズベキスタンにはモスクを凌ぐ規模や装飾を盛ったメドレセが多く、また数も多い。現在メドレセの多くは閉鎖され、土産物屋や商店街に転用されているところもある。イスラム教は、ヨーロッパに先んじてギリシャ時代の学問や文化を学び大きな成果を上げ、それをヨーロッパに伝えているが、その様な役割を担ったのがこのようなメドレセではなかったかなどと想像した。

まず、「ウルグベグ・メドレセ」から見た。1420年建立、広場で最も古い建物である。ウルグベグはチムール一族で、「グリ・アミール廟」に葬られているが、為政者であると同時に聡明な学者であった。「天文学者であると共に詩に通じ、鑑賞眼をもち、音楽、神学、歴史学に造詣の深い希有な君主で、サマルカンドの町中には彼の指示に従って多くのメドレセやモスクが建てられた」(『地球の歩き方』より)。当時ここでは100名を越す学生が寄宿して、神学、数学、哲学を学んでいたという。

入り口のアーチ(門)の高さは35m、門の両側にはそれより高いミナレットが建っている。ここもまた、細かく綺麗な紋様で覆われている。中に入ると中庭を囲んで2階建てで煉瓦造りの、これまたイスラム紋様で彩られた建物が建っている。中庭には太い木も植えられている。驚いたことには、このような国宝級の建物の中でも土産物屋が店を並べていることである。前述の解説書にあるとおりだった。「スザニ」というウズベキスタン名物の刺繍布、絨毯、イスラムのミニチュアール(細密絵)、コーランの書見台、陶器、粘土人形、等々。ガイドに聞いたら、この出店料で建物の補修などをするのだということであった。不思議なのは、神学校という固い雰囲気と土産物屋の柔らかい雰囲気とが特に違和感なく共存していたことであった。

次は、「シェルドル・メドレセ」。シェルドルとは、「ライオンが描かれた」という意味とのことだ。確かに入り口アーチの上方左右には、子鹿を追うライオンの背に人の顔と日輪を載せた妙な絵が描かれている。我々には特に問題があると思えないのだが、イスラム教的な視点から見ると、これは大きな問題らしい。イスラム教では偶像崇拝はタブーであり、イスラム紋様の中には人や動物の姿が描かれることはない。この絵は、そのイスラムのタブーを破ったという訳だ。イスラムは偶像崇拝のタブーには厳しいことは、たとえば仏教国を支配した場合には、多くの仏像を破壊したり、壁画から仏様の顔の部分を剥がしたりしてきたことからもわかる。近時では、アフガニスタンのタリバーンによるバーミヤンの石窟の爆破が記憶に新しい。し

「ビビ・ハヌム・モスク」

かしここでは、1636年の建立以来剥ぎ取られもせずそのまま残っているということだから、どのような理由付けによるのか知りたいものである。

「ティラカリ・メドレセ」は広場正面の大きな建物である。その門前に建つと、その入口アーチは仰ぎ見るようであり、その大きさが実感出来る。ティラカリとは「金箔された」という意味だそうだ。その名のとおりそこの礼拝所の丸天井は金色に輝く紋様で彩られ、息を飲むような美しさだった。その中庭には絨毯が敷かれ、その周りをイスラム風縁台が囲っていた。翌々日の夕食はショーを見ながらここで摂ることになっていた。

〈ビビ・ハヌム・モスク〉

レギスタン広場からタシケント通りという名の通りを通ってしばらく行くと、「ビビ・ハヌム・モスク」に着く。近くには「シャブ・バザール」という大きな市場がある。このモスクは中央アジア最大ということだ。チムールが創建にかかるが、完成は亡くなる前年だったという。訪れた当時は大修復工事中。巨大なドームの部分その他一部だけが修復完了のようで、他は茶色の煉瓦がむき出しの状態。ビビ・ハヌムはチムールの妃の名前だそうだ。その妃にまつわる次のような話をガイドから聞いた。有名な話だそうでガイドブックにも載っている。チムールの遠征中、ビビ・ハヌムはチムールの喜ぶ顔が見たいと思い、モスクの建設を急ぐよう建築家に催促した。しかし、建築家は美貌のビビ・ハヌムに恋してしまい「1度だけキスさせてくれれば、王様が帰るまでに完成させましょう」と持ちかけた。ビビ・ハヌムは迷ったが、結局彼の願いを聞き入れた。しかし、1度だけのキスの跡がアザとなって残ってしまった。チムールは遠征からサマルカンドに戻ったとき、既にモスクは完成していたので驚き、喜び、ビビ・ハヌムの所に駆けつけた。ところが、妃の頬にはキスの跡が残っていた。事実を知ったチムールは、直ちに建築家の首を刎ね、妃をモスクの横のミナレットから突き落として殺してしまった、というお話である。

五、この日もサマルカンド市内観光

6時起床、妻と食事前の散歩。前日訪れたグリ・アミール廟まで行ってみた。昼間は相当に暑いが、朝は清々しく気持ちがいい。しかも、知らない異風景の町を「思えば遠くに来たものだ」と思いながらそぞろ歩くのは気分のいいものだ。

本日も終日サマルカンド観光。

〈ウルグベグ天文台〉

まずは、この後に行く「アフラシャブの丘」の北東約1㎞にある「ウルグベグ天文台跡」に行く。ウルグベグは前述の「ウルグベグ・メドレセ」のウルグベグである。ここは長らく土に埋もれていたが、1908年にロシアのアマチュア考古学者によって発見発掘されたのだそうだ。丸い天文台の基礎と六分儀の地下部分のみが残っている。他は、彼の死後保守的なイスラム教徒によって破壊されてしまったということだ。余りに早すぎた科学的真実が、宗教の教理に反した故だという。典型的な私大文系出身の私には、天文学などは全く疎いが、1年間の時間を、今日の精密機械で計ったのと比較して1分間程度の誤差しかないくらいに計ったと説明されると、それはまた凄い人だったのだなと得心がいく。

〈アフラシャブの丘〉

ここは、サマルカンドの町の北東部分に位置する。モンゴル軍によって徹底的に破壊された旧サマルカンドの地である。ローマによって徹底的に破壊されたカルタゴのイメージと重なる。しかし、カルタゴはその後再開発されて新たな歴史的な町を形成しているが、ここは破壊後放置されたままで、説明されなければどこまでも続くただの荒れた丘である。アレキサンダーもビックリしたという町の美しさの片鱗はどこにも見つからない。往時のサマルカンドは四方を城壁に囲まれ、道は舗装され、水道は各家庭に延び、緑に溢れた、それこそ「イスラム世界の宝石」と謳われた町であったと聞くと、その栄枯盛衰のすさまじさが偲ばれる。モンゴルは、町の生命線である給水システムを徹底的に破壊したらしい。

丘の麓にある「サマルカンド歴史博物館」には、丘から出土したアレキサンダー時代のコイン、ゾロアスター教の祭壇や偶像、領主の宮殿から発見されたソクド人の壁画、その他いろいろが展示されている。

丘に、数人の中学生くらいの地元の元気な子らが遊びに来ていた。全く物怖じせずいろいろ話しかけてくる。写真を撮ったり撮られたり（カメラを持っている子もいた）しばし楽しんだ。丘からは現サマルカンドが一望できる。

〈シャーヒズインダ廟群〉

アフラシャブの丘の南麓にあるサマルカンド随一の聖地である。チムール朝の王族及びゆかりの人達の霊廟群がある地であるが、建設当時は40か所あったそうだが、現在は14か所。しかし、それだけの霊廟、聖廟やモスクが階段状の斜面に沿って２００ｍくらい一直線に建ち並んでいる。その斜面の細長い通りは「死者の通り」と言われているそうだ。今も巡礼の人々が絶えないという。その日も多くの巡礼者が訪れていたが、その巡礼者の喜捨《きしゃ》を当てにして、これまた多くの民族服を着た女のおもらいさんが立ち並んでいたのが印象的であった。イスラム教では、毎日5回の礼拝や断食と共に、貧しい人に恵む喜捨は宗教的義務でもある。だから、おもらいさんには卑屈さは感じられない。日本にも私が子供の頃は、おもらいさんが各戸を回っておもらいをしていたが、今や全く見られない。そんなことをしたら、監視カメラに写ってしまうであろうし、すぐ交番に通報されてしまうであろう。ここの大らかさに比べ、日本も随分と窮屈な社会になったものだと思いながらおもらいさんを見ていた。

各建物は煉瓦造りで、その壁面を飾る装飾の多くは風化で剥がれているが、あちこちで修復中であった。

「シャーヒズインダ廟群」修復中であった

修復が成った幾つかの廟を見たが、その門や内部の壁や丸天井は、青タイルを基調とした素晴らしい装飾で彩られていたのにはビックリした。「青の都」サマルカンドをここでもはっきりと確認した。特に、チムールの姪や妹の廟、モンゴル襲来の際もここだけは破壊されずに残ったという「クサム・イブン・アッバース廟」の内装の美しさが印象に残っている。何れもそのドーム内の真下に立ち、天井を見上げていると、イスラム教徒の信仰心に通じ合えたように思えてきた。ヨーロッパのあの大聖堂の彫刻や壁画やステンドグラスで飾られた重厚で荘厳な雰囲気も良いが、連続した図柄の、人間くささを全て捨象《しゃしょう》したイスラム紋様のすっきりと清々しい雰囲気もまた良い。

現地ガイドから面白い話を聞いた。ここは、合格祈願のメッカだという。大学やカレッジの全国一斉試験の前には、ここに多くの受験生が合格祈願に訪れるのだそうだ。「苦しいときの神頼み」、いずこも同じである。

〈シャブ・バザール〉

昼食後は、お楽しみの市場見学。先述のビビハニム・モスクの隣にある「シャブ・バザール」という大きな生活市場。生活用品は何でも売られている。市場はどこも、その国その地方の生活が直に感じられて楽しい。個々の商店が軒を並べているところもあるが、中心的な大きな建物の中では生鮮食料品を中心にいろいろな物が売られている。また、そこの庭でも地元のおばさん達が赤カブや人参などを布の上に広げて売っている。

庭に売り台を長く連ね、何人ものおばさん達が横一列になって自家製のナンを並べて売っているのが目立った。ナンはこの国の主食で、特にサマルカンドのナンは美味さで定評があるという。実際にここで買って食べたが、特に付け合わせはいらずナンだけで美味く食べられた。ナンはどんな料理にでも一緒に出される。ご飯と同じである。だから道ばたでも広場でもどこでも売られていてすぐ手に入る。手押し車で売っている人、頭に平べったい籠を載せて売っている人はちょくちょく見かける。お祝い用のナン（?）もある。直径30㎝くらいのナンにピンクや赤で花柄が書かれていたり、文字が書かれていたりというのもある。デコレーションケーキ代わりに使われるのだろうか。

生魚は記憶にないが、それ以外は何でも売っていた。ワインも売っていた。イスラム教国でワイン?と一寸驚いたが、この地はイスラム以前のずっと昔からワインが造られ、ワイン発生の地の一つとも言われているそうだ。そうと知ったら買わないわけにはいかず、赤・白の2本を買って土産にした。珍しいので帰国後もなかなか飲めず、長らくワインセラーに眠っていたが、何年後かに飲んだときには、「もっと早く飲めば良かった」という味になっていた。ここのバザールでは、ワインの他に干し葡萄と胡椒を土産にした。

ここの市場にもおもらいさんがいて、その1人の子供を抱いた女のおもらいさんに付きまとわれ、500スム也（約50円）の喜捨をした。

六、シャフリサーブスの往復

観光4日目である。相変わらず早朝1時間の散歩を続けている。緑滴るプラタナスの並木道をゆっくりと散歩した。まだ、人もまばらで深閑としていて気持ちがいい。

今日は、サマルカンドからバスで約2時間の所にある世界遺産「シャフリサーブス」観光である。ガイドから旅行中便利なウズベク語を教わりながら行った。「アッサローム・アレイクム＝こんにちは＝平和をあなたの上に」の意。これには一寸感動した。「ブ・カンチャ＝これはいくらですか」、「キンマット＝高い」、「ヤナ・アルゾン・キリング＝もっと安く」、「ジュダ・チロイリ＝とっても綺麗」等々。

車窓を流れる景色は広々として気持ちがいい。牧草地帯がどこまでも続いている。道ばたには真っ赤なポピー（ケシの花）が咲いている。逆光に映えて鮮やかである。時折牛や羊の群も現れる。進行方向左側遥か彼方には雪を戴いた山脈が見える。そんな中ガイドが、学生時代の綿摘みの思い出話を始めた。ウズベキス

プラタナスの並木道

タンでは綿花栽培が盛んである。綿摘みの時期になると、学生は何日間かその仕事にかり出される。これは、ソ連時代から続く習慣で、学校で寝泊まりしながら参加する。1日のノルマは25kg。しかし、その実体は労働というより遊びで、学生はその時期を楽しみにしている。そこで恋人や友達も出来るからだ。

トイレ休憩は、相変わらず道路左右に男女が分かれて方式である。道路から大分離れた砂漠状の所でやっていたところ、葉が無く小さな花弁が一杯集まって一つの花となった白い花を見つけた。今も目の前で写真を見ているが、本当に珍しい花だ。

相変わらず大平原を行く。桑の木の並木道にも出会った。桑の実もなっていた。そうこうするうちに、シャフリサーブスに着いた。

ここは、チムール誕生の地で、彼によって築かれた夏の宮殿のあった所である。シャフリサーブスは「緑の町」という意味を持っていて、名のとおり遠くの山

チムール像をバックに

脈から流れる川の畔の緑豊かなオアシス都市であったという。今は、静かな佇まいに大きな歴史が秘められた町である。町は小振りである。だが、チムールの時代には、ここは壮大な建築群のある豊かなオアシス都市であったという。

まず、大きなチムール像の建つ中心部の広場に行った。小さな町の大きな広場といった感じの広場である。その真ん中にチムール像がデーンと大きく高く立って辺りを睥睨している。まずはチムールに敬意を表した後、チムールの残した最大の建物「アク・サライ宮殿」に移った。

「アク・サライ」とは「白い宮殿」という意味だそうであるが、実際は青と金色のタイルで装飾されていたという。今もその青い部分の面影が残っている。今残っているのは門（アーチ）の一部だけであるが、それでもその高さは38ｍもある。元は50ｍもあったというう。しかも、宮殿の上にはプールまであったというから、その豪壮さは想像を絶する凄さである。さすが帝国の王者チムールである。

ここの宮殿跡にも、露天の土産物屋がいろいろな品物を並べている。妻は可愛い孫のために、いかにも中央アジアという柄の帽子とチョッキを買った。

ここで一寸臭い話を。さすが、ここで青空トイレというわけにはいかないので、１００スム（10円）を払って有料トイレへ。しかし、そこのアンモニア臭とハエの多さには閉口した。私は決して露悪趣味者ではない。青空トイレの清潔さ、清々しさとの対比のためにあえて触れたものである。

次いで、「ドルッティロバット建築群」と呼ばれる所を見学した。ここは「瞑想の家」と呼ばれるチムールゆかりの建築群の立つところである。その中には大きな桑の木があって、白い桑の実がいっぱいなっていた。日本では見ない実なので早速食べてみたところ、余り美味くはなく、子供の頃よく食べた黒紫色の実の方が断然美味かった。また、中庭は綺麗に整備されていて、その中に紫色の花菖蒲が咲いていた。またこの中庭でも、土産物屋が簡易な売り台に品々を並べて商っていた。

昼食はこの町の民家で摂った。ロールキャベツ、スープ、人参サラダとナン。ここで教わった人参サラダの作り方を披露する。人参の細切りをさっとゆでる。塩こしょうをして酢少々を加える。以上。さっぱりとして美味し。

食後、帰途についたが、途中真っ赤なポピーが群生している所があった。そこでバスを停めてもらってその群落に入り、しばしポピーと戯れた。今、その愛しいポピーの記憶を呼び覚ましながらこれを書いている。名所旧跡もいいが、このような自然との偶然の出会いも旅の楽しみの一つである。

サマルカンドの宿に着いた後は、夕食まで約3時間の自由時間。私は妻と、再度徒歩でバザールを往復することにした。他の多くの参加者は、オプションでガイドに連れられてどこかにいったが、我々夫婦は「旅とは歩くことである」と心得ているので、パック旅行では機会の少ない自由時間を歩くことにした。車で行くのと違い、歩いてみると旅気分が高揚してきてわくわくとしてくる。行き帰りあっちに引っかかり、こっちに引っかかりしながらバザールを往復した。バザールを心ゆくまでぶらぶらした。サラダコーナーでは昼に食べた人参サラダやトマトサラダ、キャベツサラダ等々が並べられ、物欲しそうに眺めていたら一寸味わわせてくれた。この散歩で、サマルカンドの町は親しみのある町となった。

夕食は、前述のレギスタン広場の中の「ウルグベグ・メドレセ」の中庭で、民族舞踊を見ながらの食事。一角に絨毯が何枚も敷かれ、壁にも絨毯が懸けられ、そこにテーブルや椅子がいっぱい並べられていた。我々が行った頃には、既に各国の観光客が来ていて、厳粛なメドレセは華やかな舞台に変身していた。我々も席を占めビールを飲んだりつまみを食べたりしている内に、陽も落ちて空には星が瞬きはじめた。舞台にも明かりが点り、そのコントラストは幻想的でいかにも旅情を掻き立てる。ボロディンやチャイコフスキーなどの名曲に合わせて、若く綺麗な踊り子がひらひらと舞い踊る。ロシア仕込みのせいか、踊りはしっかりとしていると見た。世界文化遺産の建物の中庭で、飲んだり食ったりしながらバレエを見る。これは贅沢である。

七、ブハラへ、そしてブハラ市内観光

当日は5月3日、日本は憲法記念日である。私は憲法改悪反対を目的に活動している「宮城憲法会議」の一員であるが、この何年もの間ゴールデンウィークには外国旅行をしているので、この日行われる「県民憲法集会」にはもう何年も参加していない。それを思うと心苦しい気がするが、しかし私も老い先の短い晩節の身、趣味優先でご勘弁をというところである。

この日は、列車でブハラへ行き、そこのホテルに到着後、ブハラ市内観光へという日程である。鉄道は全て国営とのこと。そのせいかどうか分からないが、サマルカンド駅は撮影禁止。隠さなければいけないような対象物があるとは思えないのだが。時々こういう国があるが、我々には理解できない。

列車は4人がけのコンパートメント。もう一組の若い夫婦と一緒になった。しかし、窓は開かず室内は暑いことこの上ない。気温は34度。耐えきれず通路に出て暑さをしのごうとしたが、そこの窓も少ししか開かず。部屋と通路を出たり入ったりしながらおよそ5時間半、この出口無しの暑さの中で過ごした。「冷房がないのなら窓ぐらいは開け閉めできるようにしろ!」と国民は文句を言わないのか。あるいは言えないのか。駅の撮影禁止から推し量ると、おそらく後者であろうと思う。しかし、車窓を流れる広々した田園風景や時々見られる真っ赤なポピーの群生地にはイライラが少しく癒された。

14時半、ようやくブハラ駅に着いた。だが、ここは大草原の中に突如現れた立派な駅という感じで、シル

クロードの有名な町のイメージにはそぐわない。実は、この駅の名は確かにブハラ駅なのだが、ブハラの町はここからさらに15㎞離れている所にあるのである。何でこのようにするのかは分からない。

ブハラは、サマルカンドから西へ２３０㎞行ったザラフシャン川の下流域に栄えたオアシス都市である。人口は15万人。タジク人が多いとのこと。気温35度、暑い。

ホテルで一息ついてから観光に出発したが、バスもまた冷房が効かず。列車と違って窓は開いたが、風もまた熱い。

ブハラの町を概観しておこう。ここは中央アジアで最も古い町の一つ。７０９年にアラブ軍がこの地を征服して、以後イスラム教が浸透した。その黄金期は9世紀に始まる。イスラム王朝の庇護の下、以後、優秀な宗教者、科学者、神学生、商人などが各地からこの町に集まり、イスラム世界全体の文化的中心地として繁栄を誇った。しかし、１２２０年にはモンゴル軍によって荒らされたが、サマルカンドほどではなかった。その証拠に、今もそれ以前からのモスクや廟が残されている。16世紀に至って、当時の王朝時代に再び蘇り、多くのモスクやメドレセが建造され、それがほとんど変化せずに今日に繋がっている。

最初に、ここの町で、昔大もうけをしたという金持ちの民家の見学をした。天井の高い木造の大きな建物であったが、その装飾は全面イスラム紋様で埋められている。しかし、生活の場らしく、モスクなどとは違った家庭的な雰囲気が味わえたのは良かった。日本と全く同じような、布団を掛けた炬燵があったのには笑ってしまった。

「チャル・ミナル」という4本のミナレットのある建物を見た。その中は土産物屋になっていてビックリ

「カラーン・ミナレット」

した。１８０７年にトルクメニスタンの商人が建てた巨大なメドレセの門であったということだが、このような歴史的建造物も土産物屋に貸してしまうというのが面白い。私はここで壁かけ用の小さな絨毯を買って土産にした。

「カラーン・ミナレット」という高さ46ｍの、町のどこからでも見えるミナレットに登った。ここからは町の四方が一望できる。そこから16世紀以来のエキゾチックな市街地を眺めていると、その時代にタイムスリップしたような錯覚に襲われる。このモスク、１１２７年にカラハーン朝のアルスラン・カーンという王様によって建てられたという。この塔を巡ってはいろいろな伝説が残っているというが、その有名な一つを『地球の歩き方』から引用しておこう。「チンギス・ハンがやって来て塔を見上げたら、帽子が落ちてしまった。思わず腰を屈めて拾い上げると、言った。『この塔は私に頭を下げさせた立派な塔だ。壊してはいけない』。だから塔は、破壊されなかったのだという」。もう一つ、これは本当の話だが、この塔は「死の塔」と呼ばれ、死刑囚を生きたまま袋に入れて突き落とすことにも使われていたが、1868年にロシアの支配下になった以降は禁止されたということだ。

「ミル・アラブ・メドレセ」はカラーン・ミナレットの向かいにある。現在も神学校として使われ、学生達が勉強をしていた。

「タキ・バザール」は、大通りの交差点を大きな丸屋根で覆ったバザールである。これは珍しい。昔は関所の役割もあったという。その周りには職人の仕事場がありそれも丸屋根で造られている。また、旅人のためのキャラバン・サライ（隊商宿）や風呂家もあり、それもまた丸屋根である。ここでも、往時のバザールの賑わいを想像することが出来る。

その日の観光の最後は、「ラビハウズ」というオアシスの池のある公園である。池の周りには太い老木が生い茂り、その木陰毎に1坪ぐらいの二方を柵で囲った縁台が置かれ、その上で男達がお茶を飲みながらおしゃべりをしていた。そこは、チャイハナ（野外喫茶店）であった。我々もここで地元の人達に交じって、池に映るメドレセを愛でながらお茶を飲んだ。

八、午前中ブハラ市内観光、その後ヒワへ

ホテルは、家族経営のようなアットホームな小振りの中級ホテルであった。前夜は、部屋の外で遅くまで子供達がサッカーに興じていてうるさく一寸寝不足である。

この日も一寸朝の散歩に出た。どの家にも真っ赤なバラが植えられており好もしい。そういえば前日も気付いていたが、この町ではどこでもバラの花が目立つ。道路沿いにも、公園にも、宮殿の中庭や大学の構内にも、白やピンクや赤のバラが咲いている。ブハラはバラの都か？

今日も午前中はブハラ市内観光。最初は「チャシュマ・アイユブ＝預言者ヨブの泉」というところ。ヨブとは旧約聖書に出てくる預言者ヨブのこと。ご存じのとおり、旧約聖書はイスラム教の聖典でもある。この地方が水不足で苦しんでいた時、ヨブがこの地を杖で叩いたら水がわき出たという伝説により、そう言われているということだ。モーゼにも、弘法大師にも同じような伝説がある。どこでも掘れば水が出る日本と違い、この砂漠の地では、これは奇跡的な出来事であったに違いない。12世紀以来何度もドームが建て増しされていったところから、建物全体の姿はアンバランスで奇妙である。

「チャシュマ・アイユブ」の近くには大きな公園があり、その中に「イスマイール・サーマーニ廟」がある。892年から948年にかけて建てられた中央アジア最古の建築だという。日本では、菅原道真や平将門が生きていた時代といえば、その古さが図り知れよう。モンゴル来襲の頃には、この廟はほとんど土中に埋も

「アルク城」壮大な城である

れており、また周りが墓地だったために気付かれず破壊を免れたらしい。1925年に発掘されたそうだ。日干し煉瓦造りで、その紋様はとても美しい。イスラム初期の建築様式だというが、とてもそんな古い時代の建物とは思えず、それ故世界中の考古学者や建築家に注目されているのだそうだ。この廟を3回周ると願いが叶うというので周ってみたが、何を願ったのか忘れてしまい、叶ったかどうか分からない。

これまた公園からほど近くの「バラハウズ・モスク」を見た。このモスクの前面テラスの部分は木造で20本の柱が天井を支えている。木造というのが珍しい。その柱も天井もカラフルなイスラム紋様で彩られている。ハーン（遊牧民の汗国の君主の称号）専用のモスクということで、往時祝い事の日には、ハーンはその西側にある「アルク城」からここまで絨毯の上を歩いて来たという。テラスの前は池になっていて、柱が綺麗に映っていた。

次いで「アルク城」。歴代のブハラのハーンの居城。１９２０年、ロシア軍に攻略されるまで、そのように使われていた。城門の左右には、太く大きな尖塔状の建物が入り口を固めるように建っており、それに続いて高い堅固な城壁が左右に広がっている。築城の始まりは２０００年以上遡ると言われている。この城ではアラブとの戦い、モンゴルとの戦い等々で何度も外敵と戦い、何度も破壊されたが、その都度建て直し今日に至っているという。城内にはモスク、玉座の間、ハーンの居室、囚人の地下室などがある。小さな博物館もあり、残虐な刑の場面、監獄や奴隷達の生活の記録が展示されている。このように城内は陰気で暗い雰囲気である。

このような中で、君主と妃の服を着せて写真を撮る店があったので、暴君になったつもりで妻を横にして写真を撮ってもらった。丁度、ここにイタリアの次期大統領と目される人とその一行が来ていているのに出くわしたが、特にどうということはなかったので、思い出に一行の写真を撮った。城内は陰気だったが、城の上から見たブハラの町は異国情緒に溢れ素晴らしかった。

その後、城の近くの野外の絨毯バザールを見ながら、前日のタキバザール当たりに戻ってしばしの自由時間。ブハラのシンボル「カラーン・ミナレット」の方に行ってみたところ、広い中庭で何やら市民が大勢集まってお祭りをやっていた。テントも張られ、町のお偉いさんらしい人達が座り、その前の何枚も敷き詰めた絨毯の上では、大人も子供も皆民族衣装で着飾ってダンスを披露していた。見物客は町の人達だけの感じであり、観光客は我々のみであった。ここだけではなく、ウズベキスタンにはまだまだ観光客は少ない。イスラム圏への観光先としては、観光客ずれの感じられないこの国がお勧めである。

アムダリヤ川

昼食は、市内のレストラン。その前の庭にも色とりどりのバラが真っ盛りであった。メニューは、大きな牛肉、にんじん、葡萄を炊き込んだピラフとボルシチであった。

午後は、ブハラから遠くウズベキスタン北西部の古都ヒワの町に向けて、砂漠地帯を行く。トルクメニスタンとの国境に沿って両国に出たり入ったりして大河アムダリヤ川が流れている。国道はそれよりずっと内陸に入った所を、川に沿った形で移動していく。ラクダが好きそうな砂漠の草が点々と生えている、だだっ広い単調な光景の中を行く。うとうととしていると、突然巨大なトラクターの隊列に出くわした。何十台も連なっていた。車体には「日本のODAによる」と書かれていた。突然、日本に出くわしたようでビックリしたが、ガイドは「日本には大変世話になっている」というような説明をして感謝していた。しばし、日ウ友好の雰囲気がバスの中に流れた。

トイレ休憩時の気温は42度。ガイドからは、1976年には55度を記録したと言われ、ビックリ仰天。しかし、夜は涼しく、冬には相当のマイナス温度を記録するという典型的な大陸性気候である。

さらに進んでいくと、ラクダ草もなくなって砂砂漠に変わっていった。しばしバスを停めてもらって、たおやかな砂丘を背景に写真を撮った。妻が、イケメンの若いガイドと一緒に撮ってくれと言うので、それも撮ってやった。

ヒワに近づいた頃に、アムダリヤ川が見えてきた。一同感嘆の声を上げて、ここでもストップしてもらい滔々たる大河の雄姿をカメラに収めた。この川、パミール高原・ヒンズークシ山脈に源を発し1400㎞を流れ落ちてアラル海に注いでいる。砂漠に大河、我々には異風景である。その大河の鉄橋を渡れば、砂漠はおしまい。ヒワの町まではあと一走りである。

その夜の食事は、夏の宮殿「ドザポーク・パレス」という宮殿内で摂った。ここも世界遺産内にあり贅沢であった。その日のホテルは、ヒワ城に近接していて観光にはうってつけな場所にあった。周囲の古い建物に合わせて日干し煉瓦造りで、高い塀に囲まれているが、塀の中は民宿といったような雰囲気の旅館であった。

九、ヒワ観光

まずは、ヒワの概観。『地球の歩き方』から要約させてもらう。ヒワの町は二つの城壁に囲まれている。

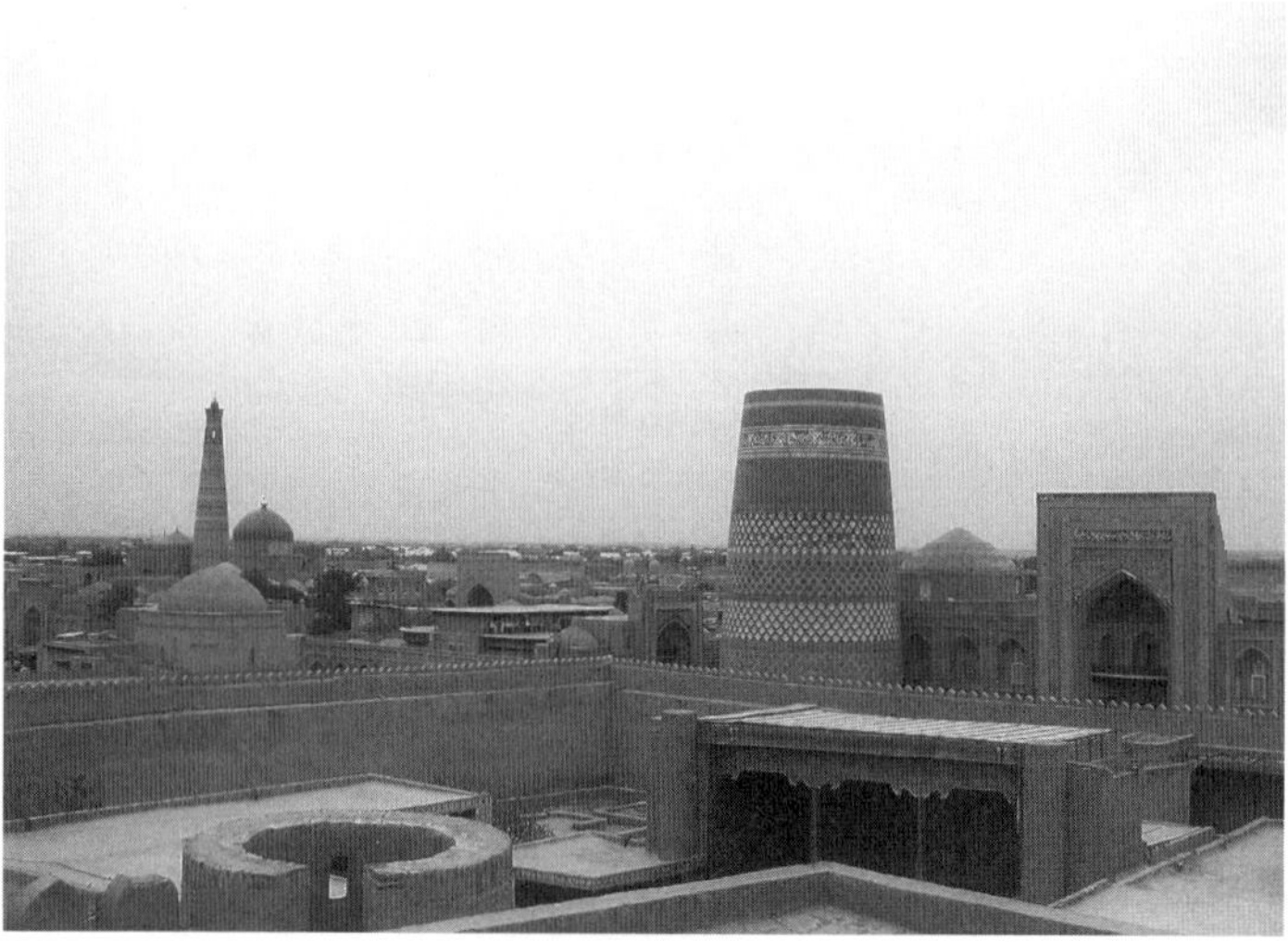

ユネスコ世界遺産の町ヒワ

外側は、トルクメニスタンのカラクム砂漠との境に築かれた「ディシャン・カラ」と呼ばれる全長6㎞の城壁であり、内側は中世ヒワの町を取り巻いている城壁である。外城壁と内城壁との間に町の人々が暮らし、内城壁の中は「イチャン・カラ」と呼ばれ、そこにはハーンの宮殿やハーレム、モスク、メドレセ、廟などが建てられた。現在、このイチャン・カラ全体が、ユネスコの世界遺産に登録されている。内城の高さは8m、厚さは6mで、これが長さ2100mで城内を囲っている。四方を砂漠に囲まれながらも、ここはアムダリヤ川の肥沃なデルタ地帯であり、古代ペルシャ時代からカラクム砂漠への出入り口として繁栄してきた。

旅館は、家族経営のようである。朝庭に出ると、宿のでっぷりとしたいかにも人の良さそうなおかみさんが、孫を抱いて何やら言って近づいてきた。可愛い娘さんも出てきた。赤ん坊をあやしたり、娘さんの写真を撮ったりした。

食後、徒歩で観光に出たが、道路から見えるところで土製のタンドール（竈）でおじさんがナンを焼いている場面に出くわした。珍しそうに見ていたら、焼き終わった後、家の中に入るように誘われた。みんなでぞろぞろと入って、部屋の中を見学させてもらった上、ナンとミントティまでご馳走になった。特に見返りを求めるわけでもなく、一緒に写真を撮らせてもらって終わった。見ると建物は全体を土壁で塗られたさもない古い民家であった。それだけにこれは朝から心温まる出来事で、それだけでヒワの町が好きになった。

ヒワ城にはメインの入り口たる西門から入った。「イチャン・カラ」には20のモスク、20のメドレセ、6基のミナレットおよび数々の遺跡が、シルクロードの時代そのままに残されている。建物全体が周囲の砂漠の土色の日干し煉瓦造りで、その内の建物の入り口とか、ドームとか、ミナレットとかが青色のタイルで装飾されている。中央アジアの中世がそのままそこに在るわけで、身も心もタイムスリップして旅情も極まったというところであった。

門を入ってすぐ右側に、「ムハンマド・アミン・ハーン・メドレセ」がある。伝統も由緒もある大きなメドレセだが、今はホテルとして利用されている。正面入り口のタイルの青と煉瓦の土色との対比がいい。

道路前方を見通すと、未完成の大ミナレット「カルタ・ミナル」が目を捉える。1852年に着工し完成時70～80ｍの高さになるはずだったが、何故か26ｍで中断された。巨大なサイロのような形をしている。基礎部分の直径が14ｍ余りというから、仮に完成ししていたらとその大きさを想像することが出来る。青の油彩タイルで何層かの横縞模様に彩られていて、とても綺麗で、「イチャン・カラ」の名所である。

門の左側は、「クフナ・アルク」という名のハーンの宮殿の中の宮殿である。この宮殿の歴史は長いが、現在の建物は17世紀に建てられた。城壁で囲まれており、その中には執務のための公邸、モスク、ハーレムがあり、火薬工場、造幣所もある。また、牢獄もあり、反抗した者たちは容赦なく入れられ、歴代ハーンは厳しく残酷な刑を科したという。内部は宮殿だけあって綺麗な部屋が多い。また、木の柱が多いのが目立った。柱に支えられているオープンスペースをアイバーンというが、その空間はカラフルなイスラム紋様の壁と細く優美な木の柱でなっていてとても綺麗である。

「ジュマモスク」は多柱式建築という木造のモスクで、約3mの間隔で212本もの柱がある。ニレまたは桑の木だそうだ。広さ55m×46m、高さ5m。10世紀に建てられ18世紀末まで修復が重ねられたという。それだけに全てが古色蒼然として威厳がある。中央アジアで最も有名なモスクの一つだそうだ。内部は天窓から光が注ぐ中央部分を除くと薄暗い。しかし、目が慣れ目を凝らすと、柱の1本1本には精巧な彫刻が施されていて、部屋全体に独特な雰囲気が漂っている。そんな中でも土産物屋が店を開いていて、元気なおかみさん達が場違いな声で商売に熱を入れていた。モスクの前には、高い横縞模様のミナレットが建っていた。

「パフラヴァン・マフムド廟」は、ジュマ・モスクを南の方に下ったところにある。マフムドは、ヒワの大臣であり、詩人であり、哲学者であった人の名である。パフラヴァンとは強いという意味だそうで、人々から尊敬されていて、その墓石にお札を載せて御利益を願う人が多いと聞いた。廟内には靴を脱いで入る。中は音一つ無く静かである。ある部屋では、そこを訪れた家族が、イスラムの坊さんらしい人に向かって頭を垂れ祈ってもらっていた。ある部屋では、1人静かに瞑想にふけっている人がいた。失礼と思いながらシャッターを切ったが、全く気にされなかった。廟の一角には泉の湧き出る水場があり、それを飲むと男は強くなり、女は美しくなると信じられているという。今更強くなってもどうしようもないが、一応飲んでみた。

その後、城外に出て書見台作成工房を見学した。コーラン用の書見台である。言葉では説明しにくいが、細かく細工されており、閉じたり開いたりすることが出来る。

ホテルに帰って昼食をゆっくり摂りゆっくりと昼寝をした。タイムスリップしたような中世そのものの町の中での昼寝、これまた贅沢である。

午後は、夕食時まで自由時間。「イチャン・カラ」はそう大きな町ではないので、前述のように多数のモスクやメドレセなどが凝縮されて詰まった町の中を、隅々までゆっくりと見て回った。道路脇の土産物屋のおばさんや少年と身振り手振りで会話をしたり、可愛い女の子と遊びに来ている父子の写真を撮らせてもらったり、犬と戯れたり、バザールを見たり、チャイハナで一服したり、各名所で写真を撮ったりと、通常のパック旅行ではなかなか取れない、ゆったりとした時間の流れの中で、心ゆくまでヒワの町を味わった。

ホテルに帰り夕食に出る時、ホテルのお兄さんがアムダリヤ川で獲れたという大きな川魚の薫製を持ってきたので、食べろと勧められた。他の人は手を出さなかったが、食に卑しい私は、勧められるままにそれをむしるようにして食べてみた。なかなかの美味であった。しかし、そのせいかどうか、その後何となく腹が渋りだしそれが帰国後も続いた。

夕食は、メドレセ内のレストランで大きな地鶏のオーブン焼きを食べた後、バスでウルゲンチ空港に移動した。タシケントに向かう機中では、設計士をしているという同席の外国人からいろいろ話しかけられ、何とか思いつく単語を並べてはこれに応じた。良いヤツと思われたのか、別れ際には住所まで教えてくれたが紙切れを無くしてしまい、今ではどこの国の人だったかも思い出せない。

タシケントのホテルは、出発時と同じ「ホテル・メリディアン」。

十、タシケント市内観光、帰国へ

まずは、先述のホテルに近い「ナヴォイ劇場」を見学し、先述のような説明を受けた。

「工芸博物館」ではその建物自体の立派さと、「スザニ」と「タフタ」が印象に残っている。「スザニ」はウズベキスタンの伝統工芸品で、手の込んだ刺繍製品である。壁掛けが多い。単なる綺麗な刺繍というだけでなく、ウズベキスタンの文化の象徴として誇りにされているという。また、家庭においては家を守るものと考えられ、親から子へ受け継がれるのだという。親は未完成に終わらせ、子が完成させる。子はまたその子に受け継いでいく。柄はいろいろであるが、民族色豊かである。手織りが基本だが、機械織りもある。私も1枚（機械織りか）を土産にした。「タフタ」は縁台のことである。前述もしたが、野外のチャイハナなどに置かれている。1坪くらいの縁台で二方ないし三方に背もたれ用の柵があり、中央に小さなテーブルを置いて、その周りを囲むように座る。何となく場が出来て落ち着く。我が家にも1台欲しいくらいの家具である。春の宵でも夏の夕でも、ここでチャイではなく一寸したつまみを置いて酒を飲んだら、気分上々であることは間違いなしであろう。

郊外の日本人墓地をお参りした。第2次世界大戦でソ連の捕虜になった79名の日本人が眠る墓地である。木々の生い茂る静かな環境下に設置され、きれいに清掃もされていた。有り難く暖かい気分となった。

歴史博物館では、ロシアへの抵抗の歴史も展示されていたのが印象的であった。

町の中央チムール広場から西に延びる通りは、地元の人が「タシケントのブロードウェイ」と呼んでいる幅の広い歩行者天国となっている通りである。オープンカフェ、土産物屋の露店が並び、また一寸横に逸れるとフリーマーケットのように、絵や皿等のがらくた類を売っていたりと、楽しい空間が現れる。この時も自由時間だったので、妻とぶらぶらと歩きながら旅の終わりを楽しんだ。

最後の晩餐は、空港近くのシシケバブ屋さん。一皿〳〵にいろいろな組み合わせの串に刺した肉が載っていて、好きなものを選んで焼いてもらうシステム。しかし何れも一串で満腹といったでかい肉が刺されておりビックリした。羊の正肉が脂身と交互に刺されている串を選んだが、文句なく美味かった。

十一、帰国後、暴動報道にビックリ

満足した気分で帰国し、その余韻に浸っていたところ、程なくウズベキスタン東部で反政府暴動が発生したとのニュースに接しビックリした。しかも、治安維持部隊の武力制圧で数百人の死者を出す流血の惨事になったということであった。あんな穏やかで気持ちの良かった国が何でと、にわかには信じがたい気分であったが、論より証拠、それが現実なのであろう。そう言えば、旅行中空港ばかりではなく、駅までも撮影禁止となっていたことに驚いたが、このような現実が背景にあるのだろうと思ったとき、妙に納得できた。

これを書いている今年（２０１１年）、チュニジアに始まり、エジプト、リビアと次々と政変によって政権が倒れた。長期独裁政権による国民無視、人権無視の政治に対する多数の国民の不満や怒りが爆発し民衆暴動に発展していった経過がある。チュニジア、エジプトでは、軍が民衆を弾圧しなかったため多数の死者を出すことなく政変が行われたが、リビアの場合は、半年に渡る反政府デモと内戦に多国籍軍の介入が加わり、悲惨な状況下、多数の死者を出してようやく政変に成功した。ウズベキスタンもカリモフ大統領による長期政権が続いている。彼がどのような政治をしているのか分からないが、多少心配である。

不謹慎な仮定で申し訳ないが、仮に政変が起こるとしてもチュニジア型でいってもらいたい。それ以前に、政権が今回の事態に学んで自らを改革し、人権を守り民衆を抑圧せず、民衆暴動などが起こらないようにしてもらいたいものである。

悠久の北インド周遊の旅

期　間　２００５年12月31日～２００６年１月８日（９日間）
旅行先　北インド

（２０１３年１月執筆）

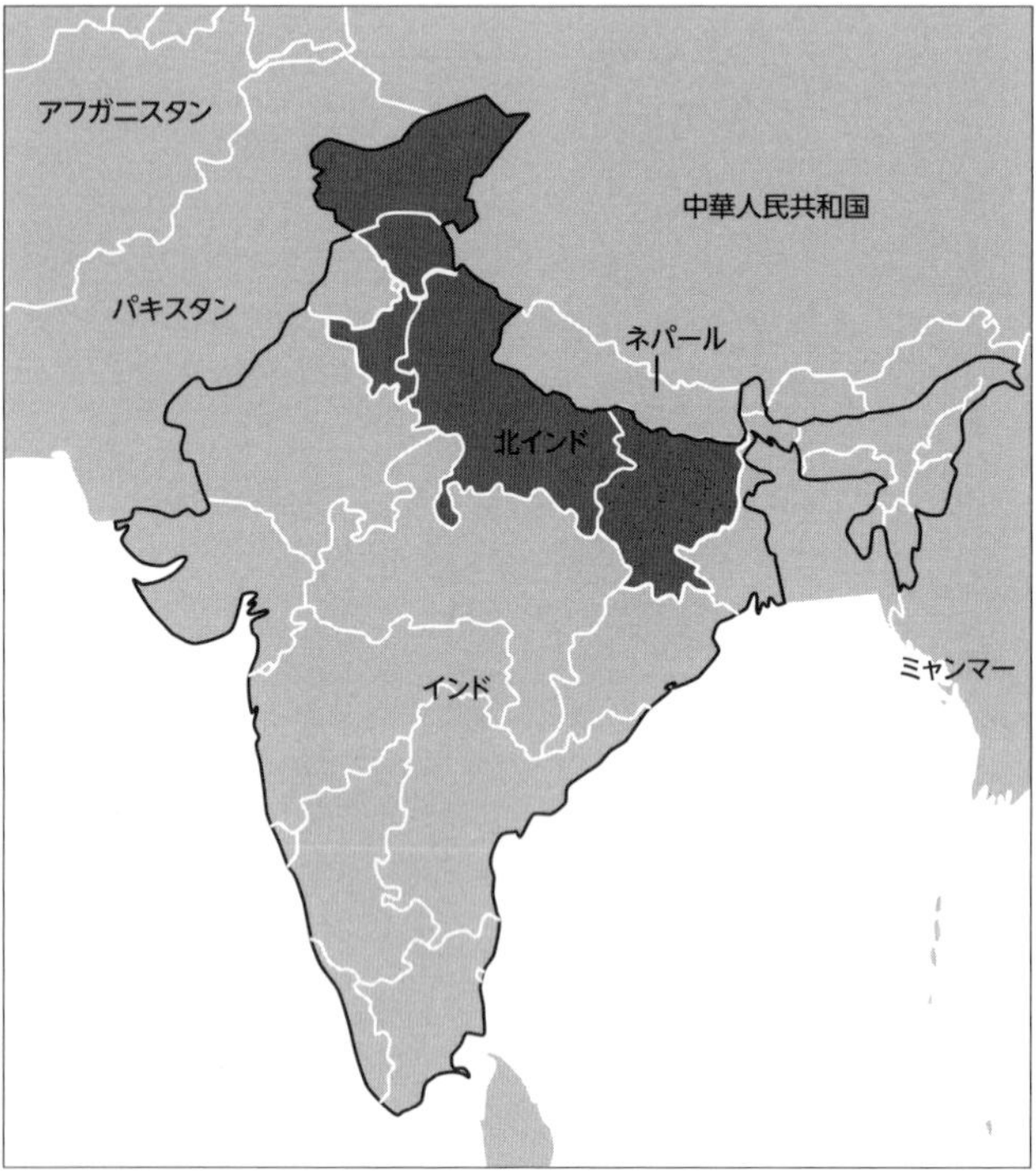
アフガニスタン
中華人民共和国
パキスタン
ネパール
北インド
インド
ミャンマー

一、はじめに

長男と一緒だった。

インドについてはスペインに次いで多くの旅本を読んでいた。読んでいた頃は、何れの国もまだ行く当ても全くない時期であったが何故か憧れていた。旅本の出版日を見ると１９７０年代から１９８０年代に懸けてである。それらの本で多くの知識を得たが、それまでは当然ながら多くの同年代の日本人と同じレベルであった。

子供時代のインドとの関わりは、昭和24年にネール首相から上野動物園に贈られた象「インデラ」の記憶である。その後中国から贈られたパンダのランラン、カンカンの時にも劣らぬ国民的な人気であった。「インデラ」は、首相の令嬢インデラ・ガンジーの名をとってつけられた。ネール首相は戦後の国際舞台で、非同盟主義、平和主義政策を掲げ、東西冷戦構造の中、第3世界のリーダーとして華々しい活躍をし、多くの人々に大きな希望を与えた。ご存じのとおり、令嬢インデラ・ガンジーも父の遺志を引き継ぎ首相に就任したが、暗殺という非業の死を遂げた。また、マハトマ・ガンジーの非暴力主義も中学生の頃教わったのかどうか、その頃から良く知っていた。政治的なことでインドについて知っていることと言えば、その程度のことであった。

旅本を読むまでのインドについての知識や印象をアットランダムに列記すれば以下のとおりである。お釈迦様の生まれた国、ヒンドゥ教、カースト制度、中国の向こうの暑くて貧しい大きな国、インダス文明発祥の地、多民族多言語国家、カレー、ガンジス川とベナレス、カオスの国、インド体験という言葉。

旅本で、インドへの魅惑を掻き立てられたが、私の外国旅行はヨーロッパから始まったものだから、インドへまではなかなか辿り着けなかった。そしてようやくその年、憧れのインドへの旅となったのである。しかし、この時にはインドという国も旅本を読んでいた頃より大きく変貌し、今や、ブリックス（ＢＲＩＣｓ＝ブラジル、ロシア、インド、中国）の一角を占める経済成長著しい国となった。何れ同じブリックスの中の中国に匹敵するような経済大国になるのではないかとも言われている。このようなことを知ると、このまま行くと、たとえばかつての日本のように、あるいは現在の中国のように、スクラップ・アンド・ビルドの風潮の中、古き良きものが「それゆけどんどん」とばかりに壊されていってしまうのではないかとの不安がよぎった。

そこで、なにはともあれありのままの「インド体験」をしてこようと思って出かけたのである。なお、「インド体験」の言葉だが、これは次のような意味で使われているようだ。勿論昔の話であるが。インドを体験した人達は二派に分かれるという。一派は、あんな貧しく汚い怠け者の多い暑い国などもう2度と行きたくないと思う人達、もう一派は、その正反対でその様な現実も含めてぞっこん惚れ込んでしまい何度でも行きたくなってしまう人達である。さて、私のインド体験の結果はどうなるのであろうか？

二、デリー〜ベナレス、市内の名所見学

エアー・インディアで昼の12時に成田を発ち、バンコク経由でデリー空港に着いたのは、現地時間21時30分。14時間もかかった。バンコク国際空港の機内で3時間も待たされたからだ。さらに、デリー空港では入国手続きに手間取ってさらに時間を取られた。これも想定の範囲内ということにして諦めるしかない。出迎えのバスでホテルに向かったが、道路のセンターラインは消えているし、それぞれの車は大きく蛇行はするし、対向車側に深く入るし、クラクションは景気よく鳴らすし、インド入国早々から恐ろしいインド体験であった。

当日は元日。しかし朝寝坊も出来ず7時起き。バイキングの朝食を早々に済ませ、息子とホテル近辺を散歩した。ホテルの近くに農場があったが、皆高い塀に囲まれている。そうしないと畑荒らしにでも遭うというのだろうか。街路樹にはユーカリの木が多い。道路は汚れていて、今は乾季なのでほこりが多い。しかし、夕べから町全体を霧が覆っていて、ほこりっぽく見えるのが、霧なのかほこりなのか見分けがつかない。道路の両側には雑多な店が並んでいる。珍しそうに辺りをギョロギョロ見ながら歩いていたら、足下の注意が疎かになり犬の糞をしっかりと踏んでしまった。

一行は添乗員も入れて11人。最小催行人員に近く、参加者としては多すぎず有り難い。ベナレスに向かうべく、バスでデリー空港に向かった。前夜と同じく、車の走行の滅茶苦茶ぶりは相変わらずである。対向車

が無ければ対向車線側にはみ出して堂々と並んで走っていく。メインストリートに出たが、ここでは人力車、オートリキシャ、自転車、自動車、歩行者が群れとなって流れている。

空港に着いたが、出発は1時間遅れとのこと。またかと、いささかうんざりした。閑なので空港内をぶらついたが、空港内は撮影禁止。周りを見回しても特に禁止しなければならないようなものは見当たらないし、写真に収めようと思うような被写体もない。何と大げさなというのが実感である。

売店で25ルピー也のミネラルウオーターを買った。100ルピー出したが25ルピーのお釣りしかくれず。気がついたときは既に場を少し離れていたこともあり、また異議や抗議をしようにも言葉が不自由で何も言えず諦めるしかなかった。さっそく騙された訳である。

ベンチに腰掛けて時間待ちをしていると、インデアン・エアラインズの女性の空港職員が何やら配り始めたので、遅れの侘び代わりに何か配っているものと思ったが、粗末な会社のカレンダーだった。「こんなもの配るより早く飛行機を飛ばせ！」の心境だった。

待つこと1時間20分でようやく機内へ乗り込む。だが、またそこで滑走路上での順番待ち。先に6機が詰まっているとのこと。こうなると、さすが想定の範囲内だなどと悠然と構えていることは出来なくなり、相当にいらついてくる。やはり私は、大物にはなり得ない人物である。

離陸後しばらくして、しっかりとボリュームのある機内食が出てきた。サンドイッチ、ソーセージ状の焼肉、パイ生地に載せられたサラダ、クレープで包んだ野菜。朝から何でこんな大げさな食事をとこれもまた文句の種だったが、口にも出せず黙々と食べている内にベナレス（最近では「バナーラス」と表記することが多いが、私は昔どおりに「ベナレス」でいく）の空港に到着した。予定より1時間45分遅れ。古く薄暗い感じの空港である。ここから、いよいよインド観光の始まりである。期待で胸が膨らんできて、いらいらはいつしか遠のいていった。

先ずはホテルにいって荷下ろし。「タージ・ガンジス」という新市街にある高級ホテル。喧噪と雑然の中に忽然と現れたオアシスという感じである。プール、テニスコート、ジョギング用トラックまである。外側の貧とこの内側の富との落差、やはり驚きである。

〈考古学博物館〉

ホテルで1時間ほど休んで、先ずは「サールナート」へ向かった。そこは悟りを得たブッダ（お釈迦様）が初めて説法をしたところである。ベナレスから10㎞の所にある。

そこに至るまでの道路には、相変わらず乗用車、トラック、バス、バイク、オート3輪、オートリキシャ、自転車、手押し車等々が喧噪の中に流れている。我がバスもしきりにブーブーとクラクションを鳴らしている。時折牛も混ざってくる。沿道の屋台では何か品物を並べて売っている。時折ボロ小屋を連ねた商店街も現れ、どの店にも客が大勢入って結構繁盛しているようである。ほこりを被ったブーゲンビレアも見える。「この道はネパールのカトマンズに通じています」と現地ガイドに説明された。ネパールにはその時の2年前の正月に行っていたので、カトマンズ空港に降り立った時の感慨が思い出され、しばしその時の情景を思い浮かべた。

まず、「考古学博物館」の見学。サールナートの遺跡群のある「ディア公園」に接した所にある。遺跡から発掘された出土品が陳列されている。ここでは、国宝級の展示物が手で触れられるような状態で展示されていた。この大様さは気に入った。正面入り口の前にはアショーカ王石柱の頂上にあったという「ライオン像」が立っている。2mほどはあるか。インドの国章ともなっている像で2300年前のもの。コインの裏などにデザイン化されているという。もう一つの見所は、入って左奥の方にある「初転法論像」。5世紀の作で、世界で一番美しい仏像だということだ。なお、初転法論とは、ブッダが初めて説法をしたという意味で、その地がサールナートである。その曰くは『地球の歩き方』を引用させていただく。「ブッダ・ガヤーで悟りを得たブッダは、それを胸に秘めつつ長い道を歩き、当時の宗教者が集まっていたバナーラスを目指した。そして市の郊外の、鹿野苑《ろくやおん》（現在のサールナート）に着いた後、かつてともに修行していた5人の修行者に出会い、自分の悟った真理を初めて語った。耳を傾けたのはこの5人と、森に住むシカたち。だがここで初めて「言葉」にした教えは、その後世界へと広まり、多くの人の心にしみ込んでいくことになる」。

引用ついでに、ベナレスで本売りのお兄さんから買った日本語版「ベナレス」から、ブッダが語った真理とは何かについて引用していこう。「それは、苦しみに関する四つの崇高な真理に関するもので、「苦しみの源」「苦しみの休止と停止」「苦しみを停止に導く道」「平和、悟りと救済への道」の四つである。苦しみは欲望から生まれ、人間の存在の中で解決できないものとなっていく。正見、正思惟、正語、正業、正命、正精進、正念、正定の八正道を通じて、達成することのできる禁欲によって、人生の苦しみを乗り越えることができる」。

旅とは関係ないが、完全に晩節に入った私は、ここ数年来、神や仏に興味が湧いてきて、神社や寺に参る

夕日を浴びる「ダメーク・ストゥーパ」

と真面目に手を合わせ真面目に祈るようになってきている。しかし、情けなくも未だ「生、病、老、死」の四苦からも解放されず、数々の煩悩にも惑わされ四苦八苦している。

〈ダメーク・ストゥーパ〉

「ディア公園」は遺跡公園で沢山の遺跡が残っているが、中でも大きく目立つのがこの「ダメーク・ストゥーパ」である。ストゥーパとは仏塔を意味し、もともとはブッダの遺骨（仏舎利）を、土を盛った塚に納めて崇拝の対象にしていたが、次第に仏舎利が納められていなくともブッダを象徴する塔はストゥーパと呼ばれるようになった。日本の卒塔婆もストゥーパである。ここはチケットがないと入れないせいもあり、中に入ると表とは違った静かな遺跡公園である。木も多く、広々とした芝生も綺麗に整備されている。その中にある正真正銘の仏舎利塔が、「ダメーク・ストゥーパ」である。6世紀の建立である。かつてこの近くには僧院があり多くの僧が修行をしていた。

もう一つ同じくらいの大きさのストゥーパがあったが、ムスリムによって破壊され、今はその基底部だけが残されている。また、公園内には、アショーカ王が建てた円形の石柱跡があるが、この円柱の上に載っていたのが先述のライオン像である。

ムルガンダ・クティー寺院は比較的新しい。スリランカの仏教徒によって建てられたという。中には、ブッダの生涯が描かれた壁画がある。戦前に日本人画家が描いたのだそうだ。また、金色に輝く仏像もあった。しばらくして陽が傾き、赤煉瓦造りの遺跡は赤く染め上げられていった。本当はもう少しゆっくりとブッダゆかりの地を見学したかったが、前述のとおり、飛行機の遅れのせいで、それが適わなかった。なお、サールナートとそう遠くないところに、ブッダの生まれた地「ルンビニ」、苦行をし、悟りを開いた地「ブッダガヤ」、入滅の地「クシーナガル」等ブッダが辿った八大聖地が点在しているが、仏教徒の端くれとしては、是非とも訪ねてみたいところだ。

遺跡公園を出て再び町中に入ったが、その日が新年でかつ日曜日でもあったせいか、あの車々、人々、牛々がない混ぜになった大混沌が待っていた。その流れに乗りながら、クラクションと埃にまみれながらようやく高級ホテルタージ・ガンジスに戻った。

三、ガンジス河とベナレス

ガンジス河とベナレス。インドへの憧れといえば、私にとっては第一がここであった。ガンジス河はヒマラヤの氷河に源を発し南に勢い良く流れ、平地に達すると北インドの平原をゆったりと東に向かい、最後にベンガル湾に注ぐ全長およそ２５００㎞の大河である。インド人にとっては「母なる河」である。また、河そのものが神格化された女神（ガンガー女神）なのである。

ベナレスは、インド北東部のガンジス河沿いに位置する町で、歴史は紀元前5～6世紀に遡る古い町である。「ヒンドゥ教の信仰によれば、ガンガーの聖なる水で沐浴すれば、すべての罪は清められ、ここで死に遺灰がガンガーに流されれば輪廻からの解脱を得るという。これはヒンドゥ教徒にとって最高の幸福といえる」（『地球の歩き方』より）。そのため、この河で沐浴をするために年間１００万人もの巡礼者が訪れるのだそうだ。また、インド各地から多い日には１００体近い遺体が運び込まれ、河沿いの焼き場で焼かれその遺灰が河に流されているという。また、インド中から死期を悟ってこの地に集まり、ひたすら死を待ちながら「解脱の館」で寝起きしている人達がいる。館では24時間絶えることなくヒンドゥ教の神の名が唱えられているというが、これは亡くなる人が最期の時に神の名が聞こえるようにとの配慮なのだそうだ。ここでは、死は極めて具体的であり日常的である訳だ。

五木寛之の著書に『林住期』（幻冬舎文庫）というのがあるが、これは古代インドの人生論「四住期」から来ている。古代インドでは人間の生涯を四つの時期「四住期」に分けて考えた。0才〜25才までは「学生期」で「よく学び、体を鍛える」時期、25歳〜50歳までは「家住期」で「仕事に励み、家庭を維持する」時期、50歳〜75歳までは「林住期」で「仕事を離れ、真の生き甲斐を探す」時期、75歳〜100歳までは「遊行期」で「自らの死に方について考える」時期、というのである。

最後の遊行期にはすべてのものを棄てて遊行の旅に出るのだとどこかの本で読んだ。そしてベナレスの「解脱の館」に辿り着きそこで死に、焼いてもらって遺灰をガンジス河に流してもらう。これが最高の死であるというのである。何と羨ましい人生観であろう。四住期によれば、今私は林住期。仕事を離れ、生き甲斐を探し実践する時期である。しかし現実は、いろいろなしがらみの中で未だ仕事を離れられずにこせこせとした日常を過ごしている。情けない話である。

話が脱線したので元に戻そう。ベナレスのガンジス河の岸辺を概観しよう。ベナレス旧市街の河の西岸に沿っては何十ものガートが連なっている。『地球の歩き方』によれば、「バナーラスはおよそ3000年の歴史を誇るが、ムスリムによる何度もの破壊を被ってきた。現在見られるガートの光景は、ムガル帝国が弱体化しヒンドゥ教徒であるバナーラスの藩王が実権を握る18世紀になってからのものである。ガンガーの岸辺を石造りに整備し、眺めのよい離宮を建てることは、インド各地の王侯の夢だったのである」。

各建物から水辺に向かっては石造りの階段となっており、その先は水中に没している。巡礼者はこの階段からガンジス河に入り沐浴するのである（この階段を「ガート」という）。さすが離宮だけあって、各建物もガートも古びてはいるが重厚でしっかりとしている。ガートには町から道が通じている。また各建物の裏

ガンジス河の岸辺にはガートが並んでいる

側は建物に沿って狭い道が通じている。所々に火葬場用のガートがある。そこでは火葬の煙が絶えることがないという。

ガンジスの河幅は広く、対岸は遙か向こうでありそこには砂州が広がっている。河は静かにゆったりと流れている。

旅行2日目は5時起きである。日の出を見ながら沐浴すると最高の御利益が得られるということで、我々もそれにあやかって早朝の出発となったのである。ベナレス旧市街でバスを降りて、ガートまで歩いていった。憧れのベナレスは、裸電球に照らし出された薄暗く薄汚れた町であった。ガートに至ったときはまだ日の出前。近くの寺院から鐘の音が聞こえてきた。ここでの観光は、舟に乗って河の方から岸辺の各館やガートの風景を眺めるといった趣向であった。まだ明けやらぬ静寂のガンジス河に舟がゆったりと滑り出していった。しかし、ガートには予想していたより信者の数は少なく、沐浴している人はさらに少なかった。いささか期待はずれであった。しかし、考えてみれば今は冬、結構寒く我々一行も厚着をしている。このような中で水に浸かったら震え上がってしまうに違いない。それでも、何人かの人が「聖なるガンジス」に身を沈め、口を濯いだり潜ったりしている姿を眺めることは出来た。

船頭さんに促されて、枯れ葉の皿の中にキンセンカを置きその上に小さなローソクを点けたものを渡され、それを河に流した。日本のお盆の「灯籠流し」と同じ習慣なのだろうか。枯れ葉の舟がゆらゆらと大河を流れ下っていく様をみながら、「ゆく川の流れは絶えずして、しかももとの水にあらず。よどみに浮かぶうたかたは、かつ消えかつ結びて、久しくとどまるためしなし。世の中にある人とすみかと、またかくのごとし」の方丈記冒頭の一節を思い出した。

川縁を離れ対岸のほうへ向かう頃に、対岸の砂州辺りから日の出が始まった。しかし、川全体が霞みに覆われていて、太陽もボーッとしか見えない。日の出を見ると舟は引き返してしまった。対岸まで行くと思っていたので一寸残念であった。というのは、読んだ旅本によれば、対岸にはいろいろなものが流れ着いていて、時には焼かれずに流された遺体も見ることが出来るということだったからだ。特に悪趣味があるわけではなく、その様な現実と向き合い、その時の自分の衝撃の質と量を確かめたかったからである。冒頭にインド体験のことを書いたが、あの三島由紀夫もここベナレスのガンジス河の畔に立って衝撃に涙したという話を聞いたことがある。私もその様な現実に接し、泣けるような衝撃を受けるかどうか確かめたかったのである。

再び岸辺に戻り、出発したガートに向けて帰ったが、その頃には辺りはすっかり明るくなっていたので、各ガートや建物の全容も見えるようになった。各ガートともそれぞれ曰く因縁があるらしい。また優雅なものもあれば、あたかも城塞のような豪壮なものもある。火葬場を備えたガートも見えた。しかし、まだ朝早すぎたのか死体を焼いている場面は見られなかった。

舟を下りた後、同行の息子が沐浴をしたいと言い出した。私ももう少し暖かければ冥土の土産に挑戦したかも知れないが、現地の人でさえ遠慮する寒さだったので遠慮した。特に止める理由もないので、息子には好きにさせた。ガートの一角に脱衣場のような場所を設けた所があり、そこに行者のような風体をしたおじさんがいていくらか取っている。パンツ一丁になった息子はおじさんから何か呪文のような言葉をかけられて、ガートの先から河に入っていきいよいよ沐浴開始。だが2~3回水に潜って早々に上がってきた。やはり相当に寒かったらしい。

科学的に分析すると、ここの水質は大腸菌がうようよと相当にひどいらしい。それを知ったら、沐浴など不衛生そのものであり、信仰のない者には到底入る気にはなれないはずである。しかし、ヒンドゥ教徒にとってはここが最大の聖地であり聖なる河であり聖なる水である。遠くから来た巡礼者は、来られない人のためにわざわざ河の水を容器に入れておみやげにするのだそうだ。確かに道ばたでは聖水用のペットボトルも売っていた。インド人に言わせれば、たとえば日本人のように、不浄の手である左手で平気で食べ物を掴んで食べるほうが余程不潔に見えると聞いたことがある。面白い話である。

先述のガートの裏のくねくねとした狭い道を、上がったり下がったりしながら歩いていった。道の両脇には小さな店や住まいや寺院が混じり合って連なっている。そこでは沐浴に向かう何人もの人達とすれ違った。

私が乗ったリキシャ

学校に通う子供達ともすれ違った。焼き場のあるガートの裏には、焼却用の薪がうずたかく積まれていた。牛が何頭もうろうろしている。その糞を気にして下ばかり向いて歩いていると牛の尻に衝突しかねない。また道が狭いので牛とすれ違うときは一寸ドキドキである。また、生ゴミも含めてゴミが積まれている所もあり、そこでは牛や犬が争うようにして生ゴミをあさっていた。臭いも相当なものである。などと思っているとその近くには小さなヒンドゥ寺院があり、その前でうらぶれた老人が恵みを乞うている。聖と俗が隣り合わせになっている訳だ。

狭い路地を抜けて町中に出た。来るときと違い人が相当増えて既に混み合っていた。そこには、人数分のリキシャ（人力車）が我々を待っていた。この人力車でベナレス旧市街を観光しようという趣向である。車体が今にも壊れそうなガタ車であるが、座席だけはピンクを基調とした派手なものでそのアンバランスが面白い。このガタ車でごみごみとした古い町中を、自転車やバイクや自動車に混じってガタガタと走っていく。よく見ると、リキシャの数が大変多いのに気付く。それもそのはず、ベナレスの町は道幅が狭くタクシーには向いていないからである。それに人が多い。祭日ともなると巡礼者や観光客でごった返し、タクシーでは立ち往生間違いなし、なのだそうだ。

我々のリキシャが止まると、物貰いの子らが寄ってきた。こんなに寒いのに、裸足で汚れたシャツ1枚と半ズボン姿である。しかし、物怖じする様子もなく元気に「バクシーシ＝施し」を要求する。インドでは、富める者が貧しい者に施しを与えるのは当然であり、むしろ富者の特権でさえあるという。だから施しを受ける方も過度に卑屈になる必要はないというのだ。また、先述したように、インドには「遊行期」には死地を求めて一切の名声や富を棄てて遊行の旅に出るという考え方があり、現にそれを実行している人もいるというから、乞食イコール貧者というわけでもないのだそうだ。「バクシーシ」に負けて施しをしようとしたら、リキシャが勢いよく走り出しあげることが出来なかった。リキシャはだいたい韋駄天走りに走っており、乗っているのが怖いくらいだ。どうもこれがベナレス・リキシャの流儀のようだ。

ベナレス最後の観光は、「ヴィシュワナート寺院」見学であった。インドのヒンドゥ教徒の誰もが知っているという超有名な寺なのだそうだ。外国人には「ゴールデンテンプル（黄金の寺）」の名で知られてきたシヴァ信仰の寺である。ということだから東大寺とか本願寺といったような大伽藍を想像したが、さにあらず。さもない小さな寺であった。そこに至るまで幅2ｍほどの参道が続いており、その両側には衣類、食器、貴金属、おもちゃ、仏具、線香など生活や信仰に係わる品々を売る小さな店が軒を連ねていた。その路地の一角に目的の黄金の寺があった。だが、その寺に近接して白亜のモスクがあり、両建物の間は有刺鉄線で遮られている。厳重な検査を受けないとここには近づけない。何人もの兵士が銃を肩にして見張っている。寺にはヒンドゥ教徒しか入れない。そこで我々観光客は、寺の概観を見るだけでおしまい。もともと5世紀にヒンドゥ寺院として建てられたが、12世紀にヒンドゥ教徒によって大伽藍が破壊されモスクに改造されてしまい、現在の黄金の寺は18世紀にモスクの一角に建てられたのだという。これでは緊張するはずだ。

この寺の本尊は、シヴァ神のシンボルであるリンガ（男根）とそれを受け入れるヨニ（女陰）。このリンガにガンジス河の聖水を注ぎ、祈りを捧げるために、国中の信徒がベナレスを訪れるというのだ。小さくともヒンドゥ教徒にとってはいかに大事な寺かということが窺い知れる。

早朝から午前中という短い時間であったが、ベナレスの雰囲気を味わい大祭日の日のガートでの沐浴風景等を想像することは出来た。パック旅行者にとってはこれが限度であり、残念ながらそれで良しとせねばならない。ということで、私のベナレス体験は、そこで人生観が変わってしまうほどの衝撃には至らなかったが、いろいろな旅本で読んだベナレスの地を自らの足で踏むことが出来たということは幸せであった。

最後にもう一度、三島由紀夫に触れたいと思う。私も文学の側面では三島に惚れて、勿論その遺作である『豊饒の海』4部作も読んだ。その中の第3巻『暁の寺』にはベナレス体験を元にした文章がある。どうしてもその中の一部分を引用して、恐れ多いことだが三島の印象を自らの印象に重ねたい。私も見たガートの朝の光景である。「水に半ば身を没した人たちは、あるいは合掌し、あるいは両手を広げて、少しずつ全円を現す真紅の太陽を拝していた。紫摩金《しまごん》の川波の上に、それらの人たちの半身の影は長くのびて、段上の人たちの足もとに届いた。大歓喜がことごとく対岸の太陽に向けられていた。そのあいだにも、人々は見えない手に引かれるように、次々と川水に沈みつつあった。日はすでに緑の叢林の上にあった。それまでは注視をゆるす円盤であったのに、一転して、一瞬の注視も叶わぬ光輝の塊になった。それはもはや威嚇するように轟いている光焔《こうえん》だった」。

四、カジュラホ遺跡へ

ベナレスの町の喧噪からホテルに帰ると、そこは広々と緑に覆われた楽園という感じに思えた。そこで遅い朝食を摂って、次なる観光地カジュラホに飛行すべく空港に向かう。早速アクシデント有り。空港への道は、途中交通事故で塞がれているので、回り道をしていくことになった。お陰様でカジュラホの田舎道から、田舎の生活を垣間見ることが出来た。これはこれでＯＫである。

道幅は狭くガタガタ道である。牛糞もあちこちに落ちて、生々しいヤツもあれば干からびているヤツもある。所々に共同井戸があり、サリーを着たおばさん達が洗濯をしている。家屋も粗末な煉瓦造りが多い。ここでも人が多い。牛や山羊も多い。しかし、みんなのんびりと共存共栄しているという感じだ。遠くに煉瓦工場の煙突が見えたり、近くに壺作りをしている人たちを見たり、所々に菜の花畑を見たりと、それなりに興味深い回り道であった。

事故現場を過ぎたのか、アスファルト造りの本道に戻った。遅れを取り戻すべく、バスはブーブーとクラクションを鳴らしながら猛スピードで走ってどんどんと先を追い抜いていく。爽快というより、運転手の技能も分からないしハラハラであった。しかし、そのお陰で、搭乗時間に遅れずに済んだ。空港のチェックは、表の大らかさと違って厳重である。隣国ともいろいろあり、国内でも宗教対立問題ありとそれなりに理由があるのだとは思うが。

カジュラホのホテルで昼食を摂った後、カジュラホのヒンドゥ寺院群見学となった。ここも期待の場所である。勿論お目当てはいろいろな肢体のミトラ神像見学である。

我々はまず「西の寺院群」を見たが、そこはカジュラーホ村の中心部分にある。「東の寺院群」、「南の寺院群」もあるが、寺の数が多く見所が多いのは何といっても西の寺院群。村の人口は１２０００人とインドとしては小さな村である。人口の7割が観光で生活しているというから、一口にカジュラーホ観光村と言って良いかも知れない。しかし、村であることに変わりはなく、日が暮れれば藪の中からジャッカルの遠吠えが聞こえて来るという静かな村だと『地球の歩き方』には書いてある。

カジュラホの概観だが、その時に売り子のお兄さんから買った案内書に頼ろう。9世紀から14世紀にかけて辺り一帯を治めたチャンデーラ朝の庇護のもと、独特な建築美が生まれ、寺院群建立によりその芸術が花開いた。約２００年の間に85の寺院が建立されたが、そのうち25の寺院が保存されている。それらの寺院は、インド芸術の傑作といえる素晴らしい彫刻によって飾られている。彫刻の対象は、主だった神々、半神（天女、天使、天上の音楽家等）、ミトラ神（男女交合像）に分けられる。それらの彫刻は、寺院外壁に花のモチーフや幾何学模様と交互に帯状の装飾を成している。

７００年もの間、カジュラホは、深いジャングルの中の小さな村に過ぎなかったが、１８３８年に英国陸軍の大尉に発見され、その価値が見いだされた。この遺跡が、他の都市のように破壊されずに残ったのは、深いジャングルに囲まれていたという地理的悪条件のお陰で、13世紀以降北インドを支配したイスラム教徒の侵略や破壊の手が及ばなかったことによる。

西の寺院群へは、添乗員の計らいで、リキシャで乗り入れた。西遊旅行社では、添乗員に相当の自由が与えられているらしい。なかなかの計らいである。入り口周辺には、宿屋、小さなマーケット、土産物屋、食堂、政府観光局などがひしめいている。リキシャを降りると、絵葉書や観光案内本を手にした売り子が寄ってきた。前記の本はここで買ったものである。

寺院群の中は広く全面芝生に覆われている。所々に大木も聳えている。その中に、大小14の寺院が点在している。建物は赤っぽい砂岩造りで、それと芝生の緑の対照が美しい。また、所々に咲く真っ赤なブーゲンビレアが綺麗なアクセントを与えている。また、ここには入場料を払った観光客しか入れないようで、客引きや売り子もおらずとても静かである。寺院は、アンコールワットやアンコールトムと似たような造りである。専門的には、インドアーリア様式であるという。ここでは、まず専門のインド人ガイドから有名な３つの寺院を巡って説明を受け、その後は自由行動となった。勿論私は、お目当てのミトナ像をじっくりと観察すべくその像が多い寺院を中心に見た。何よりもまず、寺院の壁面にびっしりと帯状に掘られた彫像に圧倒される。しかも、それがミトナ像となると、様々な姿態で男女が絡み合う交合像が壁面いっぱいに帯状に連

「カジュラホ遺跡」がきれいに整備されている

肉体の喜びの中で悟りに至るとの教えだそうだ

なっているのである。仲睦まじそうに並んでいる姿、抱き合っている姿、性行をしている姿、1対1ではなく複数で絡んでいる姿もある。性愛のあらゆる姿態が見られるといっても過言ではない。しかも、いずれの像も、張った胸と豊かな腰の線が誇張され、肢体を悩ましくくねらせている。顔の表情も恍惚としていて悩ましい。まさに聞きしに勝る光景である。

始めのうちは、にやにやしながら見ていたが、白昼堂々と寺院の壁面に掘られたそれらを見ている内に、いやらしさの感情は抜けていって、昔どこかで覚えた「生は性であり聖である」という言葉に共感していた。インド人が、仏教やイスラム教ではなく、結局ヒンドゥ教を選んだのはこの大らかさにあるのではないかと思えてきた。また、昔『カーマ・スートラ』という古代インドの愛の教典を読んだが、今、ネットで検索してみたら、その中に「カーマ（性愛）は、ダルマ（聖法）、アルタ（実利）とともに古代インドにおける人生の三大目的とされてきた」とあった。ますます良いではないか。日本の神様も道祖神に見られるように相当に大らかであるが、この点はヒンドゥ教には適わない。

最後に、インド旅本の中から次の文章を引用して、話を次に進めたいと思う。「肉体の魅力を誇示する女人像や性の合一を象《かたど》る彫像が神々を祀る神殿に残されたことについては、学者の間でもいろいろ説明がある。宇宙の生成と合一を具象化すると考えた人々、性の神秘に一切の力の根元を見いだそうと解く人たち、また、心身の汚れと迷いとを浄めるための戒めと解したもの、いずれも説は様々である。しかしすべての人たちが一致して語るところは、魅力と生命とに溢れたこれらの彫像を創り出した王や工匠たちが、些かの邪心もなしに、人間の性の底にあるものを神や象徴の世界にまで高め、開けっぱなしの無邪気さと稚気とをもって生き生きと描き出したことである。邪心やいやらしさは、カジュラホの遺跡とは無縁である」（『インドとまじわる』荒松雄著、未来社）。当初にやけた顔をしながら見ていた自分を恥じた。

五、カジュラホ村～シャンシー

旅も4日目である。時差による違和感もすっかり薄れて身も心もすっかり元気である。午前中はホテルに

村の小学校の授業風景

近いカジュラホ村の見学。この日も添乗員の計らいで、ホテルからお迎えのリキシャで出発。村の入り口で降りた。村は、赤茶けた煉瓦造りの平屋ないし2階建ての家屋と狭い路地によって造られている。煉瓦は崩れかけている箇所が多い。路地には、頭に薪や乾燥させた牛糞入りの籠を載せたりして売り歩いている女が多い。牛ものんびりと歩いている。戸を開けて料理を作っている女の姿も見え、その向こうは中庭になっているのかそこにも牛が見えた。インド人は聖牛たる牛は食べないが牛乳はいっぱい飲むそうだから、そのために飼っているのだと思う。小さな竈で、チャパティーを焼いている中学生くらいの可愛い女の子の顔も見えた。

比較的大きい建物があり、そこは村の小学校であった。まだ朝が早いのに授業が始まっていた。学年別は無いらしく、年齢差のある30人くらいの子供達が、屋上のコンクリートのたたきの上にゴザを敷き、一方だけが風よけのための柵で仕切られた青空教室で勉強をしていた。先生に断って授業風景を見学させてもらったが、英語のＡＢＣを習っているところであった。驚いたのは黒板とノートであった。いずれも石版である。著しいインドの経済成長もまだ田舎には及んでいないようだ。私も終戦直後頃からの小学校入学であるが、古く粗末ながらも黒板にチョーク、ノートに鉛筆はあった。それに比べると、この村の貧しさは相当なものであるようだ。私の妻が「ワールド・ビジョン」とかいう恵まれぬ外国の子ら対象の「足長おじさんの会」に入って、今はインド人の女の子を支援していると言っているが、確かにまだインドの田舎は支援が必要な状態であることは確かだ。先生から、「この学校も多くの人の支援で成り立っている」と聞いたので、募金箱に幾ばくかのドルを入れてきた。募金箱もあるくらいだから、観光客の見学大歓迎なのかも知れない。

帰りもリキシャで帰ったが、村の子等が物珍しそうにリキシャのたまり場に集まってきた。「バクシーシ」は無かったが、首に下げていたボールペンをねだられた。

ホテルに戻り、ゆっくりと昼食を摂った後、シャンシーという町に向けて出発した。そこにはシャンシー駅という鉄道の駅があり、そこから列車であの「タージ・マハル」のあるアグラまで行くという日程となっていた。

カジュラホからシャンシーまでの道のりは約4時間、大平原の中の一本道をひた走っていく。幹線道路なのであろうが舗装は荒れている。ところどころで人夫が舗装工事をしているがすべて手作業。女が多い。日当は１日１００ルピーとのこと。１ルピーは2・4円くらいだから２４０円ほど。それでもこのあたりでは貴重な現金収入なのだそうだ。舗装も道幅全部ではなく真ん中部分だけ。この道路に比べると、両側の街路樹は太くて立派である。ガイドの説明では、木の名はマフガといって、その花からは酒が造られるということだ。

どこまでも続く大平原はほとんど畑で、小麦、豆、胡麻などが植えられ、またどこまでも菜の花畑という所も出てくる。ところどころに農家の集落も見えてくるが、壁は煉瓦、屋根は瓦葺きである。大平原と田園風景、瓦葺きと草葺きとの違いはあるが、私らの年代にはこの風景には既視感があり懐かしさがこみ上げてくる。

このような中を、バスは相当のスピードで突っ走っていく。対向車とのすれ違いはスリル満点である。前述のように、舗装は中心部分しか成されておらず、その部分だけではすれ違うだけの幅はない。そこで、互いの運転手は、チキンレースさながら最後の最後まで道を避けようとはしない。衝突寸前にようやく互いに少しずつ避け合ってすれ違うのである。舗装が荒れている箇所ではハラハラである。

ところどころに道ばた商店街が現れる。さっかけ作りの茶店も現れる。また、「チャタプ」という100万都市も通過する。ここには、大学も裁判所もあり、現地ガイドはここの大学を出たと言っていた。また、近時はITでも有名な町であるともいう。インドとIT産業、当初はピンと来なかったが今では世界的な常識だそうだ。何しろインドは「ゼロの発見」の国、「インド哲学」の国、数字にも理屈にも強い国らしい。インドは今やIT産業大国で、ソフトウェア輸出で大もうけをしている国なのだそうだ。

途中、大勢の人が着飾って集まっている所を通りすぎた。結婚披露宴をしているところであった。ガイドの説明では、インドでは結婚式は盛大に行われ、以前は儀式や宴会が幾晩も続くことがあった。出来るだけ多くの人に参加してもらい祝福してもらうのが、家族にとっての喜びであり名誉でもあるということだ。そのため借金をしてでも盛大に行うということが多かった。今でも参加者は５００人から１０００人にもなることは珍しくないとのことである。

豚を飼っている所も目にしたので、「ヒンドゥ教徒は豚を食べないのではないか」とガイドに問うたら、あれはアウト・カーストの人が飼っているのだ。彼らは村の中には住めず村の外に住んで豚を飼っているのだとの説明だった。何だか分かったような分からないような説明であったが、それ以上聞くのは止めた。以前にカーストの本も読んだが、合法違法レベルの部分もあるが、すべてを単純に善悪で割り切るのは難しいらしい。

「シャンシー」の町に着く前に、それまでの州から別の州に入ったが、その州境に検問所があり、そこでは通行税を払わなければならないと聞いて驚いた。州の自治権は相当あるのであろう。

16時50分にようやくシャンシー駅に到着した。意外と大きな駅で、ここからはインド各地へのレールが続いている。駅舎に入るのに改札はない。そもそも改札口がない。誰でも入れる。牛でも入れる。ここを稼ぎ場としているらしい物売りや子供芸人（？）集団も駅舎にいた。飛行場の厳格さと、鉄道駅の大らかさとの対比が面白い。駅は、インドをそのまま凝縮したような場所の印象だ。

子供の集団を観察するように見ていたら、1人の中学生くらいの男の子が数人の小さな子等を従えている。子らの顔には黒で猿面模様の化粧が施され、いっせいに男の子の拍子に合わせて角兵衛獅子のような踊り（仕草）をする。その後、男の子がアルミ製のボールを叩きながら見物人に見物料を要求する。ほとんどやる人はいない。私はたまたまポケットにあったキャンディー1袋をあげた。それが終わって線路の方を見やると、丸々と大きく太っているネズミが何匹もうろうろとしていた。この駅では、食については、芸を売る子供よりネズミのほうが勝っているようであった。何故かこの対比が強く印象に残っている。

18時15分にこの駅を出発して、20時45分にアグラカント駅に着いた。ホームは暗い。駅名表示のボーッとした灯りの下で、足に奇形のあるいざりの老人や子犬を抱っこした少年の物乞いの出迎えを受けた。これも忘れられない場面である。

当夜のホテルは、「ジャイピー・パレスホテル」という豪華にして広大なホテル。駅舎での光景との落差に戸惑いを覚えた。

六、タージ・マハル、アグラ城

〈タージ・マハル〉

「アグラ」は、一時ムガル帝国の都が置かれた町である。「ムガル帝国は、モンゴロイド系の王朝としては、歴史上初めて１５２６年からインド南部を除くインド亜大陸を支配し、１８５８年まで存続したイスラム王朝である」（ウィキペディアより）。アグラの町を流れるヤムナー河の畔に立つ白大理石の壮大華麗な建物、それがかの有名な「タージ・マハル」である。これを見るのも今回の旅を選んだ動機の一つであった。世界

「タージ・マハル」は宮殿ではなく墓である

遺産である。

タージ・マハルは広々とした敷地の中にあり、その敷地は装飾も美しい立派な塀に囲まれている。そこの一つの大きな門を潜ると広々とした道路が正門に通じている。正門は赤砂岩造りの堂々たる建物。そこを抜けると眼前には、左右対称のあのお伽噺に出てくるような白亜の建物が目に飛び込んでくる。映像や写真では何度も見たこの姿。「とうとう来た！とうとう見た！」の感激一入であった。そこに至る前庭は芝生の緑に覆われ、泉水で左右対称の十字に区切られている。建物の規模だが、その基壇は95m四方、本体は57m四方、中央のドームの高さは67m、四隅のミナレットの高さは43mもある。そしてその壮大な建物すべてが白大理石造り。それが、雲一つ無い、抜けるような青空の下で光り輝いていた。

タージ・マハルはその形からはモスクか宮殿の様に見えるが、そうではなく墓（墓廟）であるという。タージ・マハルを語る場合には、どうしてもその墓の由来やそれにまつわる物語を語らねばならない。ガイドも一生懸命説明していた。2～3の旅本を要約するとこうである。ムガル王朝の5代皇帝シャー・ジャハーンは妃のムスターズ・マハルをこよなく愛していた。そこで愛妃が亡くなった後彼女のために造らせたのがこのタージ・マハル廟である。ペルシャやアラブなどから2万人の職人を集め、22年の歳月を懸けて建造させた。竣工してまもなく、皇帝はヤムナー河の対岸に黒大理石を基調とした自身の廟の建築に着手した。計画では、河を挟んで両大理石の廟が並び、その間を大理石の橋で繋ぐことになっていた。しかし、皇帝は晩年、彼の息子の皇帝によってアグラ城に幽閉され、対岸のタージ・マハルを毎日眺めては愛妃を想い、涙を流して過ごしたと伝えられる。しかし、息子の帝も、父帝の死後その遺体をタージ・マハルに安置された愛妃の墓石の横の墓石に葬らせた。そして、現に今もその地下の墓室には2人の墓石が仲良く並んで安置されている。それを見ながら、我々もガイドからその様な説明を受けた。

その後、基壇の上に登り周りを一周しながらじっくりと見て回った。ドームの下のアーチ型の入り口の上方の象嵌細工はすべて宝石が使われていると聞いて驚いた。また、先ほどの話の続きだが、ヤムナー河の対岸を示され「あそこ当たりが、黒大理石の廟墓を造ろうとしたところだ」と説明され感心したりした。しかし、それにしても直に接するタージ・マハルは堂々とでかく麗しい。燦々たる朝日に輝く姿も素晴しいが、夜景もまた素晴しいらしい。「特に満月の夜、青白い月光に照らし出されたあやしい美しさは、現世にはないようなすごみを感じさせる」(『地球の歩き方』より)のだそうだ。確かにそうに違いない。

「アグラ城」赤砂岩で造られている

〈アグラ城〉

次なる観光場所は赤砂岩造りの豪壮な城「アグラ城」。ムガル帝国第3代皇帝、アクバル大帝によって築かれた（1565年）。ここも世界遺産。

アクバルとはアラビア語で「最も偉大な」という意味で、ムガル帝国史上この3代皇帝だけが「大帝」と呼ばれ、帝国と呼ぶに相応しい権力体制を整えた君主ということだ。この皇帝は「インドのムスリム支配史上まことに希有な無駄をやってのけた男」だそうである（『わが内なるインド』荒松雄著、岩波書店より）。同著によれば、アクバルはアグラの地にこの堂々たるアグラ城を築いて首都と定めたのに、1571年にはアグラの南西39㎞の後述のファテープル・スィークリーの地に首都を移し、ここにも赤砂岩をふんだんに使った大都城を造営させたが、10数年にしてそれを放棄したとある。大帝国の支配者は、大なり小なり大いなる無駄をするが、しかしその無駄が無ければ、今回のタージ・マハル、アグラ城、ファテープル・スィークリーの見学も無かったわけで、我々としては大帝の無駄使いに感謝しなければならない訳だ。

アグラ城もヤムナー川の畔に造られている。周囲2・5㎞にも及ぶ広大な城である。周りには深い濠が巡らされていて、その外見は、タージ・マハルの壮麗に比べ、いかにも難攻不落の城塞といった感じである。しかし、その内部に立ち入ると印象は一変する。立ち並ぶ宮殿は大理石がふんだんに使われ、またその姿形も美しい。「ディーワーネアーム（一般謁見の間）」、「ディーワーネカース（貴賓謁見の間）」、「ハース・マハル」（寝殿）などを見学したが、いずれもイスラム建築の粋といった感じの洗練さだった。また、白大理石造りのモスクも周囲の宮殿と競うように美しい。

ヤムナー川沿いの城の上からは、眼下に河を眺め、はるか遠くにタージ・マハルを望むことが出来る。そこが、ヤムナー川が大きく湾曲する位置にあるせいで、あたかもタージ・マハルが河の水面に浮かんだように見える。先述の5代皇帝シャー・ジャハーンは、息子に、この城の塔の一室に幽閉され、遥かに愛妃のタージ・マハル廟を眺め暮らし、7年後に74才で息を引き取ったという。その「囚われの塔」も見学した。哀しくも美しいお話である。

七、ジャイプールへ向けて

一度、大理石造りの豪華ホテル、「ジャイピー・パレスホテル」に戻って昼食を摂り、ラジャスタン州の州都ジャイプールに向けて出発した。車中、ガイドとの質疑応答。牛が神様扱いされているのは何故か。「ヒンドゥの神、シバ神の乗り物だからだ」。牛が死ぬとどうなるか。「予め貰うことになっている人が貰って、皮などを取る」肉はどうするのか。「ヒンドゥ教徒はタブーだが、シーク教徒やイスラム教徒は食べる」。結婚事情はどうか。「近時は見合い60％、恋愛40％くらいだ」、「見合いでは同じカースト同志の結婚が多いが、恋愛結婚ではカースト外結婚が多い」、「新聞に、花嫁・花婿募集広告欄があるが、自分のカーストや学歴を載せたものが多い」、等々。

15時近くに、ファテープル・スィークリーに着いた。前述のように、アクバル大帝が、都をこの地に移すべく城を築き、水不足が原因で14年後に撤退したところである。3㎞×1・5㎞の広大な土地を城壁で囲み、その中央の高台に宮殿やモスクを赤砂岩で築いた壮麗にして壮大な城である。ヒンドゥとイスラムの建築様式を融合して造られているという。使われなかった割には、ひどく傷むこともなく残っている。壮大な門とそこに至る大きな階段、いずれも赤砂岩で青空を背景にそそりたっている。宮殿内部の薄い大理石を花模様で透かし彫りにした仕切窓が強く印象に残っている。ここも世界遺産である。それにもかかわらず、タージ・マハルやアグラ城に比べ、観光客も少なく閑散としていた。もったいなくも、大きな得をしたような気分でもあった。

城見学後、バスは程なくラジャスタン州に入る。鳥獣保護区で、バードウオッチングツアーもあるという。道路も比較的整備されたものとなった。センターラインも引かれている。ユーカリの街路樹が長い回廊を作っているところもあった。どの村も眠ってはおらず子供らが走り回っている。見渡す限り菜の花畑という所もある。しかも果てしなくどこまでも続いている。四方どこにも山が見えない。菜の花畑には時々養蜂箱が置かれているのが見える。これだけ広大な畑だと、ミツバチも蜜を取りきれないのではないか。道行く人は頭に荷物を載せて運んでいる。何故か女性が多い。

城見学後辺りから、腹がゴロゴロ言い出し菜の花畑辺りから次第にひどくなってきた。水に中《あた》ったのか、あの豪華ホテルの何かの食べ物に中ったのか分からないが、旅行中食中《しょくあた》りというのは初めての経験である。私は胃ガンで一部胃は取ったものの、食中りをした経験がなく胃腸には自信があった。だから家でも、消費期限切れ・賞味期限切れの食べ物でもほとんど気にせず、自分の鼻と舌で判断しほとんど良しとして食べていたが、それでも中ったことがなかった。その私も、さすがインドではやられてしまった。「生水、生野菜など生ものには気をつけろ」というのは外国旅行の常識であるが、自分は例外だと思っていたので真に残念であった。途中のトイレ休憩で1度出したが、それでも治まらず、今度はバスの中で絶えきれなくなってしまった。まさに、絶体絶命ウンの尽きである。しかも、バスは町中に入りつつある。しかし、幸いにして辺りは暗くなってきていた。添乗員に事情を説明してバスを緊急停止してもらった。幸いにして道路脇には路上から身が隠れるくらいの太い街路樹があったので、それにつかまりながらやった。間一髪の差で、大事にいたらずに済んだ。忘れられない思い出である。
20時半にジャイプールのホテルに到着。「トライデント・ヒルトン」というホテル。すっかり下痢も治まり、またそこで良く飲み良く食べた。

八、ジャイプール観光

「ジャイプール」は、デリーから南西２６６㎞に位置するラジャスタン州の州都である。早起きをして散歩に出た。ホテルの前方は道路を挟んで湖に至っている。その中の小島には古城が築かれていて、それと周囲の小山が朝靄に煙る湖に上下対象に映っていて幻想的な雰囲気を醸している。道路に接する擁壁には色鮮やかなブーゲンビレアが垂れていて、その前を１頭の大きなインド象がのんびりと散歩していた。

〈サンガネール村〉

８時半にホテルを出発し、ジャイプールから16㎞ほど離れたサンガネール村を目指した。

車中、ガイドよりジャイプールについての紹介があった。１７２８年に、ラージプート族の有力氏族の王、「ジャイ・スイン」が造った町である。プールとは「城壁に囲まれた町」という意味があり、王の名のジャイとプールをくっつけてジャイプールという町の名にした。名のとおり、町（旧市街）は総延長10㎞に及ぶ城壁に囲まれている。その後城壁の外側に新市街が形成された。旧市街の建物は、城壁の赤砂岩の色に合わ

「ジャイナ教のお寺」高僧は全裸で生活しているとのこと

せて淡紅色に塗られているので「ピンクシティー」と呼ばれている。ここのマハラジャ（王族一家）はインドがイギリスから独立した後も、旧市街の中心にある「シテイパレス」に住んでいる。

相変わらず、人、動物、いろいろな乗り物でゴチャゴチャした沿道沿いの古い町を車窓に見ながら行った。サンガネール村に到着して、最初に訪れたのはジャイナ教のお寺である。ジャイナ教は仏教と同じ頃に始まった宗教で、特に不殺生の戒め、徹底した苦行・禁欲主義が特徴である。殺生が出来ないので、農業は向いていなく商人が多く、商才にも長け金持ちが多いという。寺は、赤砂岩造りで明るく綺麗である。内部は荘厳な雰囲気である。その中を鳥が幾羽も飛んでいた。殺される心配の無いことを鳥も知っているのかも知れない。読経の声も聞こえる。ここの高僧は全裸で生活するのだそうだ。無所有の教えを突き詰めると、着物も所有してはいけないということになるのだそうだ。

寺を出ると、バクシーシの子らが待っていた。この落差！

次は、ブロック・プリント工場見学。サンガネール村は川沿いの村であり、花柄模様に代表される「サンガネール染め」の更紗やショールが有名である。多数ある工場の一つを見学した。版画のように木盤に彫った柄を、職人が布地に繰り返し押していって柄を作っていく。今は、この職人による手作業は減っていると、実演してくれたおじいちゃんの職人から聞いた。手作業で次々と正確に押していく職人技を感心しながら見ていた。工場の外は川岸となっており、そこはあたかも海岸のような砂地であった。その広い砂地に、何百枚もの染め上げられた更紗が天日干しにされていた。砂が日光に照らされて熱くなり乾きやすいのであろう。驚いたのは、その砂地に干した布地の上を、人が歩き、車が走っていることだった。真に大らかなものである。染色桶で手動のハンドルを回しながら布を染めているおじさんがいたので、私にもさせてくれと手真似で言ったら、これもＯＫであった。大らかなものである。

〈ジャイプール市内観光〉

昼食は、ジャイプールに戻り、いかにもインドといった建物のレストランで摂った。民族楽器の演奏つきであった。おそらく外国観光客向けのレストランなのであろう。タンドリーチキン、カレー2種、チャパティー、チャイであった。チャパティーは、客が見えるところでいかにもインドという衣装を纏った浅黒い肌をした女が、1枚々々焼いてくれた。本場のカレー料理は、今や日本でも、一寸した街にはインド人の経営するレストランがあるので、その味には馴染んでいる。私も仙台で馴染みの店に時々行って同じようなものを食べているので、特に感激ということはなかった。日本人にとって、カレーライス（子供の頃はライス

「シテイパレス」マハラジャの宮殿。当時もマハラジャが住んでいたとのこと

カレーと言った。お皿で出てくるのがカレーライスで、どんぶりで出てくるのがライスカレーという説もあった）は最も好きな日本食と言っていいくらいに日常的な料理であり、その味には一家言を持っている人も多く、そのためカレー料理屋の質も平均的に高いと思う。私も、今回のインド旅行で、ビックリするほど美味しいカレー料理には出会わなかった。勿論、日本のカレーは、日本人好みに作った日本料理だということからすれば当然のことであるし、美味さ比べをする気は全くないが。

昼食後、まず「シテイパレス」を訪れた。１７２６年に、時のマハラジャ、サワーイ・ジャイ・シング２世によって造られた宮殿である。翌日行くことになっている丘の上に築城された堅固な「アンベール城」から、わざわざ平地に城を移したということだ。城の外壁も場内の宮殿も皆赤茶色の石で出来ていて綺麗である。シテイパレスには、前述のとおり今もマハラジャの末裔が住んでいて、その一部を博物館として解放していて、入場料を払えば誰でも見学することが出来る。歴代のマハラジャが使っていた衣類、楽器、武器、絵画、写真などが展示されていて、往時の豪華を偲ぶことが出来る。特に、細密画の繊細さと豪華さが印象に残っている。その複製品を土産にした。

次は、石造りの観測器が並ぶ天文台、「ジャンタル・マンタル」を見学した。先ほどのマハラジャ2世は天文学にも造詣が深く、全国に計5か所の天文台を造らせたと案内書にある。そのうちでも、ここが一番規模が大きいという。私は、この方面には最も造詣が浅く、その歴史的、科学的意味は分からないが、訪れた後の2010年に世界文化遺産に登録されたということで、かえってビックリして自身の不明を恥じている。スキーのジャンプ台のような形をした高さ27mもある計測器の最上部からは、ジャイプール市内が一望でき、そこからは翌日行くことになっている「風の宮殿」も望むことが出来た。

〈アンベール城〉

翌朝は5時半の早起き。それは、高台にある「アンベール城」には、マハラジャもそうしたということで象に乗って登る予定になっており、少しでも早く象に乗るためであった。それでも出発口に行ったときには、多くの先客がいた。西欧人がほとんどであった。

「アンベール城」の概観は、例によって『地球の歩き方』に頼る。「強大なムガル帝国にも屈しなかった勇猛なラージプート族。熱く、乾いたラジャスタンを見下ろす岩山の頂に、ラージプートのマハラジャが建てた堅固な城。その無骨な外観からは想像が出来ない、優雅で、繊細な空間が城壁の中に広がる」。周囲は27kmの長城に囲まれている。巨大である。

「アンベール城」

ようやく順番が来て象に乗る。4人乗りである。城壁に沿った相当急な斜面道路をゆっくりと登っていく。マハラジャ気分になって揺れに身を任せる。乗象時間20分ほどで城門に着く。城は、中庭を囲むように回廊が巡らされていて、その壁面は幾何学模様の透かし彫りになっている。また、城のあちこちにはパイプが巡らされていて、暑い夏にはそこに水を通すという。何れも熱さ対策である。各部屋もまた細かい幾何学模様の装飾に溢れている。これは、ムガル・イスラム帝国の影響であることは明らかだ。その中でも「勝利の間（鏡の間）」は突出している。その壁面には、光り輝く鏡がちりばめられ、色とりどりの壺が装飾として納められている。日本人の美意識とは対極にあるが、見事な装飾である。また、大きなハーレム（大奥）もある。これは絶対性国家共通の設計であるようだ。庭園もまた幾何学模様である。往時、ここで夜ごと宴会が催されたという。酒池肉林の宴会だったのだろうか。

「風の宮殿」

テラスに出て上方を眺めると、そこよりさらに高い山の上には長く連なる要塞が見える。11世紀に造られた「ジャイガール要塞」だと説明された。アンベール城もジャイガール要塞も1度も実戦には使われなかったので、良い状態で残っているのだということだった。また、そこから下方を見ると、広大な大地の中に村々が望まれ、小山の大将的、マハラジャ的気分になった。

インドには、まだ日本の大名のようなマハラジャの生活をしている城があると聞いていたが、シテイ・パレスとアンベール城見学で、その一端に触れることが出来たのは良かった。

〈風の宮殿〉

シテイパレスの近くに、ジャイプールのシンボルとも言われる「風の宮殿」がある。近くには大きなバザールがあり、交通量も人も多い。大通りに面して建っている。やはり赤茶色の建物で、その構造は、表面積は大きいが奥行きのない変わった建物である。ガイドの説明によれば、宮殿の外に出ることの出来なかった宮廷の貴婦人達が、宮殿から続く細いトンネルを抜けてここに来て、世間の目に触れることなく街路で繰り広げられる祭りやパレードを眺めるために造られたということだ。なかなか心優しいマハラジャではないか。彫刻が施され、沢山の透かし彫りの窓のテラスは、風通しが良いことから「風の宮殿」と呼ばれるようになったのだそうだ。近くのバザールで、ラクダ皮製のスリッパを買い今でも事務所で履いている。

その夜は、インドの伝統舞踊を見学した。30年くらい前の田舎の小学校の体育館といった風情の劇場であった。暖房もなく結構寒い。鳩が2羽、劇場内を飛び交っていた。踊り子も村の若い衆と娘等と言う感じであった。ラジャスタン州の踊りということだったが、余り印象に残っていない。

九、デリー市内観光、帰国へ

最終日である。この日は、インドで1番高いミナレット（尖塔）「クトゥブ・ミーナール」、ムガル帝国第2代皇帝フマユーンの廟「フマユーン廟」、第2次世界大戦で戦死したインド兵士の慰霊塔である「インド門」、見応えのある「国立博物館」を見学した。しかし、デリーは大都会。1日点々と観光バスで名所を巡っただけでは、その印象を纏めることは到底出来ない。よって、説明は省略。

その夜の成田行きの飛行機も、大幅の遅れ。使用機材の到着遅れが原因という。これはもう想定の範囲内。

いらいらもせずに待つことが出来た。これはインド旅行の効果かも知れない。

九寨溝・黄龍

期　間　２００８年４月30日～５月５日（６日間）
旅行先　中国（四川省）

（２０１３年５月執筆）

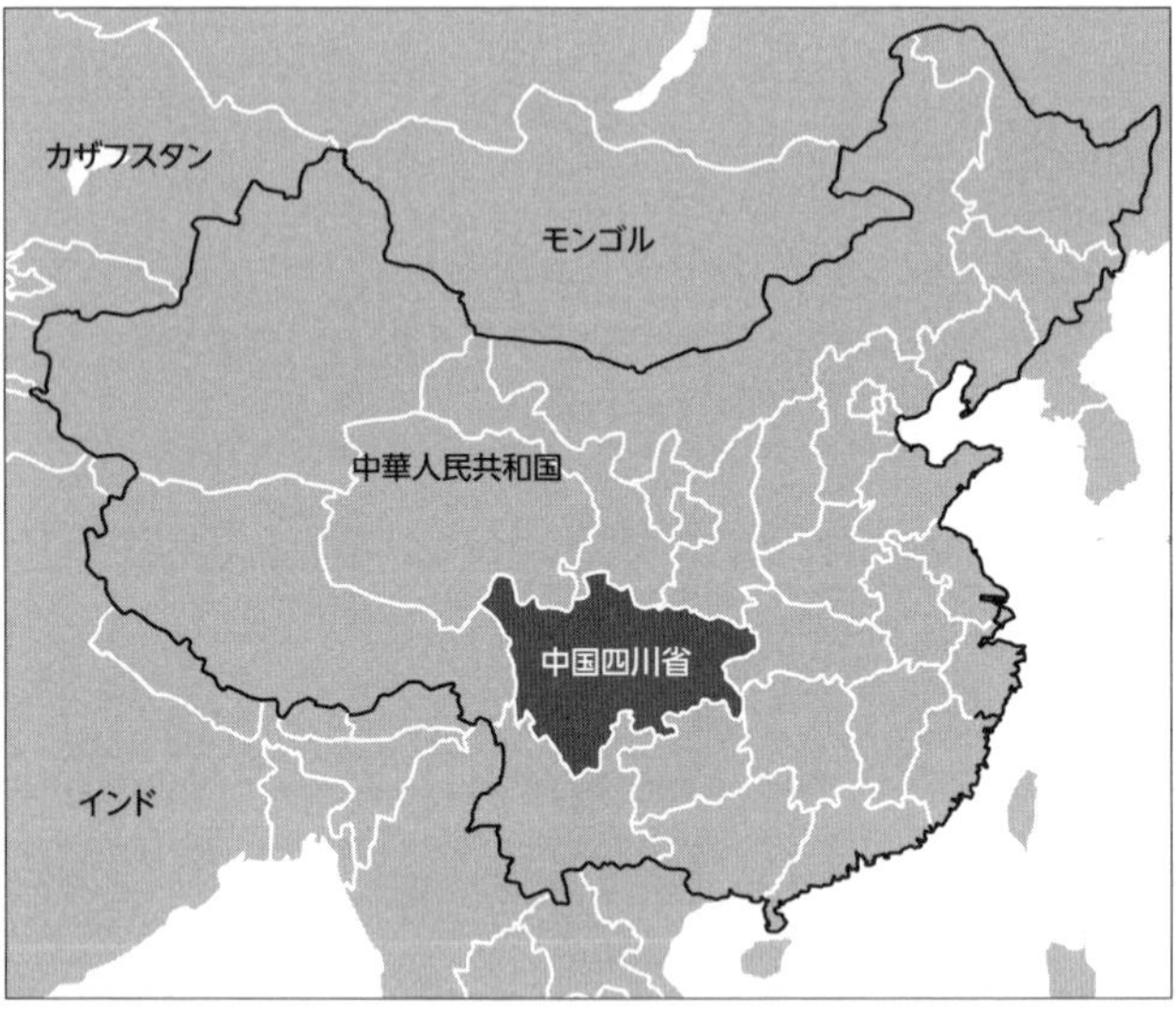

カザフスタン
モンゴル
中華人民共和国
中国四川省
インド

一、帰国1週間後に四川大地震

2008年のゴールデンウイークに、中国四川省の景勝地「九寨溝《きゅうさいこう》」と「黄龍《こうりゅう》」の見物を主とするツアーに参加した。チベットへの興味もあり選んだのである。3月初め頃申し込んでいたが、そのころ中込者は10人くらいとのことであり、まあ適当な人数であると思っていた。ところが、その年の3月中旬にチベット自治区のラサで僧や市民らによる騒乱が発生した。それを軍や警察が有無を言わさずに武力鎮圧したため、世界中から非難の声が挙がり、その年の北京オリンピック聖火リレーへの抗議行動が起こったことは記憶に新しい。それに対して中国は、それは国内問題であるとしてますます厳戒態勢を敷いたため、にわかに行き先が危険地域ということになってしまい、旅行の催行が危ぶまれる事態に至ってしまった。私らも少しは迷ったけれど、催行されれば行くことに決意した。結果は、参加者が私ら夫婦ともう1組の夫婦の4人となってしまったが、幸い旅行は催行された。考えようによっては、これは我々にとって有り難いことであった。何しろ4人で1人のガイドを独占できるわけで、そうなれば形式は団体旅行であるが実質は個人旅行となるからである。加えてもう1組の夫婦も仙台在住ですぐ気心も知れて親しくなり、まさに個人旅行同然の気軽な旅となったのである。

この旅行で忘れられないのは、帰国1週間後にあの大惨事となった四川大地震が発生したことである。1週間後の出発であれば確実にその大震災に遭っていたわけで、そうなれば命もどうなっていたか分からない。

命に別状はなかったとしても帰国が大幅に遅れたことは間違いない。ただただ遇わなかった偶然に感謝する他はない。

二、パンダ公園見学

３頭が一緒になってタケノコの新芽を食べていた

九寨溝空港に飛び立つ前に、成都市内にある成都大熊猫繁育研究基地（パンダ公園）を見学した。そこには68頭のジャイアントパンダがいて、広い公園内の柵の中で放し飼いにされている。昔、上野動物園で見たランラン、カンカンと違い、自然公園の中でのびのびと遊び、眠り、また好物のタケノコの新芽を食べていて皆幸せそうであった。東京上野と違い、パンダにとって四川省は我がふる里であり、それもそのはずである。

ご存じのとおり、パンダは絶滅危惧種であり、国によって大切に保護されている。四川省内には広大な保護区があり、そこは世界自然遺産にも登録されている。

また、パンダは中国国家のために重大な外交上の職責を担わされており、中国が大事と思う国に贈られたり貸し出されたりしている。いわゆるパンダ外交である。この間も台湾にも贈られたと聞いたが、そのパンダ大使は、責任の重さに身の引き締まる思いであろう。日本でも、上野動物園が年間1億円の賃借料を支払って、パンダを借り受ける契約をしたことについて、賛否の意見があったことは記憶に新しい。

政治向きの話は別として、やはりパンダは可愛い。寝姿や歩く姿も可愛いが、あぐらをかいてタケノコをむしゃむしゃと食べる姿は本当に可愛らしく、見ていて飽きなかった。

帰国後、大地震による被害が心配であったが、我々の行った成都の公園のパンダは全頭無事だったとの報に接しほっとした。

三、チベットの祈祷旗タルチョ

成都空港からのローカルな飛行機で九寨溝空港に降り立ったが、そこは、標高3500mの山を削って造られた空港であった。4年前に開港したとのことでまだ新しかった。ここは世界自然遺産「九寨溝」「黄龍」の玄関口に当たる。改革解放後、中国も観光に力を入れているが、ここもその一つで、外国の観光客からも注目を集め多くが訪れるようになっていた。しかし、前記のチベット騒動の影響で、見たところ外国人観光客は我々だけであった。

専用バスで深い山間を縫いながら、次第に標高を落としてホテルに向かった。途中、峠や山の斜面や民家の屋根の上に、5色の旗が風に靡《なび》いている光景に度々であった。旗には仏教の経文が印刷されていて、それが1度風にたなびくと1度読経したことになるという。タルチョ（祈祷旗）というのだそうだ。これで我々はチベット地域に入ったことは明らかだった。

九寨溝の村に近づくに連れて観光客用の綺麗なホテルが目立ってきた。しかし、経営者はみな漢族の人で、チベット人はただ従業員として雇われているだけということだ。ここだけでなくチベット自治区内では大々的な観光開発が進んでいるが、その利益はほとんど漢族に吸い上げられるだけということで、あのチベット騒動もその当たりの不満にも起因していると言われている。近時、中国の大国家プロジェクトとして開通した青海省西寧とチベット自治区の首都ラサを結ぶ青蔵鉄道も、チベット民族としては「文化の大虐殺のための道具」（ダライ・ラマ）と意識されていると本で読んだ『チベット侵略鉄道　中国の野望とチベットの悲劇』（アブラム・ラストガーデン著、集英社より）。私もこの鉄道でラサに行ってみたいと思っているが、こういう事を知ってしまうと、単に浮かれた気分で行くことがためらわれる。どうしよう。

ホテルには夜遅くに着いた。食後、同行のご夫妻持参の高級ワインをご馳走になった。こういう意外性は嬉しい。

四、息を呑むような景観、九寨溝

ホテル近くの商店街

早起きをしてホテルの周囲を散歩した。ホテル前の道路沿いにはいかにもチベット風の土産物店が並んでいた。その背後の山の斜面にはタルチョが林立している。また、ホテルのほど近くには仏塔のようなものが建っていて、何の願を掛けてか、その周りを何度も何度も回っているおばあちゃんが目に入った。これで、ようやく今自分がチベット地域に入っていることを実感し旅心が深まっていった。

いよいよ九寨溝見学である。ちなみに九寨溝であるが、この景勝地には九つの古いチベット族の部落があることからその名が付いたとのことである。その景勝地区には8時半頃に着いたが、すでに中国人観光客で賑わっていた。ここは国民にも人気の観光地であり、また、都会では金持ちも増えてきたため、夏の盛りに

は1日平均2万5000人が訪れごった返すそうである

奥入瀬渓流のような長閑な風景を期待していたが、その点では期待外れであった。しかも、そのような大人数を捌《さば》くためには、遊歩道だけでは不可能で、そのため景観地区の全長5・6㎞の渓流沿いには、シャトルバスが頻繁に運行されていた。特に名勝の湖沼の所がバス停になっていて、そこで降りては再び乗ることを繰り返しながら見学することになっている。だから、ゆっくりと静かに景観を楽しみながらということにはなかなかならない。

しかし、意識的にそのような人やバスを視界から外せば、数キロメートルにわたり渓流に沿って連なる大小の湖沼はそれぞれみんな澄んでいて美しい。世界遺産の貫禄は十分に供えている。その色も、エメラルドグリーン、マリンブルーなどそれぞれ湖沼毎に色合いが異なっていて、またその水面にはその周りの樹林の影が綺麗に映し出されていて、それはそれは息を呑むような美しさである。また、所々には滝もあり、景観に変化を与えてくれている。当日は、このような景観を、バスを乗り降りしながらも十分に堪能し、出発地点に戻った時は17時半を回っていた。

その夜は、ホテル近くの観光客用の劇場で、チベット民族の踊りと歌を鑑賞した。意外と本格的で、民族の誇りも感じ取れたが、折からの騒乱問題もあり複雑な気分でもあった。

エメラルドグリーンの湖沼

妻と

所々に滝もある

五、黄龍に向けて峠越え

当日は黄龍見物だが、九寨溝からそこに行くには標高4000m以上の山越えをしなくてはならない。時間もかかるため早朝の出発であった。時間つぶしに車の中で現地ガイドから個人的な話を聞きながら行った。父親は生粋の共産主義者であり厳格な軍人であったこと、口答えなど一切許されなかったこと、しかし自分はガイドをしながら金を貯めマンションに投資をして値上がりを待っていること等々を正直に話してくれた。

途中、高山病に供えて携帯用酸素ボンベを買った。また、同行のKさんに勧められて宝石店に立ち寄り「天珠」という宝石を買った。昔からよくチベットの坊さんが身につけていたそうで、その石は隕石ではないかということであった。その石には厄除けの効能があるそうで、ガイドからは「天珠を身に付けていたお陰で飛行機墜落事故の際その人だけ助かった」との話も聞かされた。Kさんもその高価なものを首に巻いていた。私もそのような話を聞いては買わないわけにはいかず、私にしては「高価」なものを買った。昨年、これを首に着けて日弁連野球全国大会に臨んだが、あっさりと1回戦で敗退してしまった。この石は厄除けには強く願い事には弱い石なのかもしれない。

標高4000mの峠の頂上は銀世界であった。そこからは遠くに4500mを超す山々が見渡せる。その見晴らしの良いところには、タルチョが巻き付けられたケルンのような石積があり、その脇には雪だるまが造られていた。おまけにヤクまでいる。そのヤクに乗り、タルチョと雪だるまを近景に山々を遠景にして写

ヤクに乗ってパチリ20元也

真を撮れと言わんばかりである。勿論有料で。その誘惑に抗しがたく、妻をヤクに乗せて写真を撮り金20元を支払う羽目となった。

車で急に標高を上げてきたせいか、その峠当たりから足下がおぼつかなくなり頭も痛み出してきた。高山病の兆候である。しかし、そこからは黄龍登山口までは下りなので、次第に治まるだろうとそう心配はしなかった。

たしかに登山口に着いた頃には頭痛も大分治まり、昼食も美味しく食べることが出来た。ちなみに昼食のメニューだが、そば、大根スープ、トマトとタマゴの炒め物、ジャガイモと鶏肉の煮付け、カボチャ煮付け、豚肉とホーレンソーの炒め物、そして、ヤクとキノコの炒め物。ヤクを食べたのは初めてだったが、牛肉のようで全く違和感なく美味かった。

六、いよいよ黄龍

目的地へはロープウェイで行った。標高3500m余りの駅で降りて、名勝の「五彩池」を目指す。徒歩約1時間。森の中の木道を歩いていくのだが、歩っているうちに再び高山病の兆候が出てきた。そこで、ひどくならないように出来るだけゆっくり歩くようにした。そのお陰で森の中にリスを見つけたり、こんな高山にもシャクナゲがあることに驚いたりすることもできた。所々に眺望が開けた所があって、そこから遠望する真っ白な連山の眺めは絶景かなであった。

約1時間後に五彩池に着いた。池はスカイブルーに輝いていて、思わず感嘆の声を上げてしまった。池の手前には「黄龍寺」という古い寺があったが、その寺と池とは見事なコントラストを成していて、おそらくこれは極楽浄土を模して建立されたのではないかとさえ思われた。

黄龍も渓流に沿って連なる大小の湖沼が観光の目玉であるが、九寨溝とは違い傾斜も急で各湖沼が棚田状に連なっているのが特徴である。しかも、地質が黄色っぽい石灰岩から出来ているため湖沼の色が独特であり、差し込む光の強弱により青色っぽくなったり黄緑色っぽくなったりと変化する。高山病を押しても来る価値があるというものである。

五彩池からは渓谷を下りながら連なる池を見物していくのだが、一向に頭痛のほうが治らない。何となく足下もふらついてもいる。いよいよ携帯の酸素ボンベを試してみることにした。筒状のビニール製のボンベ

「五彩池」

自然にできた湖沼群

チベット族の民家

の栓を抜き口に当ててみた。しかし、酸素の出がいかにも弱い。数分もしない内に無くなってしまった。しかも、効能は全くなし。おそらく、そんな物を買う人はほとんどおらず、とうに消費期限切れになっていたのではないだろうか。

今は乾季なのか、各湖沼の水が少なかったり涸れていたところがあったのは残念であった。全部に水が溢れていたら、それはそれは感動ものであったと思う。

黄龍から九寨溝空港へ戻る途中、所々に見えるチベットの民家が気になって仕方なかった。ガイドに頼んだら、直接民家に交渉に行ってくれて見せてもらうことが出来た。そこは、日本でいう長屋門もある立派な農家であった。母屋の周りにはタルチョが翻《ひるがえ》っていた。おばあちゃんからお孫さんまで一家全部で迎え入れてくれて、快く写真も撮らせてくれた。チベット騒動で世界が湧いていた最中だったが、この親切のお陰で私はすっかりチベット擁護派になってしまった。

七、本家麻婆豆腐を食す

前日は、19時に九寨溝空港を出発して成都に戻る予定だったが、悪天候のため結局飛び立たず（というより飛び立つはずの飛行機が来ず）夜中に九寨溝の村に戻ることになってしまった。

翌朝、成都に戻り当日の帰国便までの間市内見学となった。成都も2300年の歴史を持つ古都（蜀の都）で、そのため数多くの史跡が残っている。その内「武候祠《ぶこうし》」と「杜甫草堂《とほそうどう》」を見学した。「武候祠」は『三国志』で名高い蜀の英雄、諸葛孔明と劉備玄徳を祀っているところで、武候とは名軍師、諸葛孔明のことである。そこは鬱蒼とした木々の中にあり、各建物も豪壮である。見物客もまばらでその深閑とした雰囲気の中で、まだ読みかけで終わっている『三国志』に思いを馳せた。

「杜甫草堂」は唐代の詩聖、杜甫を記念するために建てられた草堂である。ここは杜甫が仮小屋を建てて質素に暮らしていた所だそうだ。生涯貧しかったという。「国破れて山河あり　城春にして草木深し」は知っている人が多いと思う。

昼食は、四川でも老舗の四川料理店に行った。四川料理といえば麻婆豆腐が有名である。正確には陳麻婆豆腐という。陳というあばた顔のお婆さんが作った豆腐料理という意味だそうである。日本でもすっかりお馴染みの料理で私も良く作るが、素材が安く作り方も簡単でぴりぴりと辛く何度食べても飽きないのがいい。さながら日本の国民食ともいうべきカレー料理に近い。その辛みの中心の豆板醤は今ではどこでも売ってい

「武候詞」

「杜甫草堂」

るが、もう一つの辛みの四川山椒はまだ使ったことがない。これは、しびれるような辛さが特徴である。私は横浜出身で、実家に帰る時は必ず中華街に行き「景徳鎮」という四川料理店で時に麻婆豆腐も食べるが、その本場の老舗で食べた麻婆豆腐の味はやはり格別であった。

その夜は上海に泊まり、ここでは上海料理の名物小籠包を食べたが、噛むと口の中に流れ入る熱々のスープの味はこれまた格別であった。花より団子、見るのもいいが食べるのもいい。これだから、旅行は止められない。

シンド、パンジャーブ紀行

期　間　２００８年12月26日～２００９年１月５日（11日間）
旅行先　パキスタン

（２０１３年10月執筆）

中華人民共和国
アフガニスタン
イラン
パキスタン
UAE
サウジアラビア
オマーン
インド

一、危険情報

我々を護衛してくれる警察官

シンド、パンジャーブは州の名で、パキスタンの東部で国境をインドに接している。ほかに、その北西をイラン、アフガニスタンに接しているバローチスタン州と北西辺境州があり、その北東側でインドと中国に接しているノーザンエリアがある。インドとの間では分離独立以来国境紛争（カシミール紛争）があり、何度か印パ戦争があった。また近時ではアフガニスタン紛争において、アメリカのために出撃基地を提供したこともあり、アフガンとの国境線沿いは大変危険な地域となっている。その戦争もアメリカの思惑どおりにはいかず、近時タリバーンの勢力が回復しつつあり、益々危険度が高まってきて自爆テロなども発生している。このようにパキスタンはとても危険そうな臭いのする国なのである。外務省の危険情報でも、渡航の是非を検討しろとか延期を勧めるとかになっていたが、不謹慎ながらそれがまた私には魅力で、旅行社を信用して行くことにした。

旅は、南部のアラビア海に面した「カラチ」から北部寄りの首都「イスラマバード」までを、名所旧跡に立ち寄りながらバスで行くというものであった。その間、我々のバスが終始自動小銃を持った警察官の車にエスコートされていたということが危険を思い出させたが、それがなかったら危険を実感することはできなかったに違いない。なにしろ警察官自体がみなフレンドリーであり、カメラを向ければ喜んで撮らせてくれたり、迷路のようなバザールでは先に立って案内してくれたりした。また行く先々の観光地でも、バザールでも、ドライブインでも、どこでも人々は皆親切で陽気であり、むしろパキスタン人の方が我々日本人を見るのが珍しいらしく、バスを下りると取り囲まれたり握手を求められたり、一緒に写真を撮ってくれと求められたりと、危険を感じるようなことは全くなかった。パキスタン人は旅人に親切でホスピタリティに富んでいると聞いていたが、むしろそれが実証されたというのが実感である。しかし、政治的には、パキスタンが国際的にも国内的にも危険の要素を孕んでいる国であることは勿論承知しており、一旅行者である私が無責任な断定をすることは出来ないのは当然である。

二、インダス川と濃霧

「インダス川」は、ヒマラヤ山脈やカラコルム山脈を源流としてパキスタン中央部を南北に縦断してアラビア海に至る水量豊かな大河である。この大河の恵みによって、その河畔に高度な文明、「インダス文明」が生まれた。パキスタンは砂漠が多く降雨量も少ない乾燥地帯であるが、意外にも農耕地が多い。これも、インダス川のお陰である。現地ガイドの説明で知ったが、パキスタンは世界有数の灌漑農業国家であるということだ。現にこの目でも見たが、どこに行っても農業用水路が張り巡らされている。この水源はすべてインダス川水系からだということであった。インダス川様々といった感じである。

今回の旅行では、その滔々と流れるインダス川の雄姿を見るのも楽しみの一つにしていたが、残念ながらその期待は裏切られた。その訳は濃霧である。滞在中の半数近くが朝から昼頃まで霧が晴れない日々であった。たとえば、「モヘンジョダロ」観光の拠点の町「サッカル」で泊まったホテルは、インダス川の近くにあり、そこで朝の出発時にその雄姿が見られるはずであった。同時に、その大河から引水するサッカル・バレージ（巨大な堰）も見ることになっていた。ところが、その時間には辺りは濃霧に覆われほとんど視界が効かない。今、写真を見ても堰がぼやーっと写っているだけである。真にもって残念なことであった。

三、車も人も阿吽の呼吸

さて、旅の話に移ろう。まずは道路と車の話から。

印象的なことを列挙すると以下のとおりである。片側2車線以上の道路にもセンターラインが無いのがほとんど。大都市の中心部以外には信号が無い。ほとんどが日本車の古車か古々車。中古車は新車並みといったところ。それらの車がそのような道路を猛スピードで追い越しごっこをしている。我々のバスも例外ではなく、先導のパトカーからがして、そこのけそこのけとばかりにサイレンを流しながら先行車を追い抜き、我がバスもそれに従っていく。これが道幅の狭い道路だとスリル満点である。対向車の接近具合を見ながら、しかも先行車の譲り具合を考慮しながら阿吽の呼吸で抜いていくのである。初めの頃はその度に肝を冷やしていたが、半日もすると慣れていた。感心するのは、そんな状態でありながら、11日間の旅行中ひどい事故は見なかったことである。

以上は普通4輪自動車以上の車の話であるが、ハイウェイを含めどこの道路でも、これに加えて3輪自動のリキシャ、バイク、トラクター、自転車、馬車、牛車、ラクダ車、ロバ車、人力車などが混在していて、町中での混雑時にはそれらが流れを成して滔々と動いているのである。もちろんそれに大勢の通行人が加わる。何しろパキスタンは人口1億6００万人の国。どこに行っても人が多い。それらの人がそのような道路を、特に問題はないといったような顔つきで横断していくのである。この阿吽の呼吸も感動ものである。交通ルールに慣れた日本人には到底まねの出来ない技である。

ロバがあんなに活躍しているのにも驚いた。小さな体で可愛い顔をして重そうな荷物を一生懸命に引いている。特に田舎ではまだロバが中心的な運搬手段といった感じであった。ある村で、動物の市場が開かれていたが、その中心はロバであった。少しでも高く売るためか、持ち主にバリカンできれいに毛を刈られていた。

四、日本のトラック野郎もビックリ

これも車の話であるが、パキスタンに来て最初に驚いたのは、派手に装飾されたトラックやバスである。現地ガイドは、「デコレーショントラック」とか「デコレーションバス」とか言っていて、車の前後左右にわたり、極彩色の絵や図柄で装飾されているのである。同様にトラクターやリキシャも結構派手に飾り付けられている。しかも、ほとんど例外なしである。これはカルチャーショックといってもいい。

それに費やす費用もハンパではない。車の値段の20％から25％は懸けるという。飾り業者の方も忙しいらしく、新車を買う2～

デコレーショントラック

4か月前には予約を取っておかないと間に合わないということであった。日本でもひところ、トラック野郎が「男度胸の街道稼業」みたいなスローガンを描いた派手な車を走らせていたことはあったが、パキスタンのものと比べたら月とスッポンくらいの差があり、「日本のトラック野郎も真っ青」といった感じだ。

五、マリービール万歳

パキスタン行きには躊躇があった。その最大の理由は、パキスタンはイスラム教を国教とする禁酒国であったからである。私は40数年来、病気入院とイラン旅行をしたとき以外酒を飲まなかった日はないといった超愛飲家（アル中寸前）であるからである。しかし、インダス文明とガンダーラ遺跡に対する興味が勝り、遂に決行と相成ったわけである。だから、同国にも「マリービール」という国産ビールがあると聞いた時には、一寸力が抜けた感じであったが、すぐにほほえみに変わった。

説明では、パキスタンにもキリスト教徒やヒンドゥ教徒やシーク教徒などのマイノリティが居り、その人達用に造っているということであった。その人達は申請をすれば、大人1人1か月15本の割で買うことが出来るという。現地ガイドの努力でそのようなビールを裏ルートで手に入れてもらい、それを飲むことが出来た。

六、一寸撮らせて

11日間の旅行といっても、カラチからイスラマバードまでの長距離をバスで行くので、そのほとんどの時間は移動に費やされる。だから必然的に、トイレタイムでの一寸した時間、食事時の小一時間が大切な観光の時間となる。前述したが、これが結構面白い。これが、地元の人と直接触れあう機会でもある。どこへ行ってもみんなフレンドリーであることも既に述べた。イスラム圏では女性の写真撮影は原則タブー、本人が了解しても周囲の男性に止められることがあるなどと案内書に出ていた。そこでそう覚悟して行ったわけだが、実際にはそのような雰囲気はほとんどなく、民族服を着た綺麗な女性の写真も何枚か撮らせてもらった。とはいってもイスラム圏、ドライブインでも市場でも女性は圧倒的に少なかったが。男達や子供らは、積極的に自分らを写してくれと親しげに接してきた。むしろ彼らの方が、日本人が珍しいらしく、我々が写真に撮られたこともあった。パキスタンは対日感情が良いらしく、写真を含め旅行中不快な思いをしたことはなかった。有り難いことである。ついでながら、アメリカ人は快く思われていないということであった。

七、バザール見学

イスラム圏のバザールは、大小や街と田舎の違いはあっても、どこも同じような構造と雰囲気を持っている。どこも道路も人もゴチャゴチャしていて活気があり、何を買うにも相対取引で、まず値段の駆け引きから始まる。これが結構楽しい。日本では、定価を値切るとなるとみみっちく思われはしないかと憚《はばか》られるが、イスラム圏では言い値で買う等ということはなく、必ず値切り交渉から始まるのである。もともと日本と比べたらどの品物も値段が安いので、その上値切るのは申し訳ないような気もするが、まあ、旅の楽しみの一つとして私もやった。

今回も、何か所かのバザールに行った。最初は、旅行3日目、ハイデラバードからナショナルハイウェイを北上しモヘンジョダロ観光の拠点サッカルに向けて走っていた途中、ハイウェイを離れて「ハラ」という田舎町のバザールを見に行った。勿論パトカーの護衛付きで。アフガニスタンやイラクでは、よくバザールでの自爆テロがあったなどと報道されていたので始めの内は緊張したが、バスから降りた途端に我々日本人が珍しいらしく大勢のニコニコ顔に取り囲まれすぐに緊張はほぐれてしまった。あるいは、このような田舎町に観光客が来ること自体が珍しかったのかも知れない。そういえば、どこの観光地に行っても我々以外観光客は見なかった。

さっそく、ガイドに従ってエキゾチシズム溢れるバザールにおそるおそる入っていった。警察官も自動小

警察官と一緒にバザール見学

銃を肩にかけて着いてくる。まずは生地屋に入った。ここでは昔ながらの柄の木綿地を買った。そういえば、この柄の布地で全身を覆ったり、肩にかけたり、上半身に巻いてショールとして使ったりしている地元の男性をしばしば見かけた。

バザールをざっと見た後何となく自信がついてきて、バザールから市街地に出て、1人で200mぐらいの通りを往復してみた。通りの始まりにはモスクがあり、そこから歩き始めたが、通りには布袋を積んだロバ車、ロバ車に乗った父子、デコレーションリキシャ、荷物ばかりか人も満載した小型トラック等々がのんびりと動いている。店も一つ〳〵見ていったが、目が合うと必ず反応してくれて嬉しくなる。床屋でカメラを向けたところ快く応じてくれた。これで、すっかり緊張感や不安感は無くなってしまった。

旅行6日目には、パンジャーブ州の古都「ムルタン」の旧市街にあるバザールに行った。ここはパキスタン

ロバ車に乗った親子

でも有数のにぎわいを見せるバザールで、幅３ｍにも満たない狭い道が縦横に走り、その両側には衣料品、日用雑貨、食料品等の店が肩を並べてひしめいている。露店も多い。田舎のバザールとは違った活気があり、それがここの魅力である。私はここでもショール用の生地を買ったが、今度は綿ではなく純毛品であった。妻や息子の嫁さん用にはカシミア製を買った。私はこれを愛用しているが、妻や嫁さんが身に付けているところは見たことがない。女の土産は難しい。

ムルタンのバザールは夕方に行ったが、停電に遇った。停電はしばしばあるということで、特に混乱ということはなかった。

ともあれ、イスラム圏のバザールはいつ見てもワクワクとしてきて飽きない。

八、モヘンジョダロ

旅行4日目、今回のツアーのハイライト「モヘンジョダロ」見学。世界4大文明の一つ、インダス文明最大の遺跡。

しかし、ここも9・11以降のアフガン状勢の緊迫以来危険地域となり、外務省からは「渡航延期」が発令されなかなか来ることのできない所となっていた。また、パキスタンでは貧富の差が激しく、また政情不安の中で、貧乏人が観光客を狙う事件が続いたため、政府自身が「モヘンジョダロ」を閉鎖し、2年前にようやく解除されたと現地ガイドから聞いた。それだけに今回来られて、その感慨は一入であった訳だ。

「モヘンジョダロ」へは「サッカル」という町からバスで行った。約100km離れている。相変わらずの深い霧の中をパトカーに先導されながら行った。出発後1時間半位経ってからようやく霧が晴れ始めてきた。田舎道が延々と続いているが、その両側には沼が多く目に付いたのは意外であった。しかし、その水には塩分が多く含まれているとのことで、確かに、沼に続く畑には白い粉をふったような状態で塩が地下から吹き出ていた。

「モヘンジョダロ」への到着は11時半頃。観光客はどうも我々だけのようで、大観光地にしては人が少なすぎる。他方、道路のあちこちに警官の姿が目に付く。ここで問題発生。当日は、政府要人がここに見学に来るとかで、一般観光客は入れないという。「そんなバカな！」と一同衝撃を受けたが、現地ガイドの粘り

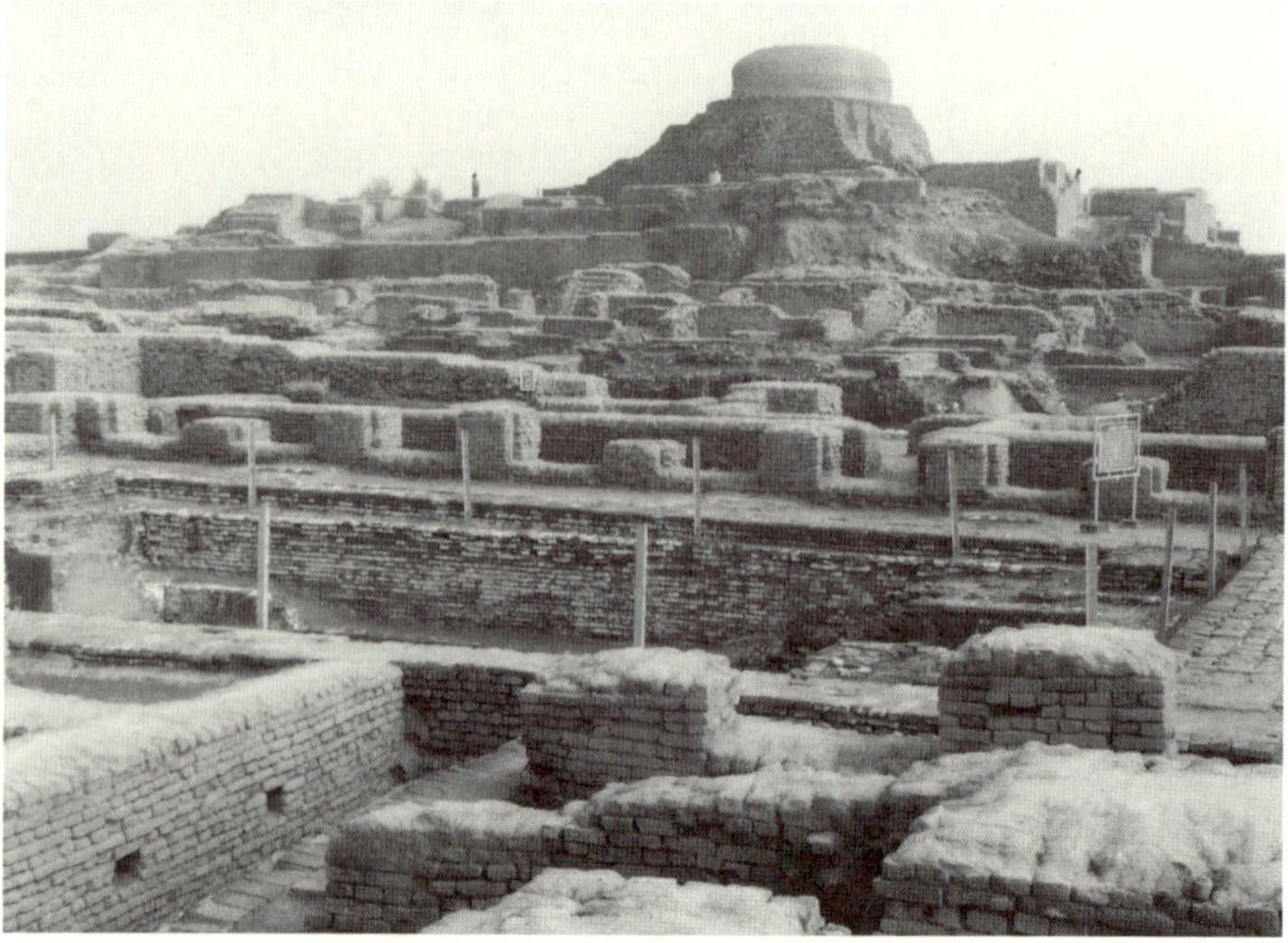

「モヘンジョダロ」の遺跡4㎢に及ぶという

強い交渉でようやく入ることが出来た。要人が来る前に見学を終わるということで手を打ったと聞いた。何はともあれ見学できて良かった。

まずは、博物館見学。ここで、インダス文明の概要を学ぶ。紀元前2600年頃から紀元前1700年頃にわたりインダス川沿いに発生した古代文明。「モヘンジョダロ」とは「死者の丘」という意味である。当初、大きなストゥーパ（仏塔）等が目に付いたところから仏教遺跡と考えられていたが、その後の調査でインダス文明期の都市遺跡であることが明らかになった等々。

いよいよ遺跡見学。まずは、遺跡の入り口で、「モヘンジョダロ」の象徴的存在である遺跡から発掘された「神官像」を模した石像に対面する。愛想のいいオヤジ顔をしている。緩い坂道の階段を登っていくと、前述の大きな焼き煉瓦造りのストゥーパに到着する。ここは高所にあり、ここからは遺跡全体が一望できる。

広さは４㎢というから広大である。しかしまだ発掘途上で、発掘されたのは全体の15％程度だという。ストゥーパの近くには大きな沐浴場や穀物倉がある。また、全体に生活用水路が張り巡らされており、トイレは水洗であったという。井戸の跡も４００以上発見されているという。それらはすべて焼き煉瓦造り。往時ここには３万人もの人々が生活していたということだが、当時のメインストリートに立ち、目を閉じて往時の街の繁栄を想像してみると、折からの風に乗って往時の人々の声が聞こえてくるようであった。

見学が終わって門を出るのと同時ぐらいに、要人一行が物々しく入ってきた。また、道路には兵隊を満載した何台もの軍用車が連なっていた。余程の要人が来たに違いない。

九、悲しき世界遺産

今回の旅行中、「モヘンジョダロ」遺跡群を含めて四つの世界遺産を訪れた。ムガル朝期の歴史的建造物群や墳墓群の「タッターの文化財」、ムガル朝の歴代皇帝が建造した「ラホール城塞」と「シャリマール庭園」、中央アジアからの遊牧民の侵入を防ぐために造った大城塞「ロータス・フォート」。特に、その内で私は、ヒマラヤ山系を源流とし国土を縦断してアラビア海にまで至るインダス川流域に発生したインダス文明最大の遺跡「モヘンジョダロ」に期待したことは、前述のとおりである。しかし、結果は「やがて悲しきパキスタン」という印象が残った。確かに前述のとおり、そこでは、高度に発達した古代都市を見学できて、期待どおりに驚き感動もし、感慨にふけることも出来た。しかし、その一つ一つを近くで見ると印象は一変する。「モヘンジョダロ」の多くの煉瓦は白い粉を撒かれたような状態になっていて、その白いものが塩であり、その塩害によって煉瓦は劣化してもろくなり遺跡があちこちで崩壊していたのである。なんともやりきれないといった気分となった。

「モヘンジョダロ」ばかりではない。「タッターの建造物群」でも、綺麗なイスラム紋様のタイルが風化によって剥がれていてもほとんどそのままである。「ラホール城塞」や「シャリマール庭園」も、老朽化が激しく世界危機遺産に登録されているとのことである。

現地ガイドも、心から残念がり悲しがっていた。そして、その一つの理由として、国家予算の72％が軍事関連予算であることを上げていた。特に、インドとの長い間の緊張関係の中では、為政者の目もなかなか文化財保護のほうまではまわらないし、その経済的余裕もないとのことであった。悲しき現実、悲しき世界遺産である。

十、ブットー家の墓

12月27日の旅行第1日目は、1年前の同日にイスラム原理主義者と思われる男の自爆テロで暗殺されたベナジール・ブットー元首相の命日であった。そこで、見学予定のカラチの国立博物館も喪に服して閉館とい

ブットー女史の写真と棺

うことで見ることが出来なかった。彼女の夫が現首相のサルダーリ氏であることもあると思うが、ブットー女史の威光はまだ相当であるらしい。我々のバスにも、早々に故ブットー女史の顔写真が貼られ、弔意を表した。こうしておくと何かと都合がよいということであった。

町でも田舎でも、ブットー家の大きな写真が貼られている場面をよく見た。特にモヘンジョダロへの出発基地サッカルはブットー女史の郷里ということで、写真ばかりでなく彼女の所属政党パキスタン人民党の旗があちこちにはためいていた。

ブットー家はこの地方の大地主だそうで、バスで4時間走ってもまだブットー家の土地が続いているという説明であった。その反面、小作人が多く、子供は学校にも行かずに小さい頃から農作業に就き、そのため識字率は50%にも満たないとのことであった。

モヘンジョダロの帰り道、ブットー家代々の墓に立ち寄った。墓といってもモスクにもなっている大理石造りの大きな立派な建物であった。中には在りし日のブットー女史およびその家族の写真が飾られており、彼女を埋葬した墓の上には大きな棺が置かれ、それを覆った赤いクロスの上には入り口で売られていた赤い花びらがいっぱい撒かれていた。彼女の親類だという真っ黒なチャドルを着た女性が2人、棺に額を当てて泣いていた。

我々が行ったとき、丁度地元の新聞記者が居て写真も撮られインタビューもされた。それほど近時では外国人観光客が少ないのであろう。記事にすると言っていたが、どうなったか分からない。

モスクを出ると、物売りや地元の人達に取り囲まれ、写真を撮ったり撮られたりした。菓子売りのおじさんが、とっても甘いお菓子をくれた。どこに行っても本当にフレンドリーである。

十一、シンド州～パンジャーブ州

旅も5日目。身も心もすっかり旅に慣れ、早朝にホテルを出発するとき、すでに自動小銃を背負った護衛の警察官がパトカーで待機していても、特に違和感を感ずることも危険を意識することも無くなっていた。慣れとは恐ろしいものだ。

前述のとおり、当日も早朝から深い霧に覆われ、ホテル近くを流れるインダス川の雄姿も、川にかかる大堰も見通すことは出来なかった。心残りである。

ドライブインで老人が休んでいた

このようなときはガイドからの耳学問の時である。シンド州は砂漠が多く貧乏な人が多く教育程度も低い。他面大地主が政治・経済の実権を握っており住民の高教育を望んでいない。パンジャーブとは「五つの川」という意味で、五つの河川の流域を指している。シンド州は雨量が少なく砂漠が多いに比してパキスタン国内でも肥沃な土地であり、人口の42％が住んでいること。スーフィー（イスラム神秘主義）は12世紀にこの地で発生した。布教のために踊りや音楽を採りいれたがこれはヒンドゥの方法を採りいれたものである、イスラム教徒でも好き嫌いがあり、サウジアラビアではスーフィー信者はゼロであるがパキスタンでは55％の信者がおり歌手もいること、等々。

10時半にパンジャーブ州に入った。道路にはセンターラインも引かれ舗装も良い。周囲の畑には塩害も認められない。マンゴーの畑が延々と続いていたかと思うと、今度はサトウキビ畑が延々と続く。確かにシンド州よりは豊かさが実感される。

昼食は、トラック運転手が主に利用しているというドライブインで摂った。前述したが、どこの国でもトラック野郎は舌が肥えていて、ここも大変美味かった。ナン職人の見事な手さばきを見たり、その焼きたてのナンの美味さを味わったり、中庭に何脚も置かれた網ベッドでトラック野郎にまねてチャイを飲んだり、ベッドで美味そうにタバコを吸っている白いターバンを巻いたおじいさんに写真を撮らしてもらったりと、のんびりと楽しい時間を過ごした。

「ウッチュ・シャリフ」の町は、紀元前350年にアレキサンダー大王も遠征の途路に通ったという古い町である。「ビビ・ジャウンデイ廟」はその町の丘の上の墓地の中にある。正面から見ると堂々たる水色のタイルで飾られた美しい廟であるが、裏に回ると完全に崩れて無くなっており無惨である。19世紀にその背後を流れるサトレジ川の洪水で削り取られてしまったのだそうだ。この町で12世紀に先ほどのスーフィーが発生したとのことで、古いスーフィーの学校も見学した。庭には菩提樹や沙羅双樹の大木があった。

その後、道路沿いの市場に立ち寄ったが、この時期バナナとミカンが最盛期とのことで山積みになって売られていた。ミカンを食べたが、小粒だが香りが良く味も申し分なかった。パキスタンはマンゴーの大産地とのことで、バスからその広大な畑も見られたが、まだ時期ではないとのことで市場にも出ていなかった。

午後3時頃か、その日の宿泊地「チョリスタン砂漠」の野営場を目指した。予定より遅れていたせいか、その頃から先導のパトカーが猛スピードで走り始めた。警官も5人に増えている。目的地は危険地域なのだろうか。多少不安がよぎる。

十二、チョリスタン砂漠の要塞をラクダで見物

チョリスタン砂漠は九州の4分の3の広さがある。砂漠といっても、その辺りはまばらに木も生えている。その砂漠のほぼ中央に、古い煉瓦造りの要塞がある。「デラワールフォート」である。何でこんな砂漠の中に要塞なのかと思ったが、中央アジアの遊牧民族から国を守るために造られたとのことだ。そういえば万里の長城だって、匈奴《きょうど》など遊牧民族の攻撃から国を守るために辺境の地に延々と造ったのだから驚くに当たらないと納得した。

到着は、陽も大分傾いた4時半頃であった。要塞の近くの砂漠の一郭には、既に10数張りのテントが張られていた。時間もないので割り振られたテントに荷物を置くと、早速全員ラクダに乗って砂漠の要塞見物に出かけた。ラクダは近くの村人が我々のような観光客向けに飼っているらしく、ラクダ引きは皆いかにも村人といった感じだった。私のラクダ引きはまだ中学生くらいの少年であったが、慣れているらしく一寸した動作でラクダを座らせたり立たせたりして、私も難なく乗り降りが出来た。同行中の1人は失敗して落駱駝したが、大事に至らなくて良かった。

時間は1時間余り。あたかも隊商の如く夕暮れ時の砂漠をしずしずと行く。私はこれまでモロッコやチュニジアに行ったときも、砂漠で同じような企画でラクダに乗っていたので、特に緊張感もなく辺りの雰囲気を味わいながら乗ることが出来た。要塞は高さ40m、周囲1・5㎞にわたる日干し煉瓦造りの円柱形の壁で

砂漠の中の「デラワールフォート」ラクダの上から撮った

造られた堂々たる建造物である。そこに着いた頃丁度夕陽が沈み始め、その残照が幽《かす》かに要塞を照らしていた。折から月や星がその輝きを増してきて、文字どおり「荒城の月」となった。それと共に得も言われぬ感傷が湧いてきて、すっかりと旅行社の仕掛けにはまってしまった。しかし、いつの間にか地元の小学生達が集まってきて、ぞろぞろと我が隊商が伴走される形となり、感傷はそこでストップ。

夕食は、大きなキッチンテントで摂った。テント及び食事作りは旅行社御用達の現地の手配の人がやってくれる。パック旅行の良いところである。我々日本人のためと思ったのか、夕食のメインは、焼き鳥、肉じゃが、天ぷら、焼きそば等の日本食。イケメンのコックが力を入れて作ってくれた料理だが、「それは一寸考えすぎー」との感あり。私の旅行観では食べ物についても「郷に入れば郷に従え」だからだ。ただし、この夕食に前述のマリービールが出たのは感動ものであっ

マリービールで乾杯

た。多少のぬるさは問題ではなかった。イランでは全く飲めなかったが、パキスタンではそれほど厳格ではないようなのは前述のとおりである。

食後は、キャンプファイヤーが用意されていた。薪は辺りの灌木の枯れ木を寄せ集めたものだ。いつしか地元の人も大勢集まってきて、火の周りに人垣が出来た。銃を外した同行の5人の警官もいる。どうも、危険地域だから5人に増えたというより、一寸した息抜きをしに「俺も混ぜろ」といって来ている感じだ。そのうち地元の数名が持参の民族楽器を弾き始め、いかにもローカルな民謡を歌ってくれた。そのうち踊りも始まった。満天の星の下、ビールでの酔いは少なくとも、すっかり雰囲気に酔ってしまって、私も同行者のトップを切って踊りの輪に入ってしまった。普段私は人見知りが強いほうだが、こんな雰囲気になるとなぜか羞恥心が薄れてきてはしゃぎたくなる質のようだ。

キャンプファイヤーも終わり地元の人達も引き上げ

た後、残り火を囲んで同行者の数名で談笑した。そのうち、この名実共に月の砂漠の下何かやることがあるはずだとの思いが浮かんできて、またしても羞恥心が薄れてきて童謡『月の砂漠』を朗唱してしまった。してやったりという感じだ。

その夜テント内は相当冷え込んで、そのせいか3回トイレに起きたが、内2回は満天に星くずの下だったが、明け方の3回目は深い霧の中で、テントに帰るのにも迷うほどだった。

十三、古都ムルタン

翌朝、霧は少し薄くなっていたが、それでも視界は大きく遮られ30m先は見通せない。そのため、出発を遅らせることとなって、朝食前にテントから遠くないところにある、長らくこの地を治めていたという領主の霊廟を見にいった。大理石造りの立派なモスクもある。案内してくれたのは近くに住む村人であったが、廟の管理人は居ないらしく村人に促され無許可で壊れた柵から中庭に入った。１００m四方もある大きな庭の中である。廟やモスクの輪郭は霧に霞んでぼんやりとしていたが、それがまた幻想をかきたてそれもまた良しであった。廟の近くには村人の煉瓦造りの家も見られたが、彼らはここでラクダや、山羊、羊、牛などを放牧して暮らしているらしい。前日我々のために動員されたラクダも彼らのものであったようだ。

土産物を売りに来た村人に見送られながらそこを出発し、古都ムルタンを目指した。パンジャーブ平原を北上してムルタンに着いたのは13半頃だった。

『地球の歩き方』によれば、ムルタンは「非常に古い歴史を持つ町。西アジアおよびインダス河口部とインド北西部とを結ぶ交通の要衝を占め、西方に対するインド亜大陸の前線都市として古くから栄えてきた」とある。我々日本人のほとんどがパキスタンから受ける印象としては、未だ政治、経済、社会的にも遅れたイスラム国家という程度しかないかもしれないが、ここムルタンにも見られるように、日本など及びもつかないような古い歴史と繁栄の時代を経験している国なのである。現在の後進性にだけ目を奪われ、往古の偉大な歴史に対する敬意は忘れないようにしなければならないと思う。

2時間ほど休んだ後、市内観光に出かけた。街は旧市街と新市街に分かれている。どこもそうだが名所旧跡は旧市街にある。我々も旧市街で二つのタルガー（聖者廟）を見学した。ムルタンはイスラム神秘主義の一派の拠点で、タルガーの数も多い。一つは「シャー・ルクネ・アーラム廟」。高さ33ｍ、直径22ｍのドームを持つ壮大なタルガー。スーフィー指導者「ルクネ・アーラム」が葬られている。この廟の一角に「はげが治る」という耳寄りな箇所があり、私もそこに頭を付けて祈ったが効果は皆無。それよりも、はげを気にする文化は普遍的なのだなと妙に感心したことを覚えている。

このタルガーの裏手の方に「バハー・ウル・ハック廟」がある。その廟の名も偉大な指導者の名で、彼はモンゴル軍に攻め込まれたとき、無差別の殺戮を思いとどまるよう説得した人ということだ。その前庭にはゴルガッパという名の菓子を売る屋台があった。シュークリーム状の皮の中にジャガイモとひよこ豆の粉の揚げ玉を入れ、そこに甘酸っぱいスープを注いで食べる。美味だった。だが、現地ガイドと私以外は食べず。

近時とみに、日本民族の中に過敏性清潔症候群の人が増えたようだ。私は由々しきことだと思う。

その後、前述のムルタンの古い街並みと狭い路地が交錯するバザールに行き、異国情緒に浸りながら買い物をした。私が路地の奥の方に行くので心配になったのか、警察官が1人私に付いてきてくれた。というより警察官に案内されながらの市場見学という感じだった。そこでの銃を肩にした警察官とのツーショットは思い出の写真である。ショールの他にも、胡椒、ひよこ豆、蜂蜜を買ったが、その安さにビックリした。

十四、ムルタン～ハラッパー～ラホール

前日は大晦日、そして今日は元日。前夜は年越しそば、今朝は黒豆、田作り、雑煮で正月を祝った。旅行社もこのようなことでの競争があるらしく、それらお節料理を持ってくる添乗員も大変である。しかも、今や添乗員も契約社員の人が多いらしく、競争が激しいらしい。私なぞは、添乗員には安全管理と緊急時の即応体制だけしっかりとしてもらえば、それ以上のサービスは特に望まないのだが。

午前中に「シャー・シャムス・タブリーズ廟」に行った。彼は、アフガンのスーフィー聖者で、ムルタンで最も人気のある聖者だそうだ。参道にはシーア派の旗やお守り、ファーティマの手、鎖鎌などが売られている。1月10日は、シーア派の最大のお祭り「アーシュラー」がある。昔、確か『世界残酷物語』という映画で見たが、その祭りのハイライトは、信者が殉教者フサインを哀悼して、鎖で自らの身体をむち打って血

ファーティマの手

を流している姿を思い出す。祭りの熱狂の極地とも言うべき行事である。廟の近くに、シーア派の旗をかざしながら1人で歩いているおじさんがいた。熱狂的な信者だそうで、仕事は一切せず施しで食べているのだそうだ。

「ハラッパー」は、モヘンジョダロと並びインダス文明を代表する都市遺跡の一つ。最盛期2万人が暮らしていたという。現在も発掘作業が続けられているが、19世紀に、ラホールとカラチ間に鉄道が敷設された際、ここの遺跡の煉瓦が大量に敷石とした使われたことにより、遺跡が大規模に破壊されたと聞いた。もったいなくもやりきれない話である。全体的に建物の土台部分だけが残されており、だだっ広い「原っぱ」のようなイメージの遺跡である。遺跡内には「ハラッパー村」があり、そこは村人達の生活の場でもある。村人の墓地もある。また遺跡内の水道ではジプシーの若い女性が洗濯をしていた。われわれが物珍しいのかジプシー

巨大なフライパンで羊の内臓が揚げられる

の子らが寄ってきたが、我々の護衛の警察官に追っ払われていた。また、遺跡の中を羊の群がのんびりと横切っていく。管理人もいるが、遺跡の上に乗ろうが、一つや二つ煉瓦を崩そうが何も言わない。世界的な遺跡にしてはまことにもって長閑なものである。

この遺跡の入り口は公園になっており、その一角には博物館があり、遺跡から発掘された遺物が展示されている。チェス盤、サイコロ、腕輪、鏡、印等や素焼きの地母神、巫女、踊り子、神官等々が陳列されていた。

公園の芝生に輪になって座っている女性達と、散歩している2人連れの母子のような女性がいたが、何れも喜んでカメラに収まってくれた。

暗くなってから「ラホール」着。ここはパンジャーブ州の州都で、パキスタン第2の都市である。人口700万人。芸術と文化が花咲き、また歴史的にも重要な位置を占めてきた古都で、特に、16世紀のムガル王朝期に繁栄した。

その夜の夕食は、フードストリート街へ出ての外食である。ストリートに入ると、そこは一大青空飲食街といった感じで、その両側にはいろいろな食べ物屋が屋台を並べている。川魚の揚げ物屋は、直径1m以上もあろうかという底の浅い鍋で川魚にカレーをまぶしたものを次々に揚げている。肉の炒め物屋は、羊のあらゆる部位をその新鮮さを示すかのように屋台に並べている。ころっと丸い卵のようなものは何かと思ったら、羊の睾丸であった。小鳥を丸裸にした焼鳥屋もある。

我々は羊肉の炒め物屋を選んだ。羊の脳みそや睾丸の炒め物、マトン鍋等を食べたが、いずれも香辛料がたっぷりと利いていて、たとえば睾丸そのものの味を味わうことは出来なかった。

十五、ラホール旧市街観光

旧市街は城壁に囲まれている。その一角に、インド・イスラム王朝のムガル帝国第3代皇帝アクバルがここを都とし建造した壮大な「ラホールフォート（城）」がある。フォートはその後も歴代皇帝によって増改築が重ねられ、より壮大、壮麗になっていった。東西424m、南北340mで周囲は城壁に囲まれている。外壁に綺麗にタイル装飾をした門があり、庭園があり、ガラスの破片をアラベスク模様に埋め込んだ「鏡の宮殿」があり、大理石の壁面に宝石を花模様に埋め込んだ豪華な館があり、大理石を丸や角型の格子状に彫り抜いたジャリワークと呼ばれる格子窓がありと、実に豪華な宮殿である。しかし、近づいてみると、たとえば大理石に埋め込まれためぼしい宝石は削り取られていたり、建物全体の痛みがひどかったりと悲しい現実がある。仮にそのすべてが修復されたとすれば、それはもう屈指の観光スポットになること間違いなしだ。

次は、世界最大規模のムガル時代のモスク、「バードシャーヒー・モスク」。その中央広場は一辺が160mもあり、10万人の人が一度に参拝できるという。また、モスクの中でも1度に3万人が礼拝できるという。ゲートもモスクもミナレットも敷石も、全体に赤煉瓦色の石で造られている。建物内部の壁や天井もアラベスク模様で彩られ壮麗である。内部の小部屋に刺繍製のコーランが陳列されていたが、1165頁に及ぶというそれは、1人の人が11年がかりで作ったと聞いて信仰の持つ力に恐れ入った。そのモスクの外の通りでは、髭を生やしたいかにも偉そうな顔をしたおじさんが、ひよこ豆、キャベツ、キュウリ、だいこん、にんじん、青唐辛子を細かく刻みビニールコップに入れてマサラ入りドレッシングであえたサラダを売っていた。早速買って食べてみたが、辛酸っぱくてさっぱりとしてとても美味かった。ここでも食べたのは私1人だけだった。

次は、「シャリマール庭園」。「ラホールフォート」と一緒に世界文化遺産に登録されているが、修復ままならず危機遺産にも登録されている。ここも広大で37ヘクタールの広さを誇る。ムガル帝国5代皇帝「シャー・ジャハーン」(あの有名な「タージ・マハール」を建立した皇帝)により、王族の保養地として造られた由。全体が3段に分けられ、それぞれに貯水池、噴水、水路、庭園、宮殿が設けられている。特にムガル皇帝は噴水がお好きらしく、あちこち噴水だらけだった。周囲は外壁に囲まれている。中段中央のテラスには大理石の玉座が設けられており、私もそこに座り皇帝気分で全景を睥睨《へいげい》してみたが、それなりの気分を味わうことは出来た。ここも、今は庶民の憩いの場となっており、他の観光地に比べ比較的多くの市民が見学に訪れていた。ここでも外国人は我々だけだったようだ。なんとも、もったいない話である。

十六、国境の町ワガーの国旗降納式

絶叫して観客を煽っているおじいさん

ワガーはインドとの間の国境の町で、ラホールから29㎞、バスで30分の所にある。ここでは毎日日没時に、両国の国旗を降ろすフラッグセレモニーが行われている。国境線沿いにそれぞれ両国の門がある。門に通じる道路の両側は観客席になっていて、高い階段席も設けられている。入ったときはもう満席の状態であったが、我々一行は最前列の予約席に陣取った。イスラム圏らしく、席は男女別に分かれている。インド側にも同じような観客席があり、行った頃には、既に双方共に相当な興奮状態の中にあった。

私設応援団と聞いたが、立派な白髪と顎髭を蓄えた老人と1人の若者が国旗を染め抜いた緑色の服で緑色の国旗をもって、応援団長さながら道路に出て「パキスタン万歳！」とか「神は偉大なり！」とかを叫び観衆を煽り観衆も熱狂で応じている。インド側も同様で大音量のスピーカーで国歌か何かを流している。日没前に双方の門が開けられ、両国の国境警備兵が握手をして式典が始まる。国旗が降納されるまでの間、それぞれの警備兵が足を高々と上げて一糸乱れずに示威行進を繰り返すのだが、両国共に選りすぐりの長身屈強の美男子揃いだけにそれは文句なしに格好いい。このころになると観衆の熱狂は極に達している。国威発揚の効は十二分に達せられている。しかし今は、両国の緊張関係も相当和らいでいるので、スポーツ感覚で見物出来ているが、緊張関係が高まればそうはいかないのであろう。

式典終了後、警備兵と応援団の若者とそれぞれツーショットで写真を撮らせてもらった。パキスタン人の気さくさは驚くほどである。

十七、ガンダーラ美術見学

パキスタンの北西部がガンダーラ地方である。そこは仏教誕生の地であり、日本の仏教美術の源にあたる所であり、ガンダーラ美術の宝庫であり、私もかねてからガンダーラには触れてみたいと思っていた。今回はガンダーラに行くことは出来なかったが、ラホール博物館であの有名な「断食するシッタールタ」が見ら

有名な「断食するシッタールタ」

れるというので期待していた。もちろん博物館にはパキスタンの石器時代から現代に至るまでの種々の文明のコレクションが陳列されているが、我々はガンダーラの仏教美術を中心に見た。そして、高校時代の教科書で見た、あの目が陥没し全身骨皮筋右衛門といったガンダーラ美術の傑作「断食するシッタールタ」に対面することが出来た。大満足であった。しかもここの美術館、写真撮影は自由なのである。この大らかさも気に入った。シッタールタの仏像を含め、ギリシャ彫刻の影響を受けたというガンダーラの仏像の写真を何枚も撮らせてもらった。

しかし、このすばらしい美術品に比して、その保存状態の悪さには胸が痛む思いがした。たとえば、陳列ケースは埃だらけでペンキも剥がれているし、蛍光灯も点いたり消えたりの状態である。悲しい光景である。

その後、イスラマバードより１６０㎞の所にある岩塩高山「ケララ鉱山」を見学した。長さ３００㎞、幅8～30㎞もある「塩の山脈」の中心地ということだ。紀元前３２６年、アレキサンダー大王の軍馬がこの鉱山の岩塩を舐めたことが、この岩塩高山の発見に繋がったのだそうだ。いずれにせよ、日本の尺度では測りがたい大きさの歴史ロマン溢れる話である。トロッコ電車でガタコトと坑道の奥深くに入っていき、あたかも地下宮殿のような岩塩鉱山を見た。またそのようにもライトアップされている。白色やピンクの美しい塩の坑道の印象は忘れられない。

見学の帰りに、鉱山の近くの町でピンク色の水菓子のような岩塩を買って土産にした。

十八、イスラマバード市内見学、ロータスフォート見学

イスラマバード、パキスタンの首都である。１９４７年にインドから独立した時の首都は国の南端にあるカラチであった。しかしカラチはどこからも遠く、また気候も暑すぎるということで、１９５８年に遷都が決定され、ここイスラマバードに新都が建設された。だから町は碁盤目状に整然と区画され、各街区はローマ字と数字の組み合わせで表示されている。広々とした道路の両側にはジャカランダやハイビスカス等の木が植えられている。それらの開花時期はさぞかし美しいのであろう。しかし、今は花もなく、しかも折からの雨模様で、町の整然さがかえって淋しさを催させている。

市内見学は、バスの車窓からだけであった。時間が無かったこともあったが、主な理由は危険だからということであった。少し前に、主に外国人記者等が宿泊する大きなホテル「マリオネット・ホテル」が、自爆

テロによって破壊されたマリオネット・ホテルの残骸

テロによって大きな破壊をうけたからである。我々もそのホテル及びその残骸を見たが、テロの規模は相当大きいものであったことが想像された。このようなことも影響してか、ここが首都かと思うほど町全体が深閑としていた。大統領官邸も遠望したが、そこに通じる道路上にはバリケードが設置され、銃を持った数人の警察官が警備に当たっていた。山の手のほうにあるアジア最大規模のモスク、「シャー・ファイサル・モスク」を遠望したが、それは真っ白な巨大なモスクであり、サウジアラビアのファイサル王の資金援助で建設されたのだそうだ。このモスクの地下にタリバーンの巨大秘密基地があるとの噂があるとガイドから聞かされて笑ってしまった。

イスラマバードから約2時間行った所に、世界遺産にもなっている「ロータス・フォート」という巨大な城塞がある。その間、車窓にパンジャーブ州の広々とした景色を眺めながら行った。テロなどとは無縁のようなのんびりとした風景が続いていた。途中で一寸した田舎町のバザールでひよこ豆を塩で煎ったものを買って食べたが、香ばしくていいにおいがして美味かった。また、長閑《のどか》な村の中の小さな聖者廟も見学した。時々、高い煙突のある煉瓦工場も目に入った。そうこうする内に遠くに目的地「ロータス・フォート」が見えてきた。

到着は11時。ここは、ムガル帝国時代、第2代皇帝フマユーンに勝利し、短期間だが帝国を奪取したパシュトゥーン系の王「シエール・シャー・スーリ」が、凶暴な中央アジア遊牧民族の侵入を遮断するために1540年に造った城塞だと説明された。周囲約5㎞で、川に面した部分だけでも1㎞以上あるそうだ。難攻不落だったそうである。今や、その中に遊牧民が住み着いてロータス村という村を作っている。たしかに、農家もあり牛や羊がのんびりと草をはんでいたりと村そのものであった。

ここも、我々以外ほとんど観光客は見あたらず、それだけに深閑とした中でこの城塞の広大さを堪能することが出来た。

帰り道、あるバス停で人だかりがしていたので行ってみたら、大道芸人のおじさんが猿と羊を使って曲芸をさせていた。なかなか思うようにいかず、その度に観客から笑いがこぼれていた。旅の思い出に相応しい光景であった。

秘境の小チベット、ラダックの旅

期　間　２００９年４月29日～５月６日（８日間）
旅行先　インド（カシミール州）

（２０１４年３月執筆）

アフガニスタン
カシミール
中華人民共和国
パキスタン
ネパール
インド
バングラデシュ
ミャンマー

一、はじめに

西遊旅行社は、いわゆる秘境といわれる国や地域や、外務省が政情不安な危険地域と指定している所にもギリギリ企画を組んでくれており、私のような「一寸冒険」を求めている旅行好きには有り難い旅行社である。チベットは、いつかは行くべき所と思い定めていた。以前、河口彗海や多田等観などの旅行記を読んで、「秘境チベット」がいたく心に刻まれていたからである。しかし、私の外国旅行はヨーロッパから始まったものだから、チベットにまで到達するにはそれなりの時間がかかった。また、チベットというからにはラサの「ポタラ宮」が最大目的であり、そこに行くにはやはり相当の体力、気力を要するものと考えていた。しかし、2006年には青海省清寧からチベット自治区ラサまでの鉄道が敷かれ、観光客も大勢行くようになり秘境のイメージは薄れていってしまった。加えて、2008年の北京オリンピックの年にはラサを中心にチベット人による暴動が起きて、その背景には漢民族によるチベット自治区への経済的侵略があり、チベット人には西蔵鉄道は「チベット侵略鉄道」であると認識されていると聞き及ぶに至り、チベット行きへの熱情は醒めていった。

しかし、チベットには「西チベット」とか、「小チベット」とか呼ばれる地域があり、それがインド領内にあることを知り、しかも、今ではそこが最もチベットらしい文化を色濃く残す秘境の地であると知るに及び、俄に行く気を催してきて行くことにしたものである。

二、天空の町、レー

訪れた先は、インド最北の地カシミール州のラダック地方であった。そこは、ヒマラヤ山脈とカラコルム山脈との間に挟まれた山地の奥深くにあり、大河インダス川の上流に当たる地域だ。中華人民共和国と国境を接しアフガニスタン北部にも近い。

デリーから飛行機で1時間半、我々はそこの山間に開かれたかつての「ラダック王国」の首都「レー」の町の小さな空港に降り立った。当日は午前2時起きで眠く、さらに突然標高３５００ｍの町に降り立ったものだから、頭は重く体は地に定まらない感じであった。

しかし、突如ひんやりと引き締まった清涼な空気に触れ、遠くに白銀を戴いた山脈の雄大な景色に接した瞬間、眠気はたちまちのうちに覚めて心身共にシャキッとしてきた。

ホテルは思ったより洋風で清潔でしっかりとした木造2階建てであった。着くと、宿の若い娘さんから、歓迎の印に「カタ」と呼ばれる極薄の白いスカーフを首に懸けられた。

まずは参加者一同ホテルの前庭の日だまりで、ウエルカムドリンクのお茶を飲みながら顔合わせをした。いつもながらこの旅行社のツアーには私と同じ一寸冒険好きの人が多い。だから、いろいろ情報交換しながら以後の行き先を決めるのにも都合がいい。

当日は、高度順化のために「1日ゆっくり休むように」とのガイドの指示であった。但し、深呼吸しなが

ホテルの前庭でウェルカムドリンク

らゆっくり歩く程度なら可という。その時には、まだ特に頭痛などの高山病の症状は出ていなかったので、ホテルの周りを散歩することにした。

標高3500mの高地、その分天に近く空気が澄んでいる。近景も遠景も山に囲まれ、空にはぽっかりぽっかりと真っ白な雲が浮かんでいる。風もなく音もなく真に長閑である。ホテルの近くには、我々のホテルと同様の民宿といった方が相応しい木造ホテルが点在し、その他は畑と点在する農家だけである。いたるところにポプラの木が植えられていて、その黄緑色がどちらかというと荒涼とした風景に早春の彩りを与えている。また杏の木も多く、丁度花の真っ盛りでそのピンク色が風景全体に柔らかさを添えている。

このような中を、ガイドに言われたとおり深呼吸をしながらゆっくりゆっくりと歩いていった。足はふらついた感じであるが、まだ頭痛はなかった。

三、レーの町のバザール見物

レーの町のメインストリート

次第に自信がついてきて、昼食後はラダックの中心の町レーの中心部まで足を延ばすことにした。といっても、ホテルから徒歩で30分くらいの所である。

町に入ると、道路を跨いであたかも万国旗のような5色の「タルチョ」がはためいている。タルチョとはチベット仏教の祈祷旗のことで、巡礼路や峠や橋に、また家の屋根に懸けられている。旗が1度風にはためくと1度経文を読んだと同じ効果・功徳があると信じられている真に有難い旗なのである。それ故、風にはためくタルチョは、チベット中どこに行っても目にするチベットの象徴的な風景である。

メインストリートはメインバザール通りとなっている。２００ｍほど続きその両側は日用品、土産物屋や飲食店などの商店街となっている。いずれも3階建て

「旧レー王宮」

の日干し煉瓦造りの建物である。シーズンオフなのか観光客らしい人は見あたらず、その分いかにも旅行者然としてカメラをぶら下げ珍しげに辺りをギョロギョロ見回している私が目立ったらしく、あちこちの店から声をかけられた。片言の日本語をしゃべるある土産物屋に入ったら、「カシミヤ、カシミヤ」などと言って何枚ものスカーフを手に取らされ、ついに買わされてしまった。なかなかの商売上手である。

さらに、その先を行くと今度は平屋の商店街の続く下町のバザールとなっている。地元の人で賑わっている。路上でもおばさん達が、自分で収穫した野菜や果物やペットボトル入りの白濁した飲み物を売っている。民族服姿で、杏やカシューナッツなどのドライフルーツやナッツ類を麻袋に入れて路上に並べている姿にはエキゾチシズムが駆り立てられる。町中からは、上方にポタラ宮に似た宮殿を仰ぎ見ることが出来る。「旧レー王宮」である。荒れたままに放置されている感じである。夏場のみ開館するとのことだった。

少し登ったところにある古い街並みの中に入って行ったが、そこではチベットの日常生活が垣間見られた。路上で子供達が走り回っていたり、数頭の犬がじゃれ合っていたり、牛が堂々と歩いていたり、お年寄りが家の前に椅子を出しておしゃべりをしていたりと、歩いていて興味が尽きなかった。牛を除けば私の子供時代にもどこにでも見られた風景でもあり懐かしかった。

当日は、旅行初日の昂揚した気持ちを抑えきれず、ガイドの忠告も忘れて歩き回ったせいか、夕方から頭が動悸に合わせてドクンドクン状態になっていった。これは明らかに高山病の兆候である。この時から旅行半ばの3日間は、孫悟空の頭に巻かれた金環のように、締め付けられるような頭痛に悩まされた。

四、ゴンパ（チベット僧院）に衝撃

観光の中味は一口に言ってゴンパ（チベット僧院）巡りである。訪れた僧院の名を挙げると、レーを基地にして行った僧院は、ヘミス僧院、ティクセ僧院、スピトゥク僧院、ラマユル僧院、それにシェー王宮。レーから西に67㎞行ったアルチを基地にして見たのがアルチ僧院、リゾン僧院、ツァツアプリ僧院、リキール僧院、ピヤン僧院であった。その一つ一つを紹介するのは、この際そう意味のあることとは思われないので、僧院全体の特徴や印象を述べてみたいと思う。

ヘミス僧院

僧院の後の斜面には坊さんの住居が

たいていの僧院は岩山の上に建っている。そして、近くに川が流れ畑もある所が多い。これは、僧院が単に信者の信仰や祭儀の場というだけではなく、僧らの生活の場でもあり、教育の場でもあるからで、ある程度の自給自足生活を可能にする必要があるからであろう。我々も、今でも昔ながらに僧院で生活している僧侶やそこで学んでいる小坊主に合った。たとえば、ラダックで最大の「ヘミス僧院」は岩山を背にして大きな僧堂があるが、その近くには坊さん用の住まいが数多く建てられ生活しているのを見た。

どこの僧院内も薄暗く、明るい表から急に中に入ると目が慣れるまで一寸時間がかかる。正面に向かって2列の長椅子が縦に並べられ、そこに坊さんが何人も座り読経

極彩色の仏画

男女交合神（歓喜仏）

をする。正面には彫像の仏像や祖師像が安置されており、四方の壁は金色、朱色、紫色、緑色など色鮮やかな原色で描かれた仏教壁画でびっしりと埋め尽くされている。柱には「タンカ」と呼ばれる仏教画が掛けられている。日本の寺院の侘びさびた雰囲気とは様相を全く異にする。異様な面容の憤怒像、男神が女神を抱く歓喜仏、チベット仏教の神髄を現すという曼陀羅図等々、そこにはめくるめくような濃厚な仏教世界が展開されているのである。私にとってこれは衝撃的な体験であり、いささかなりとも理解しようと旅から帰った後チベット仏教や密教についての本に当たってみたが、未だ茫洋として捉えがたい。ただ、男女交合神の存在は、以前行ったインドのヒンドゥ教寺院「カジュラホ」の官能美溢れる

「ミトナ神」を想起させ、その大らかさには大いなる共感を覚えたことだけは確かだ。

また、どこの僧院にも高僧の座る席の近くにダライ・ラマ14世の写真が置かれており、彼がいかにチベット仏教徒から慕われているかを垣間見ることが出来た。

なおダライ・ラマ14世はチベット仏教の最高指導者でありチベットの君主であったが、1956年に勃発した「チベット動乱」（チベット人による抗中国独立運動）後1959年にインドに亡命して以来「ダラム・サラ」で樹立した「チベット亡命政府」の国家元首であり世界中に散らばるチベット民族に対して政教両面において指導的立場、象徴的立場にあった。しかし、2011年、自身の政治的権限の委譲を表明し、今はチベット人の精神的指導者である。1989年にはノーベル平和賞を受賞している。

このような僧院が、その土地々々の自然を背景にして地域に根差して建っている。その一つ一つの印象が、今もはっきりと眼底に残っている。

五、圧倒的な大自然

この旅のもう一つの魅力は、圧倒的な大自然の姿である。前述の各僧院を4日間かけてバスで巡った訳だが、その間、車窓から見、また途中下車をして眺めた風景は私を圧倒した。前述のとおりそこは平均標高が3500mの山岳地帯。広さは日本の6分の1くらいで、それがヒマラヤ山脈とカラコルム山脈の大山脈に

ザンスカール川とインダス川の合流点

囲まれている地域なのである。降雨量は年間80㎜程度という。これだけでも荒涼とした圧倒的な大自然の姿を想像していただけると思う。特に印象に残った風景を挙げてみよう。

まず、レーを出てヘミス僧院へ向かう途中、トイレ休憩をした時の道路から見た景色である。道路は、遠く真っ白な雪を戴いた連山に向けて比較的整備され、舗装道路がまっすぐに延びている。文字どおり天空を走る道路であり気持ちのいいことこの上なし。しかし、ほとんど車の行き交うこともないのに何故こんな立派な道路をと思ったが、疑問はすぐ氷解した。そう、ここカシミール地方は、対パキスタン、対中国との間でもまだ国境の定まらない地域を残す緊張地帯であったのである。この道路はいざというときのための軍用道路なのである。そう言えば、レーからアルチへ向かう途中、何十台もの軍用トラックが通りすぎるのを待たされたことがあった。また時折、軍の駐屯地も目にした。単に、清々しい高山道路ではないのだということを印象に刻んだ。

天空の道路は例外で、むしろ断崖や峡谷の中を行く方が多い。もちろん、日本のような落石防止のための設備などは無い。道路は谷底を走ったり、山の斜面をカットした所を走っていく。そのような中で落石や道路の崩落があったり、運転手が運転を一寸誤ったら一巻の終わりである。その内でも特に緊張したのは運転であった。私の乗ったオフロード車の運転手の腕なのか、古い車の癖なのか、左に急カーブする場合にはいつも曲がりきれず、1度停車して後退してから曲がり直すのである。その度にガードレールなどない断崖絶壁を眼前にして肝を冷やしどおしであった。

もう一つの感動は絶景に出会ったことだ。レーよりアルチに向かう途中、インダス川とザンスカール川の合流点を見た時である。まだこの当たりは源流部に近く大河にはなっていない。両川とも大きな山間をくねるように流れてきてここで合流する。何故か水の色は乳緑色である。ザンスカール川の上流部分に目をやると、峡谷の遥か彼方に真っ白なザンスカール山脈の偉容が一瞥できる。しかし、ザンスカール川の名はここで消えてインダス川1本となる。この大自然の織り成す絶景には言葉も無く、ただただ圧倒されるばかりであった。

六、秘境の酒「チャン」

ラダックのビール「チャン」

アルチはレーから西76kmのインダス川沿いのオアシス村である。杏とリンゴの木が多いとのこと。人口は700人。夕方5時着の予定が、到着直前で道路工事にぶつかってしまい、結局大きく迂回して行く羽目となり、到着は7時半となってしまった。ここのホテルも民宿のような家族経営の小さなホテル。シャワーのお湯が出ないといった不都合はあったが、これは想定の範囲内。

ここで嬉しかったのは、地酒チャンが飲めたことであった。高山病もようやく治まってきて、そうなると、あのレーのバザールで路上のおばさんが売っていたペットボトル入りの白濁した飲み物が思い出された。直感で、「あれはドブロクのような地酒に違いない」と思っていたが、それはここでもあるはずだと確信した。そこで添乗員に、ホテルに言ってあれば出してほしいと頼んでもらった。直感は的中、それはチャンという名の「ラダックのビール」の異名を持つ地酒であった。「ホテルにはないが、造っている人がいるので買ってきてもらえる」ということであった。これには、感謝感激雨霰であった。行った国々で、その国の地酒を飲むのは私の趣味の一つである。度数は低いが酸味が強くさっぱりとした味で大いに気に入った。真鍮製の専用の酒器もあったから、チベットでは広く飲まれている酒と見たが、残念ながら土産としては売っていないということであった。飲み終わった頃には、チャンの効能か頭痛はすっかり治まっていた。有り難いことである。

七、秘境の村、アルチ

アルチは小さな村である。ホテルを出て20～30分も歩けば村の入口（出口）に到達する。そこには、あたかもここが村内・村外の結界とばかりに赤と青の大きな2本の旗が立っている。道路の両側には日干し煉瓦に漆喰を塗りつけたような古く四角い家が点在している。道路からはインダス川に向かってゆったりした段々畑が広がっている。遠く見やると万年雪を戴いた山々が見渡せ、その手前には赤茶けた不毛の岩山が連なっている。そのような大風景の中、アルチ村だけがポプラや柳や畑の緑に彩られている。要するところ、原生自然の空、山、川とその中に畑、家、木々が長閑に配置されていて、否応なしに郷愁感に誘われてしま

僧院の庭掃除をしている女性たち。帽子と背負っている入れ物が特徴的

う風景なのである。

朝食後、一行で村内の由緒ある「アルチ僧院」を見学した。平地にあり、この地域では最も古い僧院ということであった。印象深かったのは古い3層堂に安置された3体の大きな如来や菩薩の仏像であった。何れの像も、その両足にピッタリとはり付いた僧衣にサイケデリックな細密画が施され、仮にこれを今時の若い娘さんがこの柄のパンツを履いて町を闊歩したら、受けること間違いなしであろうと思った。日本の仏像とは月とスッポンの違いの派手さである。また、別の堂では「砂曼陀羅」を見た。曼荼羅とは、チベット仏教の尊格や教義や世界観を図式化したもので、それを色つきの砂で描いたのが砂曼荼羅である。ゴンパの重要な儀式、行事の一つということだ。赤、青、黄、緑などの鮮やかな色砂で4日も5日もかけて描かれる。だが儀式が終われば壊してしまうという。諸行無常ということか。我々が見たのは観光者用に残しておいたの

であろう。

僧院には、ぞろぞろと村人が集まってきて庭掃除をしていた。当日は日曜日で部落総出の掃除の日であった。印象的だったのは、お年寄りの人が着ていた民族衣装である。特にお婆さん方が被っていたシルクハットのように高い帽子と背中に背負っていた可愛く洒落た物入れはいかにもチベットの民族衣装という印象であった。

見学後は自由行動となったので、散歩に出かけた。人も少なく物音も聞かず真に静かであった。境内で遊んでいた子供らの写真を撮ったり、農家の庭で草を食むヤクを眺めたり、共同の水場でペットボトルに水を汲む少年に声をかけたり、道路沿いにあった大きなマニ車を回してみたり、畑仕事をしている母子を見て昔の自分を思い出したりと、心底のんびりとした風景の中で懐かしい時間を持つことが出来た。もはや、高山病の症状も１００％消えていて、気分も爽快であった。

八、可愛い小坊主

山奥の山の上の「アルチ僧院」に行ったとき、２人の小坊主に会ったが、その可愛さが忘れられない。そこは、修行目的のゴンパで、僧が30人、小坊主が20人住んでいて、厳しい修行をしているということであった。

２人の小坊主は、１人が６歳で、１人が７歳であった。頭はくるくる坊主にされており、それぞれ一人前

6歳と7歳の小坊主

にえび茶色の僧衣を着ている。標高も高く結構寒いのに、下着1枚に僧衣だけで特に寒さを感じている様子もなく我々の後に先についてきた。カメラにも物怖じせずに応じてくれて可愛いことこの上ない。チベット仏教の僧は、このように子供の頃から大人になるまで厳しい修行を続け一人前の僧になっていくとのことだが、ついつい日本の坊さんと比べてしまい、忸怩たる思いをした。

子供が可愛いのは万国共通で、アルチからレーに帰る途中に立ち寄った小中学校の生徒達も可愛かった。我々のような外国人が珍しいのか、校長先生が率先して授業風景を見せてくれた。やはりここでも私は、子供の頃の分教場の教室を思い出して懐かしむことが出来た。ただ一つ違うのは、こんな山奥の秘境の学校にも、1部屋だけコンピュータルームがあって、1台だけパソコンが設置されていたことだ。校長先生は、これを自慢していた。

レーのホテルで、最後の夜、その庭で民族舞踊が披露された。その夜は寒かったが、雹が降る中、太鼓やラッパの伴奏で村の男達や女達が一生懸命踊ったり歌ったりしてくれて、心を打たれるものがあった。「最もチベットらしいチベット」の意味を体感できて、印象深い旅であった。

冬の新疆シルクロードの旅

期　間　２００９年12月26日～２０１０年１月３日プラス１日
旅行先　新疆ウィグル自治区

（２０１４年12月執筆）

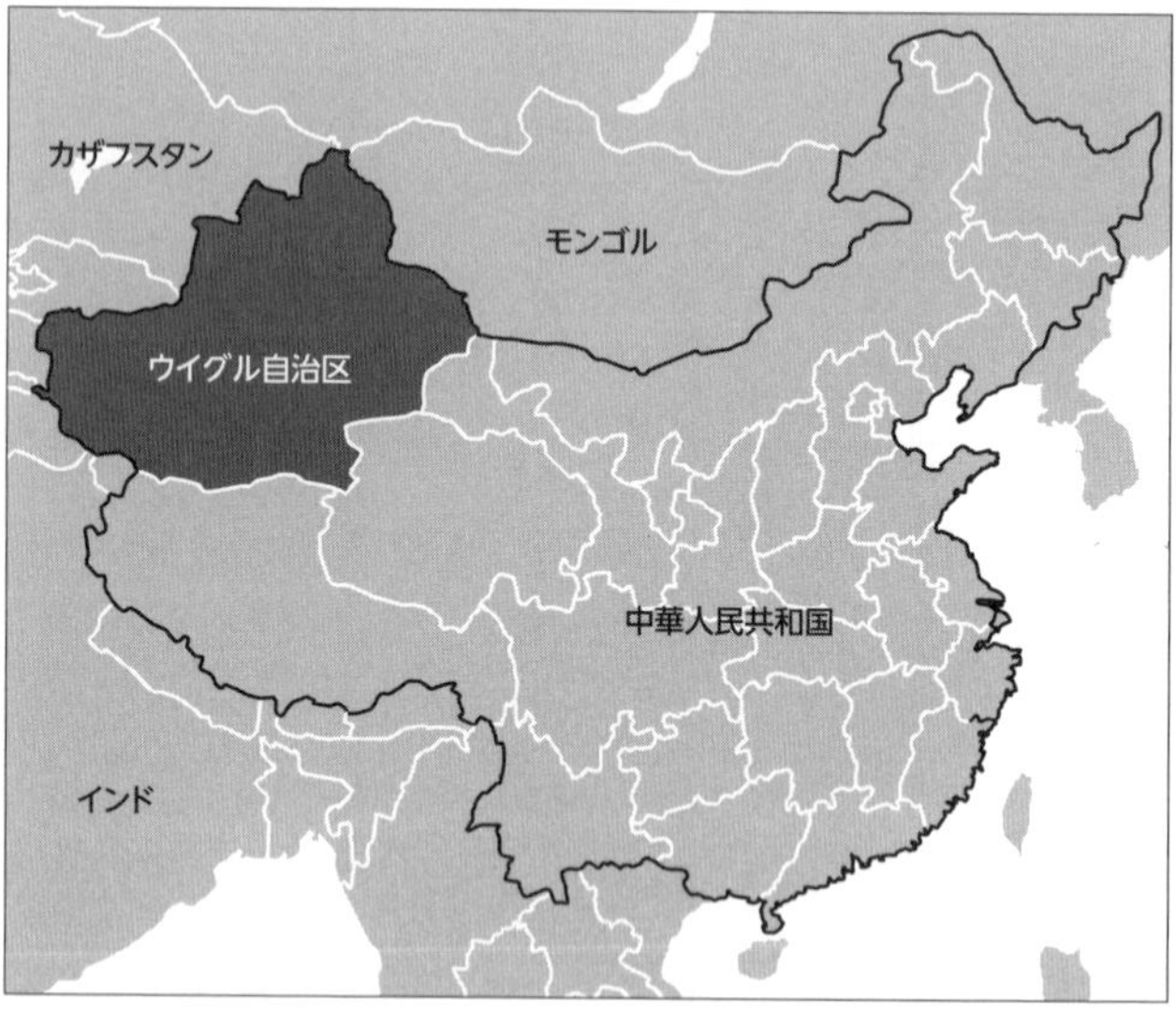
カザフスタン
モンゴル
ウイグル自治区
中華人民共和国
インド

一、憧れのシルクロード

昔『憧れのハワイ航路』という歌があったが、私にとってシルクロードは「憧れのシルクロード」であった。もう30年以上も前になるが、『NHK特集　シルクロード』を見ていた。砂漠を行く隊商の映像をバックに、喜多郎のノスタルジックなシンセサイザーの音楽で始まるものだ。スタインやヘディンや大谷探検隊以来、外国人が入ったことのない地域というのが売りであった。加えて番組では「流砂の道」「幻の楼蘭」「楼蘭の麗人」「さまよえる湖　ロプ・ノール」「天山山脈」「コンロン山脈」「タクラマカン砂漠」「ウルムチ」「カシュガル」「タシケント」等々の言葉や、砂漠の中の数々の遺跡や寺院石窟、ラクダやロバ、バザールの賑わい、イスラムの礼拝等々が映し出されていた。これによって私は、すっかりエキゾチシズムを掻き立てられ「憧れのシルクロード」となってしまった訳である。

しかし、当時はまだ、自分がそこに行けるなどとは思ってもいず、せめてNHKの出版した本を読んで満足していた。そして、２００９年7月、新疆ウィグル自治区ウルムチで、漢族とウィグル族が衝突する大規模な騒乱が起きて、その模様が連日のようにマスコミで報道された。中国当局の発表でも死者約２００人、負傷者１７００人余りとされ、「世界ウィグル会議」によれば死者約８００人とされている。この報道を見て、「あの憧れの土地が！」という思いと憂いが湧いてきて、「行ってみよう。今行くのが一番だ！」と思い、外務省の「渡航の延期をお勧めします」との情報よりも「今行きたい」との気持ちのほうが勝ったものである。

いつものことながら、いろいろなものを見て聞いて食べて写真に撮って、異国情緒が大いに満たされる旅となった。

二、新疆ウィグル自治区基本情報

中華人民共和国の西端にある自治区で、その西は中央アジアの国々（カザフスタン、キルギス、タジキスタン、パキスタン）と国境を接している。ウィグル族の民族自治区であるが、漢族、カザフ族、キルギス族、モンゴル族などが居住する多民族地域である。しかし、漢族の大量入植が進んでおり、ウィグル族を越す勢いである。その中で両民族の経済格差も拡大し、また、ウィグル人固有の文化的、宗教的権利が尊重されていないとするウィグル住民の不満が爆発し、それが遠因となって先の騒乱が発生したと言われている。

自治区の総人口は１９６３万人余り（２００４年）。面積は１６６０万㎢（日本の４・５倍）。面積の４分の１は砂漠（タクラマカン砂漠）が占めている。省都はウルムチ。

三、空港は厳重チェック

夕方、天山山脈の山並みを眼下に見ながらウルムチ空港に到着。空港は全くの雪景色で、気温は零下21度と酷寒の中にあった。前日に雪が降ったそうである。予想どおりの寒さ。しかし、昔スキーの時に使ったラクダの下着を着込み、予めダウンコートも用意し、携帯カイロも準備していたので寒さ対策は万全。寒さというよりは乾燥した寒気にピリッと身が引き締まる感じは悪くない。逆にこの時期、寒さのため観光はオフシーズンで、どこに行っても旅行客は我々のみで、どの有名な観光地でも我々の独占状態でこの点も悪くはなかった。

ウルムチは天山山脈の北側にある。天山山脈の北は雪が降るが、南は乾燥地帯で雪が降らない。海抜900m。近い海でも2200㎞も離れ海から一番遠い町である。石油、石炭、天然ガス、牧畜、農業が主産業である。漢民族が増え続け人口の76%を占めるに至った等々。現地のウィグル族の日本語ガイドから聞いた話である

ホテルに着くと、客は余り見当たらず制服を着た多数の警察官が詰めていた。まだ、ウィグル族の騒乱に備えているのであろうか。浮いた旅行気分に水を差され一寸した緊張感が走ったが、夕食の時間になり、なんとここでワインが飲めると知って緊張は急に解《ほぐ》れていった。

四、家畜市場

翌日の早朝、ウルムチの国内線空港に直行。北京空港でもそうだったがウルムチの国内線空港でも手荷物チェックは厳重を極めた。水物は目薬さえダメ。金属探知器も敏感そのもので私の場合股間にまで反応し（あるいはファスナーに反応したのか）、頭の先から足の先までボディチェックを受けた。これもウィグル自治区の政情不安の現れかと納得したが、余り気分の良いものではなかった。

ウルムチから最初の観光地カシュガルに向かったが、機上から天山山脈をカメラに収めた。昔、学校でシルクロードは天山山脈で「天山北路」「天山南路」に分かれる、正倉院にあるペルシャのガラス器や琵琶も奈良時代にその道を通って運ばれてきたものだなどと教わったが、その頃その現地に来られるなどとは想像出来なかった。この点では、戦後日本の経済発展には感謝である。そんなことを思いながらその偉容をカメラに収めた。カシュガルは中国西端の町である。海抜１３００ｍ、人口43万人。ここは、イスラム教徒のウィグル族が多数を占めている。そのせいもあろうが、その町の名も含め異国情緒の溢れた町である。最初の観光は、カシュガル郊外の家畜市場だった。１週間に１度開かれる日曜市だった。市場といっても、特にそれらしい建物がある訳ではなく、だだっ広い広場に羊、山羊、ロバ、牛、ラクダの取引場が分かれてあるだけである。特にセリ場のような場所はなく、売り買いは直接交渉であった。ロバの売り買いの場面を見ていたが、ロバの売り手の周りには数人の男が集まり、何やら真剣な面もちでやりとりをしていた。交渉決裂か売

数珠つなぎにされた羊

り手は「そんな値では売れない」といった表情でその場を一度離れたが、再び大声で呼び戻されてまたやりとりをし、ようやく交渉成立してか現金をやりとりしていた。ちなみに、ロバ1頭の値段は750元（1万500円）くらいとのことであった。

印象的だったのは羊であった。何十頭もが横一列に紐で首を繋がれ、ということは尻も横一列に並んでいる訳である。尻は肉付き良く丸く二つに割れていて、女の子のお尻のようでとても可愛らしい。夏にいっぱい餌を食べて栄養分をため込み、冬に備えるとのことであった。尻は脂肪分たっぷりで、シシケバブ（串焼き肉）の場合にはこの部分と肉の部分を交互に串に刺して焼く。旅行中何度か食べたが、この脂身と肉のバランスはピッタリで文句なしに美味であった。

市場の一方の側には食べ物屋が並んでいる。家畜市場だけに、羊が丸裸にされたものが店の前に何頭もぶら下げられ、それを一口大に刻んで串に刺してケバブにしたり、細かく刻んで小麦粉の生地で包んで焼くサモサにしたりして売っている。当然、ナンやスープも売っている。よく練った粉を棒状にして振り延ばし、二つに折ってまた延ばして次第に細くして麺にする蕎麦屋もあった。刻みたばこの量り売りの店もある。どの店のおじさんやお兄さんもみんな元気で愛想がいい。カメラを向けるとポーズまでとってくれる。

観光の第一歩がこのような地元の人との好もしい出会いであり、以後政情不安のことなどすっかり忘れてしまった。

五、日曜大バザール

旅行の大きな楽しみの一つはバザール見学である。バザールは市場のことだが、ペルシア語からきているせいか、特にイスラム圏では市場というよりバザールと言った方がそのイメージに合う。ここも中国とはいえイスラム圏であるからやはりバザールという言い方がぴったりである。どこの田舎町に行っても、幹線道路沿いや幹線道路から入り込んだ通りにバザールを見かけるし、大きな町に行くと大バザールと言われる大きなバザール地区がある。また、田舎に行くと日曜市とか水曜市とか週1度野外バザールが開かれたりしている。今回も、いろいろなバザールに出会った。

観光初日のカシュガルでは町中の日曜大バザールを見た。カシュガルはウルムチと違い、圧倒的にウィグ

冬中夏草

ル族の多いシルクロードのオアシス都市である。それだけにバザールでは売り手も買い手もウィグル族、売る品物も皆ウィグルの物といった感じで、異国情緒たっぷりで旅人には嬉しい。バザールの広い敷地には縦横にアーケードが走っている。各アーケードの両側には、店がずらりと並んでいて、衣類、鞄、絨毯、楽器、刃物、ドライフルーツ、土産物等々何でも売っている。珍しいものでは、「冬虫夏草」という細長いイモムシを乾燥させたような形の漢方薬があった。昆虫に寄生するキノコの一種なのだそうだ。何にでも効く万能漢方薬、不老長寿の妙薬なのだそうだ。私は知らなかったが、その価値（?）を知っていた同行者の女性は、「日本で買ったら大変な金額になるのよ」などと言いながら、目を輝かせて万札を切っていた。そのような話はなかなか信じないつまらない男の私は、土産に干し葡萄とドライトマトを買ったが、その安さに驚いた。

ロバ車の列

なお、カシュガルからヤルカンドへの移動途中、道路脇の広場で開かれていた月曜市でも途中下車をした。ここはウィグル族だけの村のバザールで、主に日用雑貨や日用衣類や野菜などが中心であった。四方どこを見渡しても地平線という大田舎のバザールは真に長閑で昔懐かしさが漂っていた。私はここで孫の日和ちゃんと仁平君の土産に手編みの毛糸の帽子を言い値で買った。ちなみに、ここでは白菜は8 kgで5元（70円）、トマトは1 kgで1元（14円）という世界であり、値引き交渉をする気にはなれなかった。

ホータンからタクラマカン砂漠を越えてクチャに至る途中、チマン村の水曜市にも偶然出会い、ここでも途中下車。ローカルな国の旅では日程も窮屈ではなく、このように臨機応変に対応できるのが嬉しい。ここは前の村よりは規模も大きく、その広々としたバザールは、それまでの荒涼とした平原の静かさとは打って変わっていかにも市場らしい活気に満ちていた。バザール脇の幹線道路には沢山のロバ車が売り物や買い物を積んで、列を成すように行き来していた。このあたりでは、ロバ車が基本的な運搬手段であるようだ。バザールでは日常生活に欠かせない何でもが売られている。珍しい食べ物では、焼きタマゴの串焼き、薄くて大きなナン、ザクロジュースなどが売られていた。ここではナンを土産に買い、羊のシシケバブと焼きタマゴの串焼きを食べて旅を味わった。

六、エイティガール・モスク～職人街、旧市街見学

日曜大バザールを見た後、カシュガルの町の中心にある「エイティガール・モスク」を見学した。1442年創建の、新疆ウィグル自治区最大のイスラム寺院である。ガイドブックによれば、南北140m、東西120mあるそうだ。モスク前の広場も広大である。しかし、その広さに比して人は少なく閑散としていた。モスクの正門は黄土色をしていて、左右に2本のミナレットが建っている。このミナレットからは、毎日5回の礼拝の時刻になるとアザーンが流れ信者が集まってくる。

門を潜ると、中は深閑としていかにも祈りの場の雰囲気であった。それまで見たイランやトルコやパキスタンなどのモスクに比べると、ずっと地味でローカルな感じである。寺院内部には庭園や礼拝堂がある。イスラム教の大きな祭日には、ここに2万人、3万人と信者が集まるというが、当日は閑散としていて、礼拝堂の絨毯が敷かれた廊下では信者が3人熱心に祈りを捧げていたのみであった。

礼拝堂見学後、ガイドから祈りの仕方を教わった。立ったり座ったり、額を床につけたりと、なかなかの運動量である。複数の人がいれば、肩を接するくらいの感覚で横並びに座り、一斉に同じ動作で祈りを捧げる。これだと自然、宗教的連帯感が生まれるであろう。イスラム教の強さの一端を見た思いであった。

寺院の近くには古くからの職人街がある。モスク見学と違って、興味津々、ワクワクの見学である。エイティガール広場から西方に路が延びて、途中南方に折れ曲がってそこからまた路が長く延びていて、その道の両側はあらゆる職種の職人の工房等が連なっている。客の便宜を考えてか、何軒か同一職種の工房が軒を並べ、また別の職種の工房へと移っていく。帽子、アクセサリー、アンティーク、木工、銅製品、金物、刃物、楽器等々があり、その他にも歯医者、診療所、食堂、肉屋等も混じっている。金槌で鉄や銅を打つ音、グラインダーで刃物を削る音、かんなで木を削る姿、炭火の熱で木を曲げている姿等々、家内工業がそのまま息づいている。

また、沿道の露店では、ハミ瓜、蜂蜜、ザクロジュース、ミントジャムなどが売られている。私はハミ瓜を食べ、ザクロジュースを飲み、蜂蜜、ミントジャムを土産とした。因みにハミ瓜は新疆が原産だそうで、形は楕円形、表面に白っぽい筋が入っている。露天で切り売りをしていたのを食べたのだが、肉質はオレンジ色で、いかにも瓜の香りがして甘みが強く美味かった。しかも安い。ハミとは地区の名である。

日本でなら、昭和の初め頃の中小都市の一角の職人街といったところだが、このような家内工業的な仕事で生活が成り立っている。とても羨ましい気がした。

しかし、現実はそのような無責任な旅人の感傷などお構いなしに、古い街並みはどんどんと取り壊され新

「エイティガール・モスク」前の広場は大きい

ハミ瓜

ホータン製赤ワインにご満悦

しい街並みに変わっていく運命だ。ガイドがそう言っていた。それが漢民族の経済侵略にならなければよいのだが、現実はそうらしい。前述のウルムチでの大騒乱の遠因にはその現実があることは間違いないのであろうと思った。

日が傾いた頃に、職人街に近接する旧市街見学に移っていった。日干し煉瓦造りの古い住宅街である。所々に小さな店もある。子供がお婆さんに連れられて買い物をしていた。元気な子、可愛い子、きれいな娘さん等が目に付いた。所々、戸口のドアーに「文明家庭」とか「平安家庭」という表札が貼られているのが目に付いた。行政による表彰の標だという。後者は、犯罪者を出さない家庭という意味だとガイドから聞いたが、そんな当たり前のことが表彰されるということが、逆に行政当局に反抗したり、不服従の態度を示したりしている住民が相当多いのだろうと勘ぐってしまった。

その町でも相当裕福そうな大きな家を見学させてもらった。ガイドが交渉して了解してもらったものだ。台所、リビングまで見せてもらった。支配者側の強面と違ったウィグル族の気さくさ、ホスピタリティーに触れた思いがした。

その夜の夕食はレストランでの火鍋料理。しっかりとダシをとった大鍋に肉、魚、野菜を入れてしょうゆ味、胡麻だれ味などで食べる。比較的あっさりとして美味かった。ここではホータン製の赤ワインのヌーボーを飲んだ。味はどうであれ、日本にいては飲めないワインを飲んですこぶるご満悦であった。

七、カシュガルからヤルカンドに向けて

今日で旅は3日目、カシュガルを発って途中メルケトという町を通りヤルカンドを目指す。出発前に、泊まったホテルの裏手にある昔イギリス領事館であったという建物を見学。今はレストランになっているが、領事官時代あの有名な探検家スタインもここに泊まったと説明されたので、未だ薄暗い中、玄関で自分の写真を撮り思い出の1枚とした。

地図で見ると、カシュガル、ヤルカンド間はそう遠くは見えないが、ウィグル自治区自体が日本の4、5倍もあるのでバスで行くとなると随分と時間がかかる。真冬で木々は冬枯れて全て葉を落とし、街路樹にもまた畑にも緑は見られない。広大無辺の平原がどこまでも続き景色の変化も見られない。国道（西域南道）

は道幅も広く良く整備されている。しかし、途中から国道を逸れて田舎道に入ると道幅も狭くなった。道路両側の畑も道ばたの草もみな凍っている。しかし、川の水は流れていた。ポプラ並木が寒々しく続いている。砂ナツメの木も見られる。緑がないと言ったが、畑に目を凝らすと麦の芽が緑っぽく凍っているのを見つけた。その強さには一寸ビックリした。時折、田舎町が現れ農家が点在しているが、真冬の農閑期故か人出は見られない。

時間が経つに連れて道路の状態が悪くなっていき、バスが前後左右に大きく揺れ腰が揉まれるようになっていった。ガイドは「マッサージ道路」だと自嘲気味にいって苦笑していた。さらに進むと砂ぼこりが上がってきて、砂漠っぽくなってきた。そのような中、トイレ休憩でバスを降りて男女道路左右に散ったが、砂はパウダースノー状態で靴も砂の中に潜っていった。

メルケトの町に着いたのは14時過ぎであった。昼食は市内のウィグル族の家の大きなボタンの織物が壁にかけられたリビングで摂った。チュレチュレ（ワンタン）、カボチャの餃子、ラグ麺（炒めたトマト、ピーマン、白菜、羊肉などを手打ち麺にかけた麺）、ナン、羊のシシケバブ、ドライフルーツやハミ瓜。昼からなかなかの贅沢である。2人の美人姉妹が接待をしてくれた。少数民族には一人っ子政策は適用されず姉妹がいるということであった。

昼食後、再びヤルカンドに向けて走ったが、途中メルケト郊外のヤンタック村に立ち寄った。ここでは、世界無形文化遺産にも登録されているという「ドランムカム」というウィグルの民族楽器による民族舞踊見学とロバ車での村内見学をした。

ドランムカム

ドランムカムは村の集会所のような所で行われた。添乗員の解説によれば、ドランムカムとはウィグル族の歌と踊り、そして民俗的、古典的な音楽の集合体で、その内容や舞踏形式、音楽形態、使用楽器の多様性が特徴とのこと。歌や韻やリズムなどが様々で、ソロで歌われることもあれば、グループの場合もあるということだ。恋人への想い、喜び、悲しみ、苦しみ等が歌われることが多いそうだ。

我々のために、村のあちこちから10数人のおじさんおばさん達が集まってきてくれた。本当は結婚式とか農閑期に民族衣装を着て演奏したり踊ったりするのだが、当日は突然であり普段着のままであった。珍しい弦楽器や手で叩く太鼓の伴奏と踊りで、大きな赤い絨毯敷きの舞台は盛り上がった。演奏者の中に双子のおじいさんの奏者（ユセンヤッャさんとアッセンヤッヤさん）がいて、日本にも来たことのある有名な奏者だと紹介された。1時間足らずの間であったが、ウィグル族の懐かしさの漂う歌や踊りに直に接し、ウィグル族の心にも接することが出来たように感じた。

今度は、4台のロバ車に分乗して村内巡り。それまでドランムカムを演奏してくれていたおじさん達がロバ車を運転してくれた。村内の道はどこも両側にポプラが植えられているが、真冬の乾季であり砂埃が舞い上がる。畑を見霽《みはる》かすと、前にも述べたが、夜は零下20度にもなるというのに、麦畑では麦の芽が出始めていてそこだけはうっすら緑色を呈していた。時期的には寒々しい村であったが、ドランムカムと共に暖かい村として深く記憶に残った。

移動中、カラコルム山脈から流れ下りタクラマカン砂漠の西部から東部へと流れる大河ヤルカンド川を渡った。川はその先タリム川に合流する。砂漠の大河、我々にとってはこの異風景には心を揺さぶられる。

しばらく走ると、道路に行き交うロバ車の車列が一杯見えてきたので何かと思ったら、市場への行き帰りのロバ車であった。ウィグル族の村では週に一度定期市が開かれ、当日はその地域の定期市（月曜市）であったわけだ。その様子は既に述べたとおり。都会のバザールと違ったこの農村バザールは民族色も豊かであり、大いに旅情を誘われた。

夕暮れ時、夕日を目にしながら延々と続く畑作地帯をひた走り、ヤルカンドのホテルに着いたのは午後8時となっていた。夕食では、新疆ビールと地元の赤ワインを飲んだ。

八、ヤルカンド〜ホータン

本日は一路西域南道をひた走り、タクラマカン砂漠と崑崙山脈に挟まれたオアシス都市ホータンを目指す。このルートには2〜3年後に高速道路と鉄道が走るということで、当時建設の真最中であった。崑崙山脈の南はチベット自治区である。何だか我々は西域中の西域に来ているのだという実感が湧いてくる。チベットへの道へと続く葉城（カルグリク）を過ぎると、荒涼とした砂漠が現れてきた。その辺りは、タクラマカン砂漠の西端に当たる。いよいよ我々はタクラマカン砂漠に入ってきた訳だ。

途中のドライブインで昼食。ポロ（羊肉、人参、タマネギ、干し葡萄、ナツメの炊き込みご飯）を食べた。米ということもあり全く違和感なく美味かった。一角にナン屋がありナンを焼いていたので、ずっと眺めていた。練った小麦粉を平べったく丸く伸ばし、模様をつけて刻みネギを付け、タンドリー（焼き釜）の内側に張り付けて焼いていく。釜の底には薪が燃えている。早速買って焼きたてを食べたが、塩味が効いていて香ばしくとても美味であった。何度食べても飽きない味である。旅行中すっかりナンにはまってしまい、ちょこちょこ食べ土産にもした。しかし、家人からは美味いという感想はなかった。ほかほかのご飯と冷めたご飯の違いであろう。それに旅の高揚感と日常性との違い。これは止むを得ないことであろう。

砂漠といっても、砂漠の端の方を走っているので、畑作地帯も出てくる。大規模なビニールハウス畑も出てきた。ビニールハウスといっても、鉄骨にビニールを張ったというものではなく、背面と側面はがっしりとした土壁造りであり、前面のみビニールが張られ、防寒用に布地も用意されていた。

新しい町を造っていると説明された所も通った。水はどうするのだと思ったら、崑崙山脈から水を引いてダムを造りそれで賄うのだということだった。町造りに当たっているのは漢民族だというので、ウィグル族としては心穏やかではないのだろうと思ったが、その質問はしなかった。見えるはずであった雄大な崑崙山脈は、残念ながらガスがかかっていて見えなかった。

道路の両側に石炭の山がいくつも積まれてあるところにも出会った。砂漠に石炭、余りぴんと来ない風景であった。

ホータンに着いたのは15時であった。砂漠の町としては随分と大きい。広さ23万㎢、標高は１３００ｍくらい、人口28万人余り。年間降雨量30㎜。秋には砂嵐が吹き荒れるという。しかし、こんな環境下だが歴史は古い。『地球の歩き方』から紹介すると「ホータンはウテン国（紀元前２４２年～１００６年）の故地で仏教を国教と定め、法顕や玄奘などの中国僧もここを訪れるなど、仏教国として繁栄を遂げたが、カラハン朝がこの地を支配すると、イスラム・トルコ化が急速に進み、現在でも新疆で最もウィグル族の割合が高い地区となっている」。

ここでは、「ホータン博物館」とマリクワット村、マリクワット故城などを見学した。博物館では、ホータン地区に数多くある遺跡から発掘された出土品や、ミイラが展示されていたのは印象的であった。ウィグル族の住居や衣装など民俗的な展示が多かった。

ホータン市から25㎞離れたマリクワット古城にも行った。漢代から唐代にかけてのウテン国が辺境防御のために造った砦とのこと。南北1・5㎞、東西800mの広さ。広大な砂漠の一角の中にある。そこには日干し煉瓦製の風化した遺跡（寺院跡、住居跡）が点在している。そのほかには何も無し。そこに古城の近くのマリクワット村からロバ車に乗って行った。観光客が珍しいのか、村の子達がやはりロバ車に乗って我々を追うようにくっついてきた。みんな赤いほっぺたをして元気である。何かねだられるのかと思ったら、そんなことはなかった。

そこからの帰りに、古城の近くを流れる崑崙山脈を水源とするユルンカシュ河（白玉河）の川床に降りて白玉探しをした。この河では、ホータンの特産品である白玉がよく見つかるという。ここの白玉で大金持ちになった人もいるという話だったが、誰も何も見つからなかった。

旅も中盤に入ってきて、すっかり旅慣れてきた。赤、白のシルクロードワインを飲みながら旅心を味わった。

九、タクラマカン砂漠を横断してクチャ（庫車）へ

タクラマカン砂漠は今回のツアーの一つの目玉であり、私もその横断に期待していた。私は、既にゴビ砂漠にも行っているし、サハラ砂漠にも触れている。そこで世界第2位のタクラマカン砂漠は是非行ってみたい所であった。20世紀初頭、スウェーデンの探検家ヘディンも、この砂漠で九死に一生を得る経験をしたということで「死の砂漠」として有名になった。このような危険な臭いが、たとえバス旅行であれ旅心を刺激

400kmにわたって続く第2砂漠公路

する。

タクラマカン砂漠は天山山脈と崑崙山脈に挟まれたタリム盆地の中にある。日本がすっぽり入るぐらいの大きさ。降水量は年に何ミリといった超乾燥地帯。新しく造られた西域南道のホータンから西域北道のアラールまでホータン川に沿って通じる第2砂漠公路を行った。全長430㎞。クチャまではおよそ300㎞、砂漠のど真ん中を北上していく。舗装も新しく車も少なく他の一般道にはない快適さである。ガイドの説明では、約2年間、10億5000万元をかけて造られたという。道路の両側には、砂除けのために幅10mくらいに渡り葦が縦に格子状に埋め込まれている。砂漠に強い草やポプラの植林事業も行っているとのこと。

延々と果てしのない砂砂漠。私の経験したサハラ砂漠と違って、そこの砂の粒子は粉のように細かく柔らかい。よってその全体の風景はたおやかである。その緩やかに続く砂丘の連なりを左右に見ながら、バスは快適に進んでいく。しかし、これがヘデインの時代にラクダで行ったとしたらと想像すると、やはり九死に一生はむしろ幸運だったのではないかとも思える。しかし､今や危険などとは無関係なほどの快適さである。途中、第1回目のトイレタイムでは砂丘に登って日の出を見た。第2回目では、砂丘の連なりが地平線にまで続く見晴らしのいい場所で降りて、風紋の美しい砂砂漠を歩いてみた。いずれもその荘厳さ、悠久さに深く心を揺さぶられた。幸いにして当日は無風状態であったので、試みに砂丘に座り息を止めてみたら、そこは深閑と静寂に包まれていた。しかし、これが砂嵐の季節になるとどうしようもない凶暴さを発揮するのだという。

延々たる砂砂漠が尽きる頃になると、所々に古木が目に付くようになってくる。胡楊《こよう》（ことかけやなぎ）の木である。桜蘭など砂に埋もれた故城などにも使われていたあの木である。途中下車をして近くから写真を撮ったが、砂漠の木とは思えないほど堂々として威厳のある大木であった。

バスに揺られながらこんな不毛の砂漠に何でこんな立派な道路をと思ったが、ウィグル族のガイドの話では､このタクラマカン砂漠には大油田が眠っており､天然ガスも豊富であり宝の砂漠であるということであった。石油の埋蔵量はタリム盆地全体でサウジアラビアのそれの半分くらいという。アメリカの西部開拓時代よろしく、中国の西部大開拓の真最中なのであった。これで疑問が氷解した。この立派な道路も鉄道も、決してウィグル自治区住民のためを思って造ったわけではないのだ。過日の暴動の根っこもこの辺にあったのであろう。

16時半頃に広大なホータン川に架かる長大な橋を渡った。１㎞あるという。河岸にはタマリスクの木やラ

ホータン川

クダ草が寒々しく生えていた。

砂漠を渡り終えたころから、日干し煉瓦造りの農家が点在しだした。石油や天然ガス開発に従事する労働者用だという宿舎も見える。ロバ車や馬車が列を成して向かってくる光景に出くわした。２日前のハンディーの月曜市の経験から、これは近くに市が立っている証であることが分かった。チマン村の水曜バザールであった。ここでも途中下車をして、西域の村のバザールの雰囲気を楽しんだ。

クチャの町に着いたのは、20時。この日はタクラマカン砂漠の１日。何か大きな目的を達成したような幸せな気分であった。

夕食も良かった。特にサラダ類の種類の多さ、美味さには驚いた。特にキュウリ、ニンジンを細かく切り、茹でピーナッツと混ぜたものが珍しく、美味かった。メインは羊の肉団子入りスープ。もちろん赤、白の葡萄酒。砂漠の町での贅沢。やはり旅はいい。

十、クチャ周辺で、千仏洞や故城見物

本日は、終日クチャ周辺の観光である。

前日は夜に着き、当日は早朝出発。街中をぶらつけないのが残念である。出発直後、薄暗い中を人がぞろぞろと歩いている光景を見ただけである。モスクでの礼拝が終わったところだということであった。ここが、イスラム教圏であることをあらためて思った。

まずは、キジル千仏洞を目指した。「塩水渓谷」というギザギザとした岩肌の山の間を縫うようにして道路が走っている。程なく日の出が始まりそうなので、近くの登れそうな岩山に登って御来光を仰いだ。今日は大晦日。何とはなしに感慨のわく日の出見物であった。

バスに戻りさらに行くと、岩山の上に白い粉を振りまいたような光景が目に付いた。粉のように見えるのは塩であるという。だから「塩水渓谷」というのか?

渓谷を抜けてしばらく行くと、舗装道路は終わりガタガタ道に入っていった。バスは前後左右に激しく揺れて腰に響く。

さらに行くと、遠くかすかに雪を頂いた天山山脈を望める場所に出た。早速バスから降りて、山脈をバックに「証拠写真」を撮った。

キジル千仏洞に着いたのは、11時半頃だった。

「キジル千仏洞」

シルクロードは、仏教がインドから中国、朝鮮を渡り日本にまで伝わってきた道でもある。このシルクロード沿いに仏教が栄えたことは、この地に千仏洞と呼ばれる仏教石窟が点在していることからも知れる。

前後するが、ここでクチャについて『地球の歩き方』を借用してちょっと説明しておく。天山山脈の南麓に位置するクチャは古くキジ国が栄えた土地である。前漢時代にオアシス都市国家として登場し、10世紀頃まで繁栄した。3世紀中葉にこの地に仏教が伝来し、そのころから近郊にいくつもの石窟が造られた。4世紀後期に仏典を漢訳した高僧鳩摩羅汁《くまらじゅう》の母はキジ国の王族であった。玄奘もインドに向かう途中キジ国に立ち寄っている。

見学した「キジル千仏洞」は、キジ国の貴重な仏教文化遺跡である。中国で最も早く開かれた石窟群で、規模も敦厚、莫高窟に匹敵するという大きさ。川沿いに3・2㎞にわたって236もの石窟が地上から40m

くらい上方の岩山を開削して造られている。一見すると、何の変哲もない薄茶色の岩肌に、外観上いくつもの四角い建物が張り付いたように彫られている。しかし、その中に入ると、壁面に数多くの壁画や仏画が描かれている。本来は仏像も数多くあったというが、今はその台座だけが残っている。

石窟群のうち六つを見学したが、仏像は全く無く壁画を中心に見た。壁画も仏画についてはその目の部分を中心に削り取られている。しかし、色彩はまだ鮮やかに残っているものもあり、破壊される前の美しさを想像することは出来る。

この破壊は、いうまでもなく、この地がイスラム教国になってから、その根本的な教義である偶像崇拝否定を根拠として行われた。破壊はまた、探検家によっても行われた。たとえばドイツの探検家スタインはこの地から多くの壁画を剥がし持ち去った。さらに、もう一つの破壊があった。文化大革命時の宗教弾圧に基づく破壊である。仏教壁画に粘土を塗りつけ見えないようにしてしまったのである。

いずれも、悩ましい問題である。ここの千仏洞の入り口近くに、鳩摩羅汁の半跏像が建っているが、なんだか悩ましそうな顔をしていた。

「クムトラ千仏洞」もキジル千仏洞と比較的近い所にあり、ここにも行った。ここもムザト川という大きな川の近くにある。現在112の洞窟が存在し、大部分は唐代のものであるという。

ここには、入り口に管理人夫婦の住む番屋があり、そこのおじさんが見学する石窟の鍵をいちいち開けてくれた。背も腹も大きなおじさんで愛嬌も良かった。もうここに36年間住んでいると言っていた。川沿いには砂ナツメという木が橙色の実を付けていてが、おじさんはその実をもいで「食べろ」と差し出した。食べ

「クムトラ千仏洞」の管理人のおじさん

てみたが、甘っぽくはあったが砂っぽい感じもあり、木の命名には感心したが美味いものではなかった。

帰途の途中、「スバシ故城」に寄ることになっていた。故城に近づいたころ、モクモクと黒煙を吐く火力発電所の横を通過した。近くに石炭が山積みにされていたので、そこは石炭火力であった。臭いもする。

桜蘭のように既に砂に埋もれてしまった故城も多いが、残っているものもある。「スバシ故城」もその一つである。故城というが仏教遺跡で、「寺院は、クチャ河を挟んで東寺区と西寺区に分かれている。東寺区は山麓に沿った東西１４６ｍ、南北５３５ｍの範囲にあり、その西部を中心に寺院、僧坊、北塔、石窟などが点在している。西寺区は東西１７０ｍ、南北６８５ｍの範囲に南塔や石窟を中心に、かなり多くの建築物が残り、陶器、鉄器、経典などが出土している」（『地球の歩き方』より）。

「スバシ故城」に着いた時には、既に日が落ちてい

月下の「スバシ故城」

て程なく暗くなってしまっていたので、その全容がはっきりと見られないのが残念であった。しかし、その日はちょうど満月。淡い月光が故城全体にそそぎ、幻想の風景を描き出していた。文字どおり『荒城の月』の下に見学した訳だ。ここの寺院は唐代のこの地キジ国の最大の仏教寺院ということで、玄奘三蔵の『大唐西域記』にも登場すると聞いた。仏塔の上に登り、月下の墨色の故城を眺め往時を偲んだ。これもまた良しである。

当夜は、大晦日。ホテル「庫車賓館」のレストランで、年越し蕎麦代わりにラグ麺を食べ、6種類もの葡萄酒を飲みながら2010年を迎え、中国時間での年越しを祝った。

十一、ウルムチに戻りトルファンへ

クチャ空港は小さなローカル空港である。しかし、近くに新空港を建設中であるという。空港の壁には、「愛国守法」「団結友愛」「敬業奉献」などのスローガンが貼ってあった。その小さな空港から小さな飛行機に乗り、ウルムチ空港へ飛ぶ。左手に天山山脈の山並みを見下ろしながら飛んでいった。1時間余りでウルムチに到着。気温零下11度。町はガスに覆われていた。否、スモッグである。道路脇に「献身国防事業」の横断幕が張られていた。

ウルムチでは「新疆ウィグル自治区博物館」を見学した。2005年に再オープンした自治区最大のモダンな博物館である。タクラマカン砂漠周辺から出土したという「楼蘭の美女」などのミイラが印象的であった。ウルムチからトルファンまでの道のりで印象的だったのは、左遠方の天山山脈を背景として、何百（あるいは何千）もの風力発電塔の林立風景であった。そこは、山に挟まれ年間を通じて強い風が吹く地域として有名だそうで、風力発電には最適の地である。中国12億人の電力をまかなうには、それは大変な努力が必要なのであろう。それにしても、その規模の大きさには驚かされる。また、遠くに、上海まで続くという線路をひた走る長い列車の光景も印象的であった。

この日は長い移動日。夕方ようやく「トルファン賓館」に到着。ポロ、ラグ麺、肉・野菜・豆腐などの炒め物など、相変わらず品数も量も多い料理が出る。飽きることなくすべて美味い。葡萄酒はすでに「日常化」。

快食、快眠。

十二、トルファンを基地に名所旧跡見物へ

トルファンは、古くは天山南路と天山北路を連絡する要衝の地として栄え、現在も二つの鉄道の分岐点として重要な町だという。7月、8月は酷暑が続き、よって「火州」と呼ばれているそうだ。年間降雨量16㎜と超乾燥地域。葡萄が特産の一つで、8月末には葡萄祭りという交易会があり、国の内外から多くの人が集まるという。市内には、葡萄棚で覆われた道路があり、私の期待としては、その葡萄棚の下で葡萄酒を飲みたかったが時間の都合もあり適わなかった。

まずは、トルファンから北東38㎞の地にある「ベゼクリク千仏洞」。

火焔山の横を流れる河の断崖に掘り抜かれた石窟寺院。6世紀頃から造り始められ、最盛期は9世紀の高昌ウィグル王国の時代。当時、彼らは仏教を信仰しており、ここの千仏洞は王族の寺院とされていた。しかし、前述のように偶像を排するイスラム教の浸透による破壊、および、20世紀の始めにドイツのル・コック調査隊による壁画の本国への持ち帰り、文化大革命による破壊のため、仏画、壁画はその一部しか残っていない。

次は「高昌《こうしょう》故城」。トルファンから東へ45㎞、「高昌故城」は紀元前1世紀の漢代から13世紀にモンゴル軍

西遊記にも出てくる「火焰山」

「交河故城」入口

に滅ぼされるまでの間、新疆における政治、経済、文化の中心地の一つだったという。だから規模も大きく東西1・6㎞、南北1・5㎞と広々としている。ここでは地元の農家の人が副業でやっているロバ車で見学した。建物は皆日干し煉瓦造りであり、それだけに崩れも激しい。玄奘三蔵が説法したという建物も見た。

火焔山。砂岩が侵食して出来た赤茶けた地肌に、炎を思わせる模様が出来ていることから火焔山と呼ばれるようになったという。ウィキペディによると、平均標高500m、比較的なだらかな山頂が、長さ98㎞、幅9㎞にわたって横たわっているということ。西遊記にも出てくる山として有名である。我々も、その山を背景に造られた西遊記をテーマにしたテーマパークを見学した。孫悟空、猪八戒、砂悟浄などの彫像が並んでいた。見世物とは分かっていても、本物の火焔山を背にしてみると十分に旅情を感じることは出来た。

「交河故城」も古く大きい都市遺跡である。遺跡は高さ約30mの断崖上の台地に造られている。要塞都市といった故城である。見張り台、中央大通り、仏塔、寺院跡、展望台、赤ちゃんの墓、官庁街など時間をかけて見学した。

故城から対岸を見ると、日干し煉瓦造りの風通しの良い建物が並んでいるのが見渡せる。何かと聞いたら、この中に葡萄を吊して乾燥させ干し葡萄を作るということであった。ここトルファンは葡萄の産地で葡萄酒も造られており、旅行中ずっとその恩恵にあずかった。観光シーズンになると、町中の葡萄棚通りではオープンカフェが開かれ賑わうのだそうだ。だが今はオフシーズン。観光客は我々だけだ。

十三、食べ物、飲み物に満足

中国国内ではあるが、イスラム圏なのでアルコール類には期待せず、ビール程度が飲めれば良しとしていたが、初日の晩から葡萄酒（あえてワインとは言わず）があると聞いて驚喜した。私にとって旅行中に美味い酒が飲めるか否かは、その旅行の充実感を決める重要な要素になっているからである。しかも、最初の夜に出された葡萄酒の名はエキゾチックな「桜蘭」であった。味も香りもまあまあ。それ以外にも数種類の銘柄があり、私は、旅行中毎晩赤１本を飲みながら酒情も味わった。

食べ物は期待以上であった。シシケバブやサモサの美味さは既に述べた。ナンも今や日本でも有名であり都会では食べさせる店もある。

珍しかったのは、ご飯と麺である。繰り返しになるが、ご飯は「ポロ」と言って、タマネギのみじん切りを多めの油で炒めこれに羊肉、にんじん、米を入れて炊き、最後に干し葡萄も入れるウィグル族のピラフである。麺のほうはラグ麺というもので、ゆでた手打ちの麺の上に炒めたトマト、ピーマン、白菜、羊肉をかけて食べる。何れも当地では日常的な料理であり、日本食にも近く何度食べても食傷しないのが有り難かった。

その他、トマトスープで食べるウィグル族の餃子。肉はもちろん羊肉である。「チュルチュレ」という可愛い名が付いている。

野菜も、この時期にしては意外に豊富であった。そのため、日本に居る時よりサラダ類が豊富であったことには驚いた。バスから畑を見ていてその理由が分かった。すでに述べたが、酷寒にも負けないような頑丈なビニールハウスがよく目に付いたからである。果物は、何といってもハミ瓜が美味かった。色は良くないが味は甘すぎずとても品が良かった。

十四、帰国1日遅れ

今回もまた良い旅が出来た。ただ一つのことを除いては。実は、いよいよ最終日、今回も無難に旅を終えることが出来ると思っていたところ、ウルムチ空港へ着くや「今北京は猛吹雪、いつ飛び立てるか分からない」ということが分かった。その瞬間から羽田行きの飛行機に乗るまで48時間を、ウルムチ空港内および北京空港内に缶詰にされていたのである。しかしそれも、過ぎてみれば良き思い出の一齣《ひとこま》である。

スリランカ世界文化遺産巡り

期　間　２０１０年４月29日～５月６日（８日間）
旅行先　スリランカ

（２０１５年６月執筆）

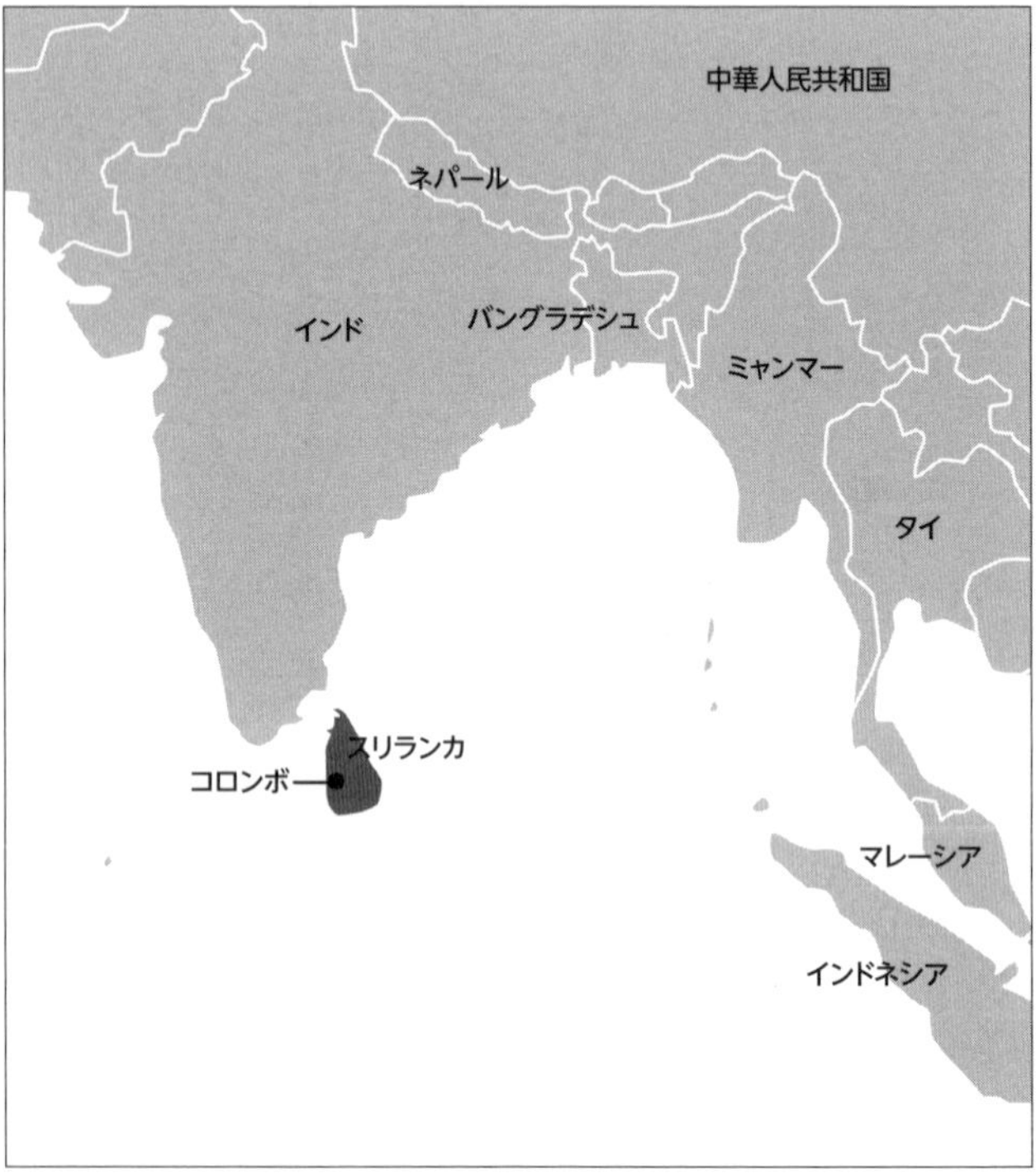
中華人民共和国
ネパール
インド
バングラデシュ
ミャンマー
タイ
スリランカ
コロンボ
マレーシア
インドネシア

一、はじめに

今回の旅は妻も一緒だった。

スリランカはかねてから行ってみたいと思っていたが、時折新聞などで内戦報道に接したりしていたので、ウキウキと観光気分で訪れるのも憚られて、催行されてはいたが先延ばしにしていた。しかし２００９年５月、分離独立を求めて闘っていた反政府軍「タミル・イーラム解放の虎」が敗北宣言を出して、ようやく25年の長きに渡る内戦が終結した。ここでも民族問題や宗教問題、それに関連する差別問題等といろいろ対立の根は深いのだとは思うが、ともあれ戦争が終わったことは本当に良かったと思う。ということで、私の希望もようやく実現されることになった。

スリランカに対して特に深い思い入れがあるわけではないが、インドの南の小さな島国、以前セイロンと呼ばれていた紅茶の国、敬虔な仏教徒の国、そしてなぜか私の頭の中にはっきりと残っている「バンダラナイケ」という名の世界初の女性首相。この程度の漠然としたイメージしかないのであるが、何となく「小さくまとまった穏やかな国ではないか」と勝手に思っていて、行ってみたい国の一つに数えていたのである。そして今回、実際に行くことになってガイドブックを見てみたら、世界文化遺産が七つもある歴史も文化も、そしてそれらを包み込む自然も豊かな国であることを確認して、俄然旅行気分が高揚していったのである。

二、ネゴンボ〜ピンナウェラ〜ダンブッラ

モルジブの空港を経由してコロンボ空港に到着したのは23時過ぎ。ホテルに着いた時は、既に翌日になっていた。そして、その日の観光出発は8時半。いささか寝不足気味であったが、出発前にホテルの庭を散歩したら気分は一新した。天気晴朗にして清々しかったからである。また、そこは思いの外立派なコロニアル様式のリゾートホテルであった。プールが二つもあり、そこではヨーロッパのご婦人が2人ゆったりと泳いでいた。ただあわただしく泊まるだけではもったいないくらいの贅沢なホテルであった。ちなみに、スリランカの西南海岸は熱帯リゾートのメッカであることを初めて知った。まだ、工業も未発達であり海岸も汚されていないからであろう。

道路沿いには南国らしくヤシの木が圧倒的に多いが、真っ赤な花をいっぱい付ける火焔樹の木も目に付く。その他にもバナナ、プルメリヤ、ブーゲンビレア、夾竹桃《きょうちくとう》等も数えることが出来た。

〈ネゴンボの魚市場〉

まず、ネゴンボの魚市場に行った。実は、コロンボ空港はここネゴンボにあり、前夜のホテルもここにあり、魚市場もそう遠くないところにあった。ネゴンボはスリランカ有数の漁師町であり市場も何か所かあるが、みな小さな規模だという。我々が行ったところも川の入江沿いのローカルな小さな市場であった。すでに競りも終わり近くであったが、その雰囲気はいずこも同じで活気に満ちていた。ただ、気温が高いのに冷

凍施設もなく氷もふんだんに使われていないせいか、魚の臭いが強烈であった。解体された魚の粗やはらわたはそのまま河口に投げ入れられていた。その作業をしているおじさんが、小さなトビロで大きな魚の口を開いて「写真に撮れ」といった仕草をしたので撮った。その気さくさに、旅の初日の緊張がほぐれた気がした。

市場近くの広場では、何人かのおばさん達が地面に果物や野菜を広げて、にわか市場を開いていた。いずれもこうもり傘を棒に縛り付けて地面に立てて陽除けにしている。その中でひときわ目をひいたのがラグビーボールのような形をした緑色の大きな果物であった。ガイドに聞いたら「ジャックフルーツ」という名で、ドリアンに似てはいるがドリアンほど強烈な臭いはなく、なかなか美味い果物だということだった。

その後海岸に移り、浜辺の砂の上に大きく長い敷物を敷いて魚の干物を作っている所を見に行った。鰺や鰯など馴染みの魚もある。冷凍保存が発達しておらず、このような干物づくりが盛んなのだそうだ。海岸では漁師が地引き網漁をしていたが、その近くにはお余りに与ろうとカラスがいっぱい集まっていて、微笑ましい光景であった。

〈ピンナウェラ　象の孤児院〉

その後、「象の孤児院」見学のためにピンナウェラという村を目指した。どこの旅でも、この移動の時にバスの車窓から見る風景や光景は旅の楽しみの一つである。

まず大きな印象の一つは道路両側に延々と続くヤシ林であった。ほとんどココヤシである。ココヤシは天の恵みともいう木で、ほとんど棄てるところがないという。ガイドは思いつく限りのその成果物を挙げた。

象の行進

ココナッツミルク、油、石けん、木材、燃料、杵、臼、屋根材、むしろ、ロープ、たわし、肥料、ヤシアメ、ヤシミツ、そして何とヤシ酒という酒まで出来る。だから、この国ではヤシ園農家は裕福であるという。確かに、所々のヤシ園の中に立派な構えの家が見え隠れしていた。

次に印象的だったのは、バスでいくら走っても眺望が開ける所が少ないことである。スリランカも米が主食の国であるはずだが、日本のように広々とした水田地帯が見られない。時折眺望が開けたところには水田があるが、その向こうはジャングルに接している。私の見るところ、まだまだジャングルを田畑に変える余地は十分にあると感じた。もちろんそうするのが良いのか悪いのかは分からないが。

昼近くにピンナウェラの「象の孤児院」に着いた。迷子になったり、密猟によって親を亡くした子象を中心に、地雷にあってケガをした大人の象も含めて保護している施設である。現在60数頭いるそうだ。1日に2回、近くの川で水浴びをさせていて、我々もそれを見に来たのだが、すでに水浴びは終り川からぞろぞろと引き上げてきたところであった。大中小数十頭の象の行進は壮観である。あたかも凱旋行進のように、観光客の熱い視線に見送られながら森の方へと進んでいった。

ここは観光スポットのようで、土産物屋が軒を並べ、川を見下ろす高台には大きなレストランもあった。我々もここで昼食をとったが、広々とした川を見下ろしながらの食事は気持ちのいいものであった。ここで初めて「ライオン」という銘柄のスリランカビールを飲んだが、暑さもあったせいかとても美味かった。

昼食後、森に連なる広場の方に行ってみたが、象が三々五々と散らばりゆったりと餌を食べていた。そこには特に柵があるわけではなく、2頭の象がこちらに近づいてきた時には少し恐ろしくなったが、幸い近くに象使いがいたので、これ幸いと象を背景にカメラのシャッターを押してもらった。子象にミルクをやる時間も見せ場の一つらしく人がたかっていた。1瓶いくらでミルクを買うと直接飲ませることも出来る。早速同行の妻が、飼育係の介助で子象にミルクをやった。ついでながら、スリランカにはまだ野生の象が3000～4000頭いるそうだ。

14時近くに、「象の孤児院」を後にしてスリランカ最大の石窟寺院のある「ダンブッラ」に向けて出発した。またしばしのバスハイクである。仕事中の道路作業員までが、我々のバスに手を振ってくれる。スリランカは人品穏やかで気持ちのいい国だと聞いていたがそのとおりであった。その後、現地ガイドの予告のとおりスコールが来た。遠くの空は明るいのに、近くは一転俄にかき曇りワイパーを最速にしても用をなさないくらいの土砂降りとなった。その年の夏は、日本でもゲリラ豪雨に見舞われて多くの被害を出したが、スリランカのスコールはさっぱりしたもので、30～40分散々暴れた後はさっと止んで青空が戻った。
また車窓からの観察を始めた。走っているのは国道1号線で、この国ではナンバーワンの道路なのだが、相変わらず眺望は開けずどこまで行っても緑の回廊の中であった。しかし、さすが国道1号線で、道路の両側には途切れることなく民家や小さな商店が点々と続いている。また、道路脇にさっかけを設けてヤシの実などを並べて売っている。たまに、村の小さな学校も見えて、ちょうど下校時か真っ白な制服を着た生徒から手を振られたりした。水田で働く農夫も見た。印象的だったのは、農夫が水田を耕している側には必ずといっていいほど白鷺が群がっていることであった。水田を掘り起こした後には、ドジョウやミミズなどの餌が出てくるのであろうか。

〈ダンブッラの石窟寺院〉

16時過ぎに「ダンブッラの石窟寺院」に着いた。それは、大平原に忽然として浮かび上がっているような黒褐色の大きな岩山の上にある。その山の登り口に当たるところに金色の大仏が鎮座している。ここより20分くらい登ると寺院入り口に着く。途中、信者の家族だろうか、私達に向かって自分達と一緒に写真を撮れとの仕草をされたので、妻を入れて撮った。それで特に何ということもないので、親切心でそうしてくれたのだろうと感謝した。
石窟は五つあるが全部見た。石窟には「神々の王の寺」「偉大な王の寺」「偉大な新しい寺」等と名が付けられている。最も古い第一石窟は紀元前1世紀の創建という。何れの石窟も、壁も天井も色鮮やかな壁画で埋め尽くされていて壮観である。仏画が多いが、シンハラ人とタミル人の戦闘を描いたものもある。今時の

多くの仏像があった

内戦を重ね合わせて思うに付け、民族の和解というものは本当に難しいものだ。各石窟の仏像もそれぞれ素晴らしい。特に、第1石窟の14mもある涅槃仏は圧巻である。全身黄金色に塗られているが、足の裏だけは真っ赤で、あたかも花火のような模様が描かれている。世界文化遺産だというのに、大らかなもので写真撮影はOK。壁画、天井画、仏像など何枚も撮ってしまった。

山頂からの眺めが、これまた素晴らしい。見渡す限りのジャングルである。これでは、バスの中から広々とした光景が見られないのも当然である。

夕闇迫る頃に、有名な「シーギリヤロック」のあるシーギリヤの村に着いた。宿泊先は「シーギリヤ・ビレッジ」というコテージホテル。ジャングルの中に開かれたホテルで、広い庭園内に何棟も建てられた戸建てのコテージに泊まる。木々の間から垣間見える空には、星がスッキリ、キラキラ輝いていた。

三、シーギリヤ～アヌラーダプラ～シーギリヤ

〈シーギリヤロック〉

朝見ると、このホテルは庭の手入れも行き届いており、清潔で気持ちのいいホテルであることが分かった。大きなプルメリアの木には真っ白な花が咲いていた。レストランの前庭にはプールもあり、その先には今日登る「シーギリヤロック」が遠望できる。「シーギリヤロック」は今回の旅行の一つの目玉である。世界文化遺産にも指定されている。早朝にホテルを出て、まず日本の財政支援で建てられたという「シーギリヤ博物館」で、「シーギリヤロック」の基礎的な歴史を学んだ。この歴史が分からないとここの見学の意味も半減するので、その概要を『地球の歩き方』から要約引用するとこうだ。

ここは、古代から仏教僧たちの修験場であった。しかし、5世紀後半、ほんの11年間だけ統治した狂気の王の伝説が残っている。王には弟がいたが、自分より血筋のいいその異母弟に王位継承権を奪われるのをおそれ、父王を監禁して王位を剥奪した。そして王は父王に隠し財産の提出を求めたが断られたため、家臣に父王を殺させてしまう。その後王は弟の復讐を畏れてか、父王を殺した後悔と苦しみからか、狂気となりシーギリヤの切り立った岩山に宮殿を建造し始め、7年後に自分の玉座をその頂上に置いた。しかし11年後、インドに逃れていた弟からの攻撃に負け、自らの命を絶った。その後弟王は、シーギリヤの王宮を仏教僧に寄進し、直ちに首都を元のアヌラーダプラに戻した、というものだ。

「シーギリヤロック」

博物館近くにある城壁のメインゲートを抜けると、ロックに向けて道がまっすぐに延びている。道の両側は広場になっており、その中に沐浴場、噴水装置や石窟寺院が配されている。沐浴場の近くでは牛が草をはんでおり、真に長閑である。

いよいよロックにとりつき急な石段の登りにかかるのだが、このあたりから若いお兄さん達が寄ってきて、それぞれ苦しそうに登っている我々観光客を見つけて、急坂にかかると頼みもしないのに尻押しにかかるのである。ガイドに予めそうなることの説明は受けていたが、いくら断っても離れないのには往生した。もちろん最後にはチップを要求するためにやっているのだが、私の場合、老いたりとはいえ伝統ある仙台弁護士会の現役の山岳（楽）部員であり、老人扱いされることにはいささか抵抗感があって結局チップはあげなかった。しかし今考えれば、そう気むずかしく考えずに、遊び感覚で尻を押してもらってチップを弾んでや

「シーギリヤレディ」

れば良かったと反省している。

　石段が終わると、今度は岩壁に設えられた鉄製の螺旋階段となる。周りに網は張ってあるものの、絶壁状の所を登っていくのだからかなり恐ろしい気分だ。高所恐怖症の人は死の恐怖を味わわせられるであろう。しばらく行くと、壁面に色鮮やかに描かれた美女達の壁画に対面する。「シーギリヤレディ」と呼ばれている、今や世界的に有名な壁画である。5世紀の作だというから、あらためてその色鮮やかさに驚かされる。先述の凶王が、殺害してしまった父王の霊を慰めるために描かせたと言われているそうだ。ここでも写真はＯＫ、美女達をしっかりとカメラに収める。

　階段を上り詰めると、宮殿入り口の広場に出る。ここで、緊張感は一気にほぐれると同時に、そこから俯瞰する下界の眺めの素晴らしさに感嘆する。このどこまでも広がるジャングルを眺めていると、スリランカにはまだ、３０００～４０００頭の野生の象がいるとのガイドの説明にも納得する。

宮殿の入り口は「ライオンの入り口」と呼ばれており、たしかにライオンの爪先の形が認められる。ここからが最後の登りである。この当たりから、絶壁の横に設置された鉄製の階段を登っていくのであるが、再び緊張感が甦って来る。絶壁高所の緊張感に加え、絶壁に巣を作っている大きなスズメ蜂の巣の恐怖が加わるわけだ。ガイドからは、時々人の声や足音に刺激され、巣から蜂の大群が飛び出して、登っている最中の人を襲うことがあると聞いているので、その緊張感は相当なものであった。抜き足差し足といった感じでおどおどと登っていった。

頂上の広さは1・8ha。そこに、王宮、兵舎、住居等の跡があり、その少し下には王のプールがある。そして、何よりの感動は360度の展望である。このような大パノラマを日夜見ながらも、狂王は弟からの復讐に恐れおののいていたのであろうか。もったいない話である。しかし、このような狂王がいなければ、このような文化遺産は無かったわけで、狂王は今になって国家国民に多大な貢献をしているのであるから、歴史とは面白いものである。

〈聖地アヌラーダプラ〉

シーギリヤよりバスでおよそ1時間半、仏教の聖地「アヌラーダプラ」の町に着く。ここは、シンハラ王朝最初の都で、紀元前5世紀から1400年間続いた仏教王国の都と説明された。ここも世界文化遺産の地である。

まず、「スリー・マハー菩提樹」という聖なる菩提樹見学をした。そこは、広々とした公園を抜けた先に

「スリー・マハー菩提樹」

ある。園内には日本では見られないような大木が点在し、道沿いには真っ黄色なアカシアのような花を付けた「ゴールデンシャワー」が晴天の下鮮やかに輝いていた。二重のセキュリティチェックを受けて聖地に入った。ここでは靴を脱がなければならない。真昼の太陽に照らされた境内の砂は相当に熱く足に堪える。目指す聖樹は、屋久島の縄文杉のような厳かな古木かと思ったら、細く枝分かれした若々しい感じの木であった。その周囲には石台が設けられ、金色に塗られた鉄柵で保護されている。信者の団体がそこの庭の大木の木陰に座り、細い聖樹に向かって真剣な面持ちで拝んでいる。一方我々観光客は、聖樹を背にして写真を撮ったり撮られたりしている。それでも誰からも白い目で見られることもない。大らかである。ここで、この聖樹の由来について『地球の歩き方』から引用しておく。「紀元前3世紀に、インドのアショーカ王の王女サンガミッタが、インド、ブッタガヤの菩提樹（その木の下で仏陀が悟りを開いた）の分け木をここへ運び、当時のデーワーナンビヤ・テイッサ王が植樹したものと言われている」。

ここから次の目的地「ルワンウェリサーヤ大塔」までは、すっきりと整備された石畳が続いている。園内には猿もいれば牛もいる。大塔（仏塔）の入り口近くには何本かの巨木が植えられ、その陰からドーム状の真っ白な大塔が見えてくる。高さは55ｍあるという。巨大である。ここでも裸足にならなくてはならない。時間は、13時を回っている。大塔の基壇は石畳になっており、真昼の太陽に十分に熱せられている。文化生活で柔になってしまった日本民族の足裏には耐えられないほどの熱さである。昔、エリザベス・テーラー主演の『熱いトタン屋根の猫』という題名の映画を見たが、その猫といった感じであった。目玉焼きだって焼けるに違いない。しかし、現地ガイドは、特にどうということはないといった面持ちで、大塔の故事来歴について一生懸命説明している。こちらはそれどころではなく、少しの日陰でもあればと、その方に気をとられほとんど耳に入らない。だから今、大塔の思い出と言えば、その熱さと、真っ青な天を突くようにして雄々しく建っている大塔の姿だけである。

その他、その日の内に数か所の遺跡を見たが、岩肌を彫るように造られた「イスルムニヤ精舎」が印象的であった。堂内には、身体は金色、衣は真っ赤な大きな涅槃像が横たわっているが、浅草の浅草寺の援助で塗り替えられたのだと聞いて、何となく親しみを感ずることができた。そこの博物館には「恋人の像」「王族の像」などの見事な彫像があり、スリランカのお宝であるが、これらはすべてカメラに収めてきた。また、かつての王妃の建物があったという遺跡で、輪廻の思想を彫り込でいるという半月形のムーンストーンを見た。珍しいので、終始我々にくっついてそのレプリカを売ろうとしていた少年から1個買った。

その日の泊まりも、前夜の「シーギリヤ・ビレッジ」。昼間の暑さのせいか、ビールが格別美味かった。当日は満月の日で、昼食時ビールが飲めなかった。何故かというと、仏教徒が多数のスリランカでは、満月の日を「フルムーン・ポヤ・デー」といって、労働を断って1日体を休めお寺へ参拝する聖なる日なのだという。よって酒も御法度だということだった。ユダヤ教の安息日のようだ。そこで昼酒は飲めなかったわけだが、このホテルでは外国人観光客がほとんどのためか自由に飲めた。食後は、妻とバーに行ってさらに飲んだ。旅と酒、これが我が夫婦をつなぎ止めている太い絆である。

四、シーギリヤ〜ポロンナルワ〜キャンディ

〈ポロンナルワに向けて〉

8時、古都「ポロンナルワ」に向けて出発。毎日ガイドの「アイボーン」（おはようございます）からその日の旅が始まる。次いで、行き先の観光地のガイダンスとなる。「ポロンナルワ」は10〜12世紀の間、シンハラ王朝の首都があった古都。歴代の王様は仏教の普及に努め、そのため仏教遺跡が多く今もアジア有数の大遺跡群が残っており、全盛期にはタイやビルマからも多くの僧が訪れたこと。一時期、シンハラ王朝の都アヌラータプブラは、南インドのチョーラ王朝に支配された時期があったが、長い戦いの上撃退し、ここポ

ロンナルワに遷都したこと。しかしまたその後、再びチョーラ王朝の侵略を受けて南の方に退いたため、ポロンナルワはその後廃れてジャングルに埋もれてしまったが、1900年以降発掘され再び往時の姿を現し、今では世界文化遺産に指定されるに至っていること等々。

このような話を聞いていると、カンボジアの「アンコールワット」を思い起こす。驚くのは、何れも大建造物群であるのに、時間と共にジャングルに飲み込まれてしまうということである。子供の頃『ジャングルブック』という映画を見たが、ジャングルの中の廃都は映画の中だけではないということを、あらためて思い起こした。

ポロンナルワへは相変わらずの木々の生い茂る街道を行くのであるが、町に近づく頃になると貯水池が目に付くようになってきた。次第に眺望も大きく開けてきて、広大な湖が見えてきた。そこでは地元の人が洗濯や沐浴をしていた。するとまたガイドの説明が始まった。これは湖ではない。「パラークラマ・サムドラ」という人工の貯水池である。この地域はドライゾーンと呼ばれる乾いた大地で、そこで農耕に不可欠な水の確保のために、歴代の王様は貯水池を多く造った。その代わり農民は王様に使用料として収穫の6分の1を払い、王様はそのお金でまた貯水池を造った。そのようにして農業も発展し国も潤ったということだ。何だか日本の高速道路の通行料のような話だ。それにしても大きな貯水池だ。何百年も過ぎた今も現役で使われているというのも凄い話だ。

〈ポロンナルワの遺跡見学〉

ポロンナルワの町に到着後、トイレ休憩で木彫りの工房に立ち寄ったが、この町は木彫りでも有名なのだそうだ。しっかりとした家具や民芸品が店内一杯に陳列されている。私は黒檀で彫られた小さな像を土産に買った。

そしていよいよ遺跡見学だが、見た遺跡は多数にのぼり、それをいちいち説明するのは余り意味のあることだと思われないし、それはガイドブックに譲るとして、ここでは印象深かった所だけ触れることにする。

一つは石像である。最初に見たのは、そこに運ばれてきたのか、あるいはもともとあったのか、丘の上の白い岩に彫り込まれた立像である。長い顎髭を生やし瞑想するような面持ちで、両手で経文を支えている。この人、王都を建設し前述の大貯水池を造った王様との説が有力で、それもあってか、ひところ紙幣にも印刷されたそうだ。

もう一か所、ガル・ヴィハーラという所にある三立像も忘れがたい。巨大な岩を掘り抜いて造られた、涅槃像、立像、座像の3体である。涅槃像は全長14ｍ、立像は高さ7ｍとかなり大きい。涅槃像は、文字どおり涅槃の境地のような優しい顔をしている。立像は、腕を交差に組んで悟りの境地を現しているように思われる。座像は、深く瞑想の境地に入ったような表情である。ポロンナルワ遺跡の大傑作と言われているそうだ。そしてここも聖地。裸足で見学しなければならない。太陽に焼かれた砂が、足の裏に堪えゆっくりと見ているゆとりはなかった。

次は宮殿跡。大遺跡群の真ん中に当たる所に城壁に囲まれた一角があり、その中にまた城壁に囲まれた部分があり、その一角に「パラークラマ・バーフ1世の宮殿跡」がある。前述の大貯水池を造った王様の宮殿である。この宮殿は、幅13ｍ、奥行き31ｍ、地上7階建ての壮大な煉瓦造りの建物で、部屋数も50もあった

「パラークラマ・バーフ１世の宮殿跡」

というが、現在は3階の壁までしか残っておらず、全体として廃墟と化している。近くには謁見場、閣議場、集会場があり、沐浴場もある。栄華の時が偲ばれる。この王様は、現在でもシンハラ人からは人気が高く「シンハラ人の英雄」と評されているそうだ。

そして、何よりも記憶に残るのは、「クワドラングル」と呼ばれる11もの仏教関係の遺跡が集まっている所だ。シンハラ王朝時代のポロンナルワの仏教の中心地である。重厚な仏堂あり、仏歯寺跡あり、仏塔あり、菩提樹跡あり、ヒンドゥ遺跡まである。中でも印象深いのは円形の塀に囲まれた遺跡である。入り口が四つあり、その何れにも見事な彫刻を施したハーフムーンストーンがある。前述のようにムーンストーンは仏教でいう輪廻を表すもので、お参りの前にここで足を洗ってから入ると説明された。遺跡の真ん中には瞑想する3体の座像があり、いかにも厳粛な雰囲気を醸している。しかし、ここでも素足の足裏は石の熱さをこらえきれず、早々にお参りを終えた。

最後に、強い印象に残る大きな寺院遺跡「ランカティラカ」も見逃せない。高さ17・5mもある寺院廃墟。その中央部に頭のとれた巨大な仏陀の立像が見える。『地球の歩き方　スリランカ編』の表紙絵にもなっていたので、特に印象に残ったのかもしれない。

ポロンナルワで仏教遺跡漬けになった後、遅い昼食。辛いスリランカカレーを食べたら、固まった頭も次第に解れてきた。生ぬるいビールにはガッカリしたが、デザートのマンゴー、パイナップルは、なぜか冷えていて美味かった。


〈キャンディを目指して〉


食後は、一路今夜の宿泊地キャンディを目指した。今日もまたスコールがきた。雨宿りがてらというわけではないが、キャンディ市内に入った頃小さなスーパーに入った。私は、男ながら料理が好きで、よってもって食材を売っている市場やスーパーに入ると気分がハイになってくる。特に外国旅行中にはそこで夢中になってしまう。しかしそこでは、香辛料の利いたつまみとヤシ酒の蒸留酒アラックを買うに止めた。

夕方、キャンディ湖のほとりの、「ホテル・スイス」という由緒あるホテルに到着した。キャンディでは最も有名なホテルの一つだそうで、数々の著名人も泊まったのだそうだ。天井は高く、床は厚い板張り、客室のドアーも重々しい。このような所に泊まれるのもパック旅行の良さである。これまでも程々の旅行代金で、城や宮殿や修道院を改装したホテル等にも何度か泊まったが、個人旅行ではなかなかそうはいかないのではないだろうか。

チェックイン後、直ちにキャンディ湖の対岸にある劇場に「キャンディアンダンス」見物に出かけた。このような、その国々の歌や踊りや民俗芸能を見られるのも、パック旅行の良いところだ。各旅行社とも、旅行中の一夜はそれらの見学を組み込んでいるからだ。当夜の幕開けは、激しいドラムの競演から始まった。肩からかけた横長の太鼓を素手でものすごい早さで叩く。プログラムによれば、これは儀式の始まりに叩かれる伝統的なものだそうだ。続いて、女性による仏陀に祈りを捧げる踊り、戦争に行くシンハラ兵士を送り出す勇壮な太鼓、コブラの踊り、仮面の踊り等々が次々と舞われ、最後はファイヤーダンスとファイヤーウォーキング。スリランカでは火には人間に災いをもたらす悪魔を追い払う法力があると信じられているのだそうで、このような芸能が残っているということだ。松明の火を振り回したり飲んだり、炭火の上を歩ったりと、一番前で見ていたが、聞きしに勝る凄さであった。

五、キャンディ〜ヌワラエリヤ

〈朝散歩〉

シンハラ王朝最後の都となったのがキャンディである。インドの侵入者から、前述のポロンナルワを追われて南下し、ここに都を移した。ここは周囲を標高300mくらいの山々に囲まれた天然の要害の地で、1895年イギリスによって滅ぼされるまで300年以上も王朝が続いた。町の中心にキャンディ湖がある

キャンディ湖

が、これも王朝最後の王様が造らせた人造湖であるという。スリランカの王様は本当に湖がお好きのようだ。しかしこの湖のお陰で、キャンディの町は中心がしっかりと落ち着き、またその後のイギリス植民地下での町づくりのせいか、古都でありながらヨーロッパ風のあか抜けた雰囲気が感じられる。昨夜泊まったホテルもその一つだが、町のあちこちに同様のコロニアル様式の建物が多く見られる。

早起きをして、妻と散歩に出た。ホテルの坂道を下るとそこはキャンディ湖である。その湖畔には遊歩道が巡らされていて、絶好の散歩道だ。時間の許す限り歩いてみることにした。まずその第一印象は、緑深い湖畔都市というものであった。湖には周囲の山々の緑や空の青や洋風建物の白や赤が映し出されていて実に美しい。人造湖のせいか、人口増のせいか、よく見ると湖の水は汚れているが、その全体の美しさはそれを圧倒している。次に印象的だったのは、湖畔の街路樹の太さである。たとえば合歓の木（と思われる）、それをバックに妻の写真を撮ったが、その胴回りは妻の20倍くらいはあるように思われた。その様な巨木の街路樹は圧巻である。もう一つ目を引いたのは、木の枝に何十もの鳥の巣が作られていることであった。ここでは鳥の糞に気を付けなければならない。早朝のせいか、人通りも少なく心豊かに散歩を楽しむことが出来た。

〈仏歯寺見学〉

キャンディに来たら何はともあれ「仏歯寺」見学ということになっている。ということをこの旅行で初めて知った訳だが、仏教徒にとってここは、カトリック教徒にとってのサン・ピエトロ大寺院、イスラム教徒にとってのカーバ神殿に匹敵する最も重要な仏教の聖地ということだ。私も臨済宗の寺に墓を持つ仏教徒の1人ということになっているが、寡聞にしてそのことは知らなかった。なぜ聖地かというと、「寺院内に奉納されている仏歯は、紀元前543年にインドで仏陀を火葬した際、その中からやっと手に入れたとも言われている。その後4世紀にインドのオリッサ州カリンガの王子が、頭髪の中に隠してセイロンに持ち込み、アヌラータプラに奉納した。その後、都が移るたびに一緒に運ばれ、最後にキャンディに落ち着いた」（『地球の歩き方』より）という故事来歴を持っているからだ。日本で言えば皇室の3種の神器のようなもので、これは王権の象徴であり、これがあるところが都の置かれる所とされてきたし、現に我々も、アヌラータプラでもポロンナルワでも仏歯寺遺跡を見てきた。

仏歯寺はキャンディ湖畔に建っている。広い境内の一角に建つ8角形の堂がそれである。厳重なセキュリティチェックを2回受けて、靴を預けて見学する。仏歯の部屋は1日3回扉が開かれる。仏歯を祀る本殿の

ここで仏歯を一瞥した

建物は金色を基調とした色鮮やかな壁画、天井画で覆われている。その前には、昨夜のダンス見学の時に見た、細長の太鼓を肩に懸け上半身裸で赤と白のツートーンカラーの衣装を纏った2人の衛僧が立っている。開扉の時間になると2人は昨夜同様の太鼓のリズムを奏で、またチャルメラのようなラッパを吹き鳴らす。それと共に堂内に溢れた信者がそれぞれ供物を捧げながら、2階の仏歯の拝観できる場所へとぞろぞろ移動する。我々もそれに添って移動したが、その場所に至るやいなや後ろの人に押し流され、結局一瞥しただけで終わった。ともあれ一仏教徒として、本場で本物の仏歯の入ったキンキラの容器を一瞥しただけでも、有り難いことであるに違いない。

ついでにここで、仏歯寺と密接な関係にある「ペラヘラ祭り」に触れておきたい。これは毎年7~8月の新月から満月に至る約2週間の祭りで、この祭りには仏歯を入れた舎利容器を載せた象が市内を練り歩き、その後を踊りや見世物などの行列が続き、最後には１００頭もの象の行列が続くという真に華麗な行事ということだ。この祭りを見に、毎年外国人を含めた大勢の観光客が来て、キャンディの町は人で溢れかえるということだ。

〈ヌワラエリヤに向けて〉

キャンディ市内を見学した後、バスはスリランカの高原地帯にむけて南下した。移動中、ガイドから目的地ヌワラエリヤの概説が始まる。ヌワラエリヤを中心とする丘陵地帯はセイロン紅茶の産地。ここで意外な話を聞いた。キャンディ王国が崩壊してイギリスの植民地となった後、多くの白人入植者がこの地域で行ったのはコーヒー豆の生産であった。ここは寒暖の差が激しく雨量も多いのがコーヒーの生産に適していたからだ。次々とコーヒープランテーションが誕生し、19世紀中頃にはブラジルに次ぐ生産国になった。

ところがその後「サビ病」と呼ばれるコーヒーの木を枯らしていく伝染病が発生したため、生産は衰退していった。それに代わって登場したのが紅茶の生産であった。これが当たり、コーヒー畑は次々と茶畑に変わっていき、遂に紅茶の一大生産国にのし上がっていったということである。

バスが高度を上げるに連れて茶畑が見えだしてきて、さらに進むと一面茶畑の風景に変わっていった。時折、袋のひもを額に当て袋を背負って茶摘みをしている労働者の姿を目にするようにもなっていった。ここの茶摘みは機械を使わず全て手摘みだというから、それは膨大な数の労働者を必要とするが、その多くは南インドのタミル人の移民で賄ったということだ。そして、タミル人の多くはヒンドゥ教徒だというから、これが宗教対立の原因にもなっているというのだから複雑なものである。

昼食は、高台の見晴らしの良いレストランで食べた。食べきれないほどのどでかいローストチキンが出てきたが、さすが、食後の紅茶は美味かった。そこから見える山々の斜面は全て茶畑で、また遠く近くに大小の滝が見渡せて絶景である。滝があるということは水が豊かであることを意味しており、それも紅茶栽培には不可欠なのであろうと1人納得していた。

食後、バスは益々高度を上げていき、急斜面にさしかかるとS字カーブの繰り返しをゆっくりと登っていく。そこで、ビックリする光景に出会った。道ばたに花売りの少年がいたのでバスを止めて花を買ったが、再びバスがゆっくりと走り始めて1段上のS字カーブに行ったところ、そこにさっきと同じ少年が花を持って立っていたのである。少年は斜面を駆け上がりバスより先に1段上の道路に出ていたのだ。これには一同驚くと共に拍手喝采であった。

ほどなく、紅茶工場に到着して工場見学となった。紅茶を造る過程を一通り見て、高級茶を試飲し、売店にて土産に5箱1100リラの紅茶を買った。

その後、高度を下げてヌワラエリヤの町に出て、そこで1時間ほどのフリータイムとなったので、妻と市場に直行した。魚売り場はくさやのような臭いに満ちていた。あのネゴンボの海岸で日干しにされていた魚の干物の数々が並べられている。それを焼いて酒のつまみにすれば美味いこと間違いなしだが、何しろ臭いのせいで、機内で咎められる可能性もあるので買うのは諦めることにした。その代わり、いろいろな瓶詰めを売っている店で「ハニー」といったら、そこのおじさんが「ちょっと待っていろ」と言う仕草をして出ていったので待っていると、程なくどこからか蜂蜜の瓶詰めを持ってきてくれたので、それを土産にした。

茶摘み

魚の干物屋

その夜は、随分と山の方に入ったホテルに泊まった。何でこんな山の中のホテルかと訝ったが、翌朝周囲を散歩したらその辺りは別荘風の建物の多い避暑地であった。イギリスの植民地時代に開発されたところだが、今も西洋風の建物が点在し、近くには競馬場やゴルフ場もあった。

六、ヌワラエリヤ〜ゴール

この日は、山を下ってスリランカの南西海岸の町の一つ「ゴール」を目指す。本日も快晴、高原の町だけあってとても涼しい。そこから高原地帯を抜けるまでの間、前日と同様の手入れのされた茶畑が延々と続く。それぞれ山の形なりにゴルフ場のグリーンのように緑が敷き詰められ、その中を適当な間隔であたかもナイフで切れ目を入れたような作業道が付けられている。それが、なだらかな古墳の形をした小山の畑となると、あたかも造形作品のように美しい。

その日のバスでのガイドの話は、葬式に関してであった。ある家の人が亡くなると、家に白い旗を立て死亡広告を張り出す。家の床はウコンできれいに洗う。家の中のカレンダーなどはみな裏返しにする。坊さんを呼んで読経及び説教をしてもらって食事を出す。死体は棺桶に入れて3〜4日間燈明を燃やし続けた後、土葬または火葬にする。1週間後及び3か月後にも再び坊さんに来てもらってお経をあげてもらい食事を出す。特にお布施などは出さないし要求もされない。お盆の習慣は無い。霊魂は生まれ変わるから先祖を呼び出すという考えは無いからだ。戒名、仏壇も無い等々。

その後、トイレ休憩でエンジェルトランペットの花が印象的だった紅茶販売店に立ち寄り、映画『戦場に架ける橋』（『クワイ河マーチ』で有名）のロケ地に使われたという山中の大きな川の畔のレストランで昼食を摂った。そこで、米粉とココナッツミルクをミックスしてお椀型に焼いたクレープにタマゴを落とし込んでさらに焼いたエッグアッパという珍しい料理を食べた。

ジャックフルーツ

その後坂道をくねくねと下りながらようやく田園地帯に入った。そこでのトイレ休憩の時、木の幹に直接付くようにして生っている緑色のジャックフルーツを見た。ネゴンボの魚市場近くの広場で売っていた、あのドリアンみたいなでかいフルーツだ。
その日の宿泊地のゴールの海岸沿いに着いた時は、出発後既に9時間近く経っていた。このスリランカの南西海岸は長いビーチが続いており、「ゴールデンビーチ」とも言われ、この豊かな海岸線沿いには国際的にも有名なリゾートが点在しているという。確かに海岸線に沿ってヤシの林が緑鮮やかに帯をなし、その向こうは紺碧のインド洋が広がっており、リゾートの要件は十分に整っている。ゴールの海岸沿いにも洋風の立派なリゾートホテルが点在し、あか抜けた感じである。我々の泊まったホテル「ライトハウス」もジェフリー・バワという世界を代表する熱帯建築家の設計によるという超一流のホテルであった。2004年12月末にインドネシア・スマトラ沖で発生した大地震による津波（13mもの高波だったという）で、ここゴールの海岸沿いでも4000人余りの犠牲者を出したと説明されたが、すでに表面上はその被害の痕跡はほとんど認められなかった。

ホテルは岩壁の上に建っていて、インド洋が眼下に広がっている。到着時、陽は水平線に今まさに没せんとするところであった。何はともあれ、ベランダに出て日没を見届け残照を堪能した。しかる後に部屋を眺め回したところ、広く豪華な調度品に囲まれていることを確認し、妻共々感嘆した。この程度でこうなのだから、つくづく自分らは小市民だなと思う。夕食後は妻とバーに行き、滅多に味わえない贅沢の余韻を味わった。

七、ゴール〜アンバランゴダ〜コロンボ〜帰国へ

ゴールはスリランカ南部最大の町である。歴史も古い。しかし、残念ながら被支配の歴史である。支配者はポルトガル、オランダ、イギリスと変わり、その間にポルトガルによって砦が築かれ、オランダによって拡張され、イギリス植民地時代に堅固な城塞都市として完成したとのことだ。ゴールの旧市街とその城塞群

は、世界文化遺産に登録されている。19世紀末には軍事的には既に無用の長物となり、当時の政府によって取り壊しの方針が出されたが、市民の反対で撤去を免れた由。その理由の一つに、ここの城壁はサイクロンや洪水などの自然災害から町を守る役割があるということが強調されたそうだ。そして奇しくも、それから100年以上も過ぎた2004年に、ゴールも前述の超弩級の津波に襲われたが、この町の人々は城塞のお陰で被災を免れたと説明された。「天災は忘れた頃にやってくる」、先見の明とはこういうことを言うのであろう。残されたお陰で、文化遺産にも指定されて国にも貢献し、多くの市民の尊い命も救ったのだ。

ということで、ゴールの旧市街や城塞見学に大きな期待をしてきたのであるが、当日は朝からどしゃぶりの雨。この年日本でも流行したゲリラ豪雨そのものである。例のスコールのようにザーッと降ってサッと止むことを期待したが、全くの期待はずれでガッカリした。ということで、見学はバスの中からということになり、そこから観光スポットの時計塔、メインゲート、要塞、

どしゃぶりの雨で見学はバスの中から

結婚披露宴参加者の女性たちと

灯台、教会や旧市街の街並みなどを見て回ったが、ガイドブックの写真と見比べながら欲求不満が募った。

ゴールに未練を残しながら南西海岸を北上し、アンバランゴダという漁業の町に立ち寄り「仮面博物館」を見学した。この町は、悪魔払いの仮面作りで有名である。昔からこの地域では伝統的に悪魔払いの儀式が行われていて、その儀式に使うために仮面が作られていたのだそうだ。いまでは、儀式より仮面自体の方が有名になり、いろいろな仮面が土産として売られている。そのため町には仮面工房がたくさんある。博物館には、新旧、大小の仮面の名品が陳列されている。また、その一角には「病気払い」の儀式の模様を表す小さな家があって、戸の前には白い服を纏った病人が座らされていて、その前に太鼓を叩いている男女が立っている。ガイドの説明では、ある家に病人が出るとこの模型のように、病人を前庭に座らせ、悪魔払いの仮面を被った男達が、太鼓を叩きながら一晩中踊ったり、悪魔が身体か出るようにお供え物を捧げたりするということであった。医療らしい医療もなかった時代には、形に違いはあれど、どこの国にでもあった儀式であったのだろう。ここで、土産に小さな仮面を買った。この見学を終わった頃には雨も上がっていた。

その後は、ガイドの知り合いというスリランカの一般家庭を訪問した。この一般家庭訪問は、どの旅行社もたいていスケジュールの中に組み入れている。浅黒い肌の可愛い娘さんが、紅茶とその家の菓子で接待してくれた。

そこの近くのホテルで昼食を摂ったが、たまたまそのホテルで結婚披露宴をしていたので、図らずもスリランカ人の正装を見ることが出来た。特に若い女性の、背中やお腹の部分を出した色とりどりのサリーの着流しの姿は優美であり、思わず見とれるくらいであった。同行の旅慣れた医師のS氏が、庭に出てきたその美女達に写真を頼むと、臆することもなく応じてくれた。おそらく民族衣装に誇りを持っているのであろうと思った。

その後、コロンボで国立民族博物館やヒンドゥ寺院、仏教寺院を見学して帰路に就いた。スリランカは小さな国であり、そのため移動距離も比較的短く、実質6日間の旅であったが比較的ゆっくりと観光することが出来て満足であった。

ミャンマー・ハイライト9日間

期　間　２０１０年12月26日～２０１１年1月3日（9日間）
旅行先　ミャンマー

（２０１５年11月執筆）

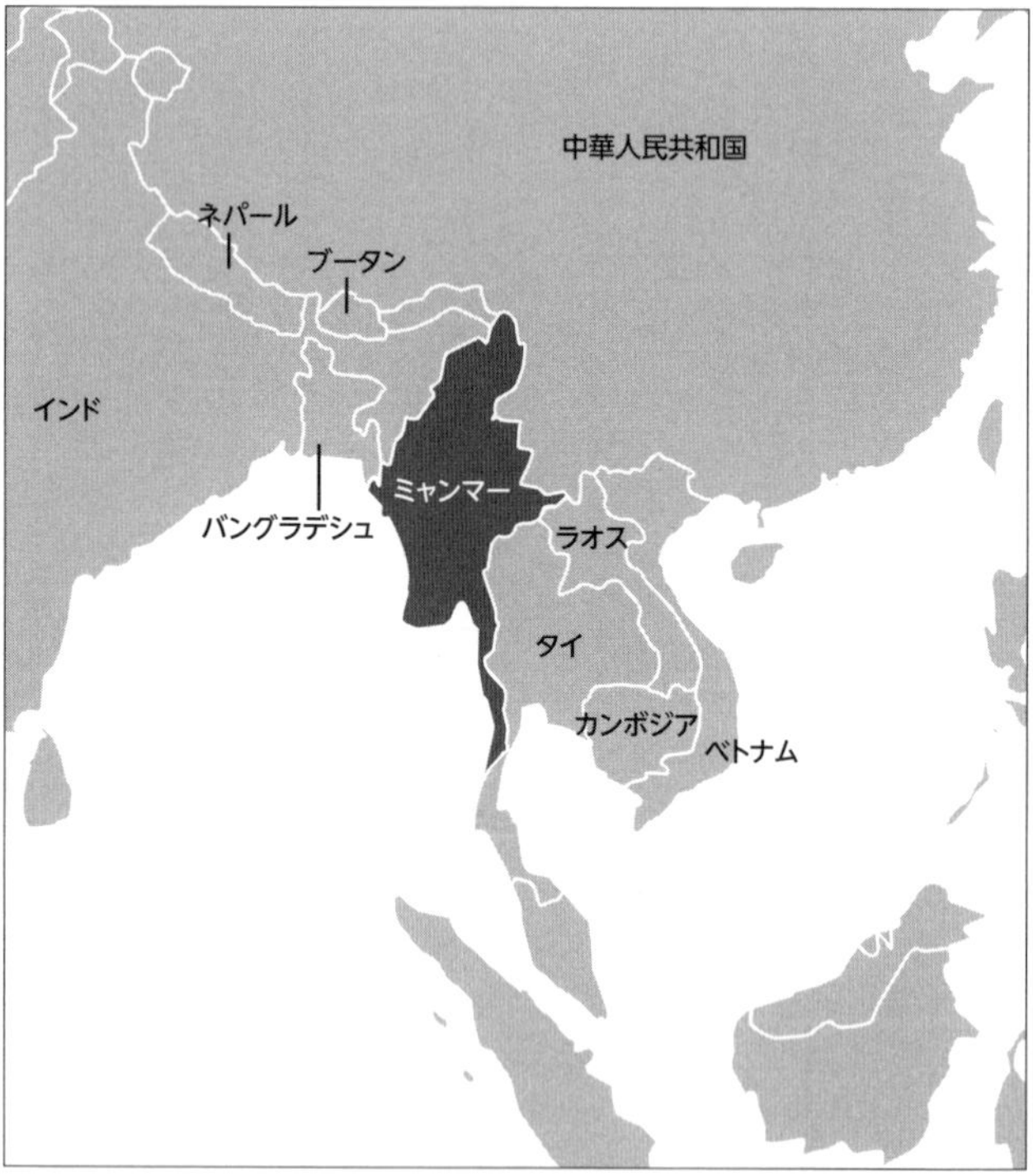
中華人民共和国
ネパール
ブータン
インド
ミャンマー
バングラデシュ
ラオス
タイ
カンボジア
ベトナム

一、はじめに

2010年暮れから正月にかけて、「ミャンマー・ハイライト9日間」というパック旅行に参加した。一家の主としては、年末年始ぐらいはデンと家に構えていなくてはと思わぬではないのだが、晩節に至った今にしても旅の魅力には抗し難く、腰の座らぬ「多動爺」よろしく今回も又行ってしまった。いずれ痴呆が始まったら徘徊が始まり、家族に迷惑をかけるのではないかと些《いささ》か心配である。

特にミャンマーに深い思い入れがあった訳ではない。ただ3年前に1度行こうと計画したが催行されなかったことと、前年の11月に、民主化運動指導者のアウンサンスーチー女史の自宅軟禁が7年半ぶりに解かれたこともあったので、再挑戦のつもりと、アウンサンスーチー女史への表敬訪問という気分で行ったものである。

3年前であるが、ミャンマーではその年の9月に燃料の値上げに端を発して仏教僧等による大規模な反政府デモが行われた。だが、軍事政権によって武力弾圧され、そのような中、デモ取材中の日本人ジャーナリストの長井健司さんを含めて多くの死傷者が出るという大事態に至った。これにより申し込みをしていた旅行が催行されないことになってしまったのである。

私はその事件をきっかけにして1冊の本を読んだ。アメリカ国籍の女性ジャーナリスト、エマ・ラーキンの『ミャンマーという国への旅』（晶文社）である。世界最悪の独裁主義の支配する国家を想定してイギリスの作家ジョージ・オーウェルによって書かれた小説『1984年』（ハヤカワ文庫）の恐怖政治の世界がミャンマーに当てはまるのではないかとの問題意識で、単身ミャンマーに入りその実体をつぶさに見聞して書かれたルポルタージュである。その本の帯には「思想統制・密告・投獄・検閲が日常化し、人びとが圧政の恐怖にあえぐ、知られざるビルマの現在に迫るノンフィクション」とある。「えー！そこまでひどい国だったのか！となれば、今後行くとしても単に観光気分という訳にはいかないな」というのがその時の感想であった。

そして今回である。その本によって相当な固定観念を植え付けられてしまった私であるが、仮にそのような実体があったとしても、言葉も分からない、しかも短期滞在の一介のパック旅行者にその様な実体が見えるはずもない。その様に考え直し、余り気張らずにありのままを見、聞き、感じてくればよいのだと、むしろ軽いノリで行くことにした。

二、ミャンマーという国

私もそうだが、ミャンマーという国がどのような国か具体的にイメージ出来る人は少ないのではないか。そこで、話の始めにミャンマーという国の概観を述べておこうと思う。そのほうが、この後の話を進めるのにも都合がよい。

まず位置関係だが、東南アジアの地図を見れば明らかだが、同国東側で、北から順に中国、ラオス、タイと、西側でインド、バングラディシュとそれぞれ国境を接している。特に中国、インドは大昔から列強の大国であり、その二大国に東西から挟まれているのであるから、その政治的、文化的影響は不可避であることは容易に想像がつく。特に現在、とみに経済力を増した両国からの投資を初めとする影響力は相当なものであるらしい。

ミャンマーは、ご存じのとおり長い間軍事独裁政権が続いており、そのため経済的には後進国の地位に甘んじている。しかし、小国かというと必ずしもそうではない。国土は日本の1・8倍あり、人口も5000万人と多い。しかも同国の70％は森林地帯であり、北部の温帯から南部の熱帯へと長く伸びた国土は農業に適している。加えて近時天然ガス、石油生産も盛んに成りつつあり、その秘めたる力は相当なものである。

今回、マレーシアのクアラルンプールに前泊してヤンゴンに入った。クアラルンプールの中心街は近代的な高層ビルが林立し、隣国ミャンマーの中心都市ヤンゴンの古めかしい街との落差を実感したが、そのマレーシアの繁栄を支えているのは石油である。とすれば、ミャンマーも経済体制次第では同様の力を秘めていると言うことができる。余談だが、日本も以前はミャンマーへの経済援助や投資が大きく目立っていたが、近時、前述の中国、インドの影響力の増大により、日本の影響力は相対的に下がっている。それに符節を会わせるように日本人観光客も大幅に減っているとガイドから聞いた。たしかに、今回の旅行中も日本人観光客には余り会わなかった。

ミャンマーは多民族国家である。ルマ族が70％を占めるが、それを含めて主要な民族が八つで、細かく分類すると135の民族がいるという。これは驚きであった。さすがの軍事独裁政権も、すべての民族を統率し切るのは困難であり、現に未だに軍隊まで持つ有力少数民族との間で対立が続いているらしい。どうも、ミャンマーの軍事政権にとっては、アウンサンスーチー女史等の民主化勢力と少数民族問題が悩みの種であるらしい。

宗教だが、国民の85％が仏教徒である。国民皆僧制だそうで、国民全員が出家することはないものの、10歳前後と20歳を過ぎてからの2回、1週間程度の期間僧侶として修行することが義務づけられているということだ。敬虔な仏教国と言われる所以である。仏教徒以外にもキリスト教徒4・9％、イスラム教徒4％、他ヒンズー教徒、アニミズムなどがいる。キリスト教徒が比較的多いのは、イギリスが長らくビルマ（1986年にミャンマーに変更）を植民地として支配していた結果からか。

最後に日本との関係だが、前述のとおりビルマはイギリスとの戦いに負けて植民地にされインドの州の一つにされたが、1937年インドから独立してイギリス連邦内の自治領となった。その後1942年、アウンサンスーチー女史の父親アウンサン将軍の率いるビルマ独立義勇軍が大東亜共栄圏を唱える日本軍と共に闘ってイギリス軍を駆逐した。翌1943年、日本の大東亜共栄圏の一員としてバー・モウを元首とするビルマ国が建国された。しかしその後、「インパール作戦」の失敗など日本の敗色が濃くなると見るや、アウンサン将軍の指揮するビルマ国民軍は1945年3月、日本及びその指揮下にあるビルマ国政府に対してクーデターを起こし、イギリス側に寝返った。その後、1947年にアウンサン将軍は暗殺されたが、

1948年、イギリス連邦を離脱してビルマ連邦として独立する。要するに、日本は1942年から3年間傀儡政権を通じてビルマを支配したが、その間インパール作戦の失敗とその敗走の過程で、ビルマ国内でも連合国軍（イギリス軍、インド軍）との間で激しい戦闘が行われ、その中で多くの戦死者を出した。小説『ビルマの竪琴』はこの時の敗戦後の引き揚げの状況を背景にして作られた話である。

三、ヤンゴン市内観光

10時にクアラルンプール空港を飛び立ち、1時間余りでヤンゴン国際空港上空に至った。上空から見ると、そこは広大で真っ平らな田園地帯の中にあった。それもそのはずである。ヤンゴンは、ミャンマー国土を北から南に流れベンガル湾に注ぐ大河イラワジ川（正確にはエーヤワディー川）によって形成されたデルタ地帯の中にあり、一大穀倉地帯に当たるのである。ここだけ見てもこの国の自然の豊かさが見て取れる。

いよいよ観光の開始であるが、我々の乗るバスの車体には「豊橋鉄道」「貸切」と書かれており、まず笑ってしまった。その後すぐ分かったが、他のバスも日本車が多く、そのほとんどが日本で使われていた時そのままの「〜観光」「〜バス」「〜会社」の表示のままであった。おそらく日本であったなら、ペンキを塗り直して自社の表示に変えるであろう。ミャンマー人の大らかさが気に入った。バスに限らず、それにしても日本の中古車が多い。これだけ多数の車が日本を表示して走っているのであるから、その「親善大使」としての役割は賞賛に値する。

〈国立博物館見学〉

まず、国立博物館に行った。旅の始めに博物館に行くのは有益である。一応その国の歴史、文化が俯瞰出来る。一番印象に残ったのは少数民族の展示室だった。数十の民族の等身大の男女の人形にそれぞれの民族衣装が着せられ、自然風景をバックにしてそれぞれの地域と特徴が展示されている。それを見ただけで、多民族国家の多様性の魅力と国民国家観による統一の難しさが実感できる。

民族工芸館ではこの国は昔から漆器が盛んであることを知った。また、この博物館を有名にしているのは、王朝時代の王の玉座「獅子の玉座」があることである。高さ8mもあり、釘1本も使わず、多様な彫刻も施されたどっしりとした玉座である。しかも漆で固められた上に金細工が施され華麗でもある。往時、王都マンダレーの王宮内には同じような玉座が8か所に設えられ、それぞれの目的に応じて使い分けられていたという。しかし、イギリスとの戦争でビルマが負けた際、イギリス軍がそれらを全部戦利品として持っていってしまった。1964年に、この博物館にある一つだけが返されたのだというが、せめて半分ぐらいは返したらどうかというのが私の意見である。しかしそんなことをしたら、大英博物館の多くのお宝を対戦国に返さなければならなくなってしまうことになるので、そんなことは決してしないと思うが。

昼食は中華だったが、食後のデザートのフルーツ類は、この日に限らず、朝、昼、夜共に満足であった。さすが南国である。その種類のほとんどは日本にもあるが、そのみずみずしさ、甘さ、香りは適わない。しかも安いのでいっぱい出てくる。

寝仏の足の裏

〈寝仏（寝釈迦仏）見学〉

午後一番は、巨大な寝仏見学。なぜかミャンマーには涅槃仏だけではなく寝仏を祀った寺院が多い。インターネットの検索では涅槃仏も寝仏も同じものだと説明されていたが、ガイドは分けて説明していた。涅槃仏は、すでに入滅している姿を仏像にしたもので、目を閉じて足先も揃えた形をしている。寝仏は、入滅前の最後の説法の姿で、目を開けて足先は揃っていない姿をしている。そこ「チャウッタージー・パヤー」というお寺のそれは、目はパッチリと開き足先も揃えていなかったので、寝仏である。全長70ｍ、高さ17ｍと巨大で、右手で頭部を支えてゆったりとくつろいだ寝姿をしている。その巨大な足の裏には、線で升目に仕切られた中に何やら意味ありげな象形文字で埋められているが、それは仏教の宇宙観を表しているのだそうだ。髪の毛や衣の部分は金色、顔や肌を出した右腕の部分は真っ白、目と眉毛は真っ黒、唇は真っ赤ということだから、全体として生き生きと生めいた感じである。しかも、その顔は何となく歌手の美輪明宏に似ており、不謹慎ながら艶めかしささえ感じてしまった。一口に仏像というが、静謐にして威厳を感じさせる日本の仏像とは大きな違いである。

この巨大な寝仏は、鉄骨造りのお堂に覆われているが、酷暑の夏になればここは格好の日除け場所となり、若いカップルのデートコースにもなる所なのだそうだ。お寺にお参りという善行の中で、愛を確かめ育み、しかも涼しい場所でタダというのであればデートコースとしては申し分ない訳だ。

この寺院見学で、珍しいことを知った。ここの寺院に限らず、どこの寺院やパゴダ（仏塔）でもそうだが、祈りの場所が必ず8か所用意されている。これは、ミャンマーが伝統的に西暦による7曜日制ではなく、独自の8曜日制（水曜日が午前と午後との二つの曜日に分かれる）を採用していることに関係している。しかもミャンマーの人々にとっては、何日生まれかより何曜日生まれかのほうが大事で、それとの関わりで、寺院やパゴダでの礼拝場所も、それぞれの生まれ曜日に合わせて拝めるように8か所の祭壇が用意されている。しかも曜日毎に干支と同様の動物（守護像）が決められている。因みに私の生まれ曜日は月曜日で動物はトラだったが、ネズミやモグラといったあまり格好の良くないのもある。これ以降、多くの寺院やパゴダを見学したが、私は必ず月曜日・トラの祭壇で拝んだ。

〈シュエダゴン・パゴダ〉

「シュエダゴン・パゴダ」はヤンゴン市内を見下ろす丘の上にある。ミャンマー最大の聖地とされている。2500年ほどの歴史があるというから、まずその長さに圧倒される。昔2人の兄弟の商人が、インドで仏陀と出合って8本の聖髪をもらい受けこの地に奉納したのが、このパゴダの起源だと伝えられている。それ以降、何度もの拡張工事を経て、今や60余りの仏塔が中央の大仏塔を囲む形の壮大な規模の寺院となっている。その境内も広く、しかも日本のお寺のように各建物が点在しているのではなく、各仏塔が大した間隔も置かずに連なっているのである。大仏塔の高さは99・4m、基底部の周囲は430m、それが他の60余りの仏塔と共に、折からの夕陽に金色に輝いていた。加えて大塔の先の部分には5000個を越すダイヤモンドや1200個のルビー、翡翠が飾られているという。しかもそれらはすべて信者の寄付であるという。これにはもう言うべき言葉も出ず、ただただ圧倒されるといった感じであった。これほど纏まった形の壮大な寺院や教会は世界にも類を見ないのではないだろうか。

巨大な仏塔

ガイドに従いながら、裸足で（ミャンマーでは、どこの寺院、パゴダでも裸足にならなければならない）まずは大仏塔の周りを1周して、それぞれの8曜日の守護像を祀る礼拝所で拝んだ。その中で印象的だったたのは、大理石を敷き詰めた境内を20～30人の人が横一列になって、長いモップで掃除をしている場面であった。これは、当日の生まれ曜日に当たる信者が功徳を積む意味で行っている奉仕活動ということであった。そのほとんどが若者であったことと、功徳を積むという言葉に新鮮さを感じた。また、ピンクの僧衣を着たグループを幾つか見たが、尼僧だと聞いて何だか微笑ましい感じを受けた。

その後、主な名所スポットを見て回ったが、その中で一番印象的だったのは、観音様か阿弥陀様か何だか分からないが、信者がその前で跪き身を屈して真剣な面持ちで拝んでいる仏像の後光の部分が、電飾でピカピカ光りグルグル回っていたことであった。日本ではあり得ないことと思うが、所変われば品変わる、この美意識の違いが面白く不謹慎ながら笑ってしまった。

また、「祈りの場所」の場面も印象的だった。大理石の敷き詰められた境内の一角が別の色の敷石で区切られている部分があり、そこが大塔に向かって拝む祈りの場所であった。私らもそこに入ってガイドから教わった様に、まず正座をして、その後額と手、肘を地につけて拝んだが、どうもぎこちなく様にならなかった。それに比べて、周囲の地元の老若男女の祈りの真剣さはその仕草や息遣いからも感じ取られ、ここが敬虔な仏教国とそうでない国の民との違いであると妙に納得した。

ここの見学が終わる頃は、丁度日没寸前の時刻であった。ここの見学で仏心がついたのか、境内のヤシの木の葉陰に没していく夕陽に、ふと西方浄土に思いをいたすことが出来た。

〈ミャンマー料理　ミャンマービール、ミャンマーワイン〉

その夜のホテルは小高い丘の上に立つ「チャトリウム・ホテル・ヤンゴン」という高級ホテル。周りの古く貧しさの残る街並みとは不釣り合いなほどの大きく立派なホテルであった。

夕食は町中のレストランで摂った。まずはとりあえずのビールとしてミャンマービールという銘柄を飲んだが、これが思いの外美味かった。この夜以来、旅行中、昼、夜とこのビールの世話になった。何とこのビール、ドイツでのビールコンテストで何度も入賞しているというから、その味は折り紙付きと言うことが出来る。酒には否定的な対応をする仏教国ミャンマーで、このような美味いビールが飲めるというのは嬉しい誤算であった。加えて驚いたのは、ビールだけでなくウィスキー、ラム酒、ワインもあり、何れも一定水準以上の質を備えていた。これは、ミャンマーが長い間イギリスの植民地下にあったことの副次的効果であったのではないか。

料理はミャンマー料理。お隣がインドということからもそうなのだと思うが、ミャンマーではカレー料理が中心である。大きな皿の真ん中にインディカ米のご飯が盛られ、その周りに自分の好みの何種類かのカレーを取って、本来であれば手で混ぜ合わせながら食べる。意外であったのは、ビーフカレーはランクが下で、あえてランク付けをすれば、エビ、鶏、豚、牛の順だという。

レストランからの帰り道、市街を観察したが、その第一印象は「暗い」ということであった。街灯が点々としか点いていない。理由は、この国では水力発電しかなく、しかも、これから訪れる水源の「インレー湖」の水量が減っていて電力量が不足しているからということだ。そのため日常的に停電がある。我々の旅行中も何度も停電に遭った。ホテルに帰り、ガイドに勧められてホテルの最上階から煌々とライトアップされたシュエダゴン・パゴダの大仏塔を遠望したが、ここだけは停電がないとガイドが苦笑していた。

四、ヤンゴン〜パゴー

〈車中から〉

当日は、ヤンゴンから北東へ約70㎞の町パゴーを目指す。バスで2時間くらい。目的は全長50ｍの寝釈迦仏「シュエターリャウン・パゴダ」とミャンマー仏教の聖地「チャイティーヨ・パゴダ」の見学である。

出発前、ホテルのロビーの一角に用意されていたタナカを顔に塗った。タナカは日本でいう日焼け止めクリームといったところか。初めて現地ガイド（女性）に合ったとき、顔におしろいのようなものを塗っていて、しかもそれが既に乾いていてポロポロ落ちるような感じであったので「これは一体なんだ？」とビックリしたが、それがタナカであった。素材は柑橘類の直径数センチの木で、それを乾燥させたものを長さ10数センチに切り、水を垂らした仕上げ砥石のような滑らかな石で擦ると、粉を水でうすく溶いたようなものが出来上がる。これを顔に四角や丸の模様に塗りつけるのである。これをすると、日焼け止めの効果がある。熱帯や亜熱帯の位置にあるミャンマー人の生活の知恵であるのだろう。特に女性と子供はほとんど塗っており、しばらくすると、それを見ても違和感は無くなった。同行の女性はすべて塗り、男では私1人が塗った。塗り立ては良い香りがしてスースーとして気持ちが良かった。

道すがら、ガイドから色々な珍しい話を聞いた。まず、町でよく見かける僧侶の托鉢について。僧侶の食事は4時以降12時までは自由。その間に食べ物を得るために2回の托鉢に出る。食事は托鉢で得たものしか食べられない。自分で作ると好き嫌いが出来るからだという。托鉢のものはみんなで分けて食べる。托鉢は必ず裸足でする。この時期、高地では相当に気温が下がったが、それでも皆裸足であった。

次いで「ロンジン」の話。これはまだ多くの人々が身につけている巻きスカートである。女物は色、柄、素材と限りなく多様である。男物は地味なものに限られている。1枚の布を腰に巻き付け最後の布の端を内側に挟み込むだけで、極めてシンプルなはき方である。女性は好みのものを何枚も持っているが、しかし絹物など高級なものはなかなか手が出ない。そこで、結婚式などの場合には、持っている友達から借りるということもしばしばであるということだ。

主な産物は、チーク材、宝石類、天然ガスなどである。チーク材は貴重なので個人所有は許されず、仮に自宅に植えても国有なのだそうだ。チーク材は固くて軽いので建材、家具材などに多用され、しかも高級木材である。以前、日本にもチーク材が大量に輸入された時期があったが、当時は高級というイメージはなく、むしろ南洋の安価な木材というイメージであった。これはどうしてなのであろうか、今から思うと不思議である。

〈車窓から〉

町中から郊外へ出ると、いくつもの軍隊の駐屯地が現れ、銃を担いだ兵士の姿もよく目に付くようになった。ちなみに、この国では、軍や警察関係の施設や人の撮影は禁止である。ミャンマーでは高校は2年制で、その卒業試験が人生の分かれ道で、落第すると事実上軍隊に入るしか仕事の道はない。卒業しても大学入学資格は文部省が決めるということだ。軍隊に1度入るとなかなか抜け出すことは難しいという。産業の未発達な国としては、それはそうなのかもしれない。失業率も高く、マレーシア、シンガポール、タイなどに出稼ぎに行く人も多いと聞いた。日本は金持ちということになっていて、運良く日本に出稼ぎに行った人は、アパートを買って車も持てる。この国の金持ちは中国系とインド系で、中国系は商売上手で、インド系は金融に長けていると不満そうに説明していた。

前述のとおり、公共交通機関としてバスの数は少なく、その代わりトラックバス、人力車が活躍している。タクシーもあるが、それを使える人は少なく、また料金をごまかす運転手も多く信頼も薄いそうだ。トラックバスだが、小さなトラックに鉄骨で幌と座席を作り、その屋根部分にも荷物が置けるように改造された対人輸送用の改造車である。この車にすし詰めになり、およそ20人は乗っている感じである。

赤煉瓦色の僧衣を着て、道路を一列縦隊で托鉢の鉢を胸に抱えている姿をよく見た。托鉢を終わって寺に帰るのであろう。一切話もせずわき目もふらず黙々と歩いている。寺に帰り食事を済ませ、12時が過ぎればただひたすら仏に帰依する修行が待っているのである。そう想像すると、日本ではとうに失われた修行僧の姿が身近に見られ、何か清々しい心持ちとなった。

郊外を外れると、そこはどこまでも延々と続く田園地帯であった。かつて、ビルマは2期作、3期作も行える米作地帯であり外国にも輸出していた。「ラングーン米」の呼称は今でも覚えている。それが今では米が足りないのだそうだ。水田を見ると、トラクターなどの耕作機械は見られず、見られたのは鍬を曳く牛であった。それを見ていると、フラッシュバックというのだろうか、子供の頃その牛さえ持てず全て手仕事で母と一緒になって田仕事をしている自分の姿が脳裏に浮かび、しばし貧しかった子供時代の郷愁に浸った。

郷愁を誘うのはそれだけではない。道路に沿って流れる川には護岸工事が成されておらず、その川縁には高床式の建物が建っており、川には小舟を浮かべて投網をしている光景も見られた。空を見ると、白い雲がポッカリポッカリと浮かんでいる。それらの風景は、まだ時間がのんびりと動いていた私の子供の頃（終戦直後頃）の田舎の風景そのものであった。

〈シュエターリャウン・パゴダ〉

午前10時前に、パゴーの町に着いた。町の歴史は古く、昔ここにモン族の王朝の首都が置かれた時代もあった。それもあって、小さな町であるのにパゴダや僧院が市内各所に点在している。この町のシンボルは「ヒンタ」という名の鳥の雌が雄の上に乗っている像で、それは町の中心部に建てられている。雄が雌に押さえつけられている姿に見えなくもない。

「シュエターリャウン・パゴダ」の説明については、ガイドブック『旅名人ブックス』（日経ＢＰ社）を引用する。「全長55ｍもある。９９４年モン族の王によって建設された。パゴー王朝の滅亡と共に忘れ去られ、19世紀になってイギリス植民地時代に鉄道建設にやってきたインド人技師によって、密林の中から発見された。映画『ビルマの竪琴』の中で登場する寝釈迦仏こそ、このパゴーの仏像である」。

この寝釈迦仏の説明は、基本的に前述の「チャウンタージーパヤー」と同じである。その顔は前のよりは穏やかである。丁度２人の男が清掃中であった。鉄骨製の鞘堂に納められている。その基壇の壁面には仏教伝来の説話が絵によって説明されている。当然ここにも８曜日の守護神の礼拝所が置かれている。

入り口から寝釈迦仏に至る幅広い通路の両側は土産物屋になっている。同行の女性達は、待っていました

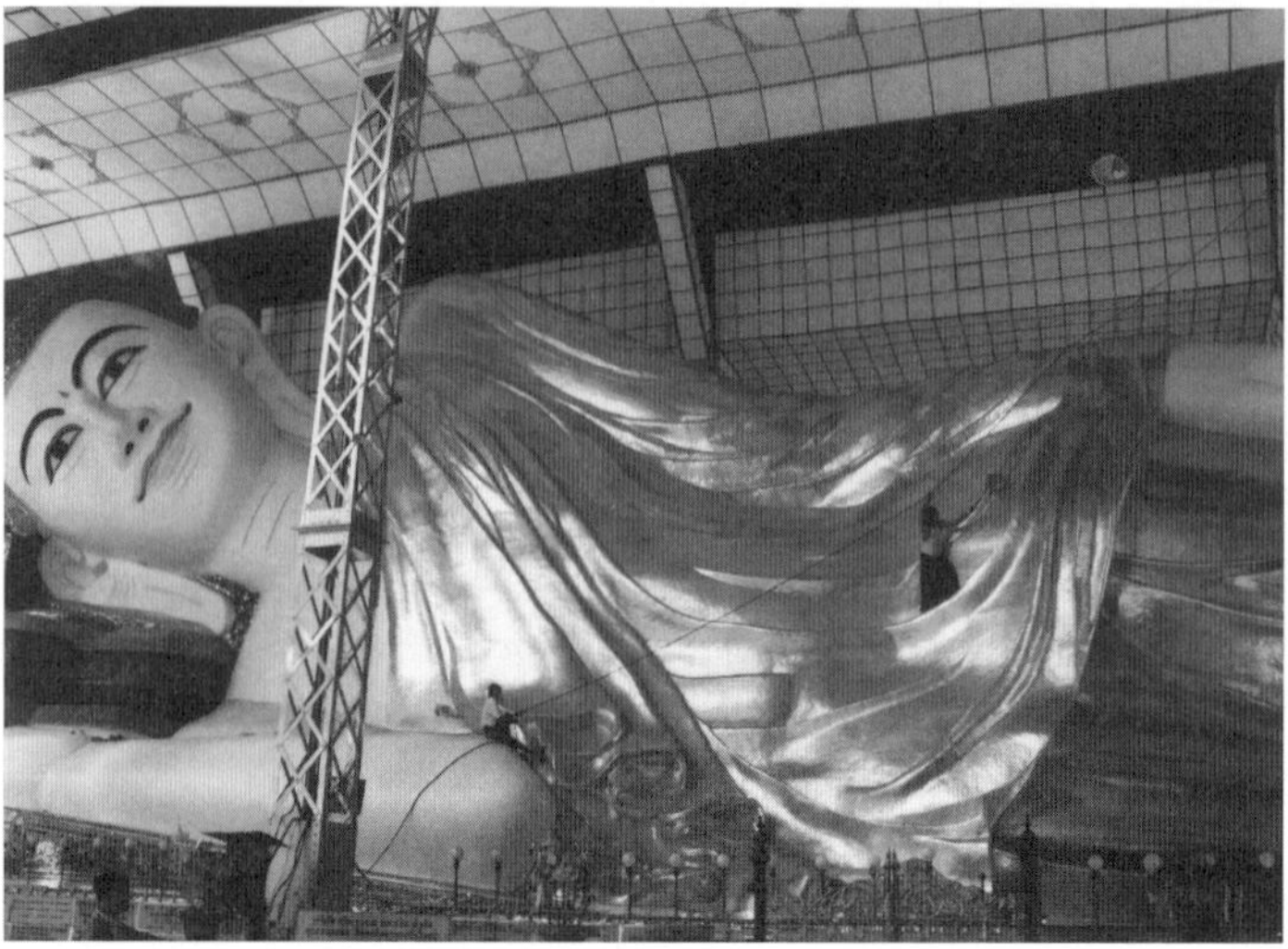
寝釈迦仏は清掃中であった

とばかりにロンジン屋に直行して品定めを始めた。こういう時女性はすごい情熱を発揮する。あれやこれやと探した末、決まると早速身につけた。この積極性は我々男性も学ばねばならないかもしれない。私はここで、白檀製の小さな仏像を買った。

見物後、寺の中庭に出たら、村のお姉さんが何やら白い蕪のような野菜を売っていたので、買って食べてみたがほろ甘い感じの味がした。

ここで一寸脱線。『ビルマの竪琴』について触れたい。前述のとおり私がこのツアーに参加した動機の一つが映画『ビルマの竪琴』にあったからである。見たのは40数年前の学生時代。特別な上映会で見た記憶がある。市川崑監督、三國連太郎主演は記憶にあるが、肝腎のもう1人の主演の「水島上等兵」が安井昌二であったことは、今、インターネット検索で知った。何しろ感動的で衝撃的であった。その感動的な場面の一つが、この寝釈迦仏の場面であった。ビルマの地で無惨な死を遂げた英霊を葬らずに自分だけが帰国することをためらいこの地に残ることを決意した水島上等兵が僧となり、ある森の中の涅槃仏の胎内に入り竪琴を弾いている時、水島の属していた隊がそこを通りかかる場面である。その竪琴の主が隊を離れて帰らなかった水島上等兵であると知り、隊員はその竪琴に合わせて合唱する。この場面には泣かされた。この時の涅槃仏がこの「シュエターリャン・パゴダ」であったことを今回のツアーで知った。しかし、現実のこの金ぴかに輝く寝釈迦仏からは、あの白黒映画のなかの感動的場面をイメージすることは困難であった。

〈チャイティーヨ・パゴダへ〉

寝釈迦仏を見た後パゴーの町を離れ、そこから東へ3時間ぐらいの所にある「チャイティーヨ・パゴダ」を目指した。相変わらずののんびりとした水田地帯が延々と続いている。道路に沿って川も続いている。水田には白鷺が餌をついばみ、道ばたでは牛が草を食み、川では水牛が水浴びをしている。また、時々現れる沼には大きな水草（ホテイシメジ）が繁茂してうす紫色の花を咲かせている。

時々村が現れ、そこだけは大きな木々の緑に覆われている。粗末な草葺き（ヤシの葉か？）の家が多く、たいてい高床式である。高床式なのは必ずしも洪水対策というわけではなく、床下を色々な物置にするのが便利だからと、ガイドは説明していたが、暑さよけもあるのではないか。村の近くの道路脇の木陰には、時々テーブルや椅子を並べた店が現れる。ここは村人がよく集まってお茶を飲む喫茶店のような店で、村の社交場のような役割を果たしているのだそうだ。

比較的大きな村には、必ずパゴダ（仏塔）が建っている。そのすべては金色に輝いていて、それ以外の建物はすべて使い古しの感じなので、その輝きが余計目立つ。村人の信仰の厚さが偲ばれる。

途中大きな川を渡った。シッタウン川というミャンマーで4番目の大きさだそうだ。ここは大戦末期、イギリス軍と日本軍との間で激しい戦闘が行われ、多くの日本兵が死亡したと説明された。インドでのインパール作戦の失敗で、日本軍は中立国タイとの国境を目指して敗走を始めたが、その途上追撃するイギリス軍、インド軍との間で何度も戦闘を交わした。ここもその一つなのであろう。灼熱の中、また熱帯の豪雨の中、傷つき疲れ果て、飢えと病に苦しみ倒れて置き去りにされる人々、銃撃に倒れる人々。その退却路の上には死体が累々と続き、「白骨街道」と言われるくらいであったという。日本軍戦死者18万人。これは中都市の人口に匹敵する。

しかし、今回行ったその場所は、眠気を催すような長閑さの中にあり、道路も人気の少ない田舎道であり、戦闘の悲惨さを思い起こさせるものはどこにも見当たらなかった。前述の水島上等兵も、その敗軍の一兵卒であったはずだ。そして、日本の無条件降伏によってイギリス軍の捕虜収容所に収容されたが、前述のとおり生き残った自分が「英霊」の白骨を葬らずして復員するに忍びず、僧となってビルマに残ることを決意したのである。『ビルマの竪琴』は事実そのものではなく、竹山道雄の小説であったが、その中味はビルマ戦線そのものを背景にしていたからこそ、当時まだ戦争の記憶は新しかったこともあり、人口に膾炙《かいしゃ》しヒットしたのであろう。

昼食は、道路脇のレストランでとったが、そこの生ビールに感動した。味もそうだったが、その安さにである。中ジョッキ1杯1000チャット（約100円）である。そして缶ビールより安い。考えてみれば、

満載のトラックバス

生ビールは瓶にも缶にも詰める手間は要らず、安くてよい道理である。しかし、日本ではその逆だ。どこかにウラがなどとつまらないことを考えながら、昼から2杯も飲んでしまった。

14時頃、チャイティーヨ山の頂上の「チャイティーヨパゴダ」への登り口に当たるキンプンというところに到着し、そこからトラックバスに乗り換える。平ボディーのトラックの荷台の上に角材数本を横に渡し、その角材に座るのである。何しろこのパゴダは人気があり参拝客も多いから、その角材には一寸の隙も無しにぎっしりと詰めて座るのである。しかし有り難いことに、我々外国人観光客は乗り合いではなく専用バスで、何だか地元の人には申し訳ないくらいであった。このトラックバスはスリル満点であった。舗装も十分でない、ガードレールもない、九十九折《つづれお》りの山道を猛スピードで行くのである。大きなバウンドをした際には放り出されそうになるので、しっかりと角材に掴まっていなければならない。しかも角材が尻にごつごつと当たり痛い。一行は、年甲斐もなくワーワー、キャーキャー騒ぎながら行った。

40分後、ヤテタウンという所で下車後、いよいよ徒歩で山頂を目指す。そこの頂上直下の少し斜めにせり出した岩壁の縁に、巨大な丸形の岩石が乗っている場所がある。この丸岩石は金箔を塗られ、通称「ゴールデン・ロック」と呼ばれている。そのてっぺんには7mほどのパゴダが載せられており、これが「チャイティーヨ・パゴダ」であり、ここがミャンマーでは最も神聖な巡礼地の一つとなっている所なのである。日本で言えば、さしずめ熊野神宮といったところか。

山頂まで約1時間。足の弱い人は、背もたれ椅子を2本の太く長い竹の棒にひもで固定した籠に乗り、4人の籠かきに担がれながら登る。また荷物だけを背の高い背負い籠に入れて運ぶ担ぎ屋さんもいる。それにしても相当な急坂を、4人でとはいえ人1人を1時間もかけて担ぎ上げるのは大変な仕事であろう。

私はもちろん徒歩で行ったが、天気も良く気持ちいい山登りであった。見たところ外国人は我々一行だけで、他はすべてあちこちから聖地巡礼に来たという人達という感じであった。みな、和気藹々と楽しそうに登っている。巡礼というよりはむしろレジャーを楽しんでいる感じである。頂上に近づくにつれて、道幅いっぱいの木造のアーケードが現れ、その両側は土産物屋や一寸した食べ物屋が連なっている所に至る。

頂上近くに、当夜泊まるホテルがあり、まずはそこに荷物を預けた。すでに陽は傾き夕方となっていた。さらにしばらく行くと山頂エリアに着く。そこは大理石が敷き詰められた広場になっていて、そこからは素足となる。そこは標高1100mの地にあり夕方でもあったので、足裏は勿論のこと全身に相当の寒さを感

滑り落ちそうな「パゴダ」

じる。すでに多くの巡礼者が来ていて、その内の何人かは簡単なテントを張ったり、毛布にくるまったりして野宿の準備をしている。この周辺には宿もあるが、それも節約しているようだ。あるいは、そのほうが御利益があるのかも知れない。

ともあれ、パゴダを目指した。まずは展望台のような所から遠望した。確かに斜めの土台役の岩石の上に、金色の丸い石がはみ出すようにして乗っている。一見して、「よくも滑り落ちないものだ」との疑問が湧く。そして、今度は近づいてみるともっと不思議である。丸石は、土台石から半分もはみ出しているうえ、その接点をみると相当な幅で隙間も見えるのである。また、両方の石は質が違うというから、「ではどのようにして乗ったのか」との疑問が湧きさらに不思議が募る。また、何人かで押すと少し揺れるというし、これまで何度か地震にもあったがそれでも落ちないと聞くと、これはもう「仏陀の力」と言うしか言いようが無くなる。地元の言い伝えでも、ここのパゴダに納められている仏陀の2本の頭髪がこの絶妙なバランスを取っているということだ。

折から夕陽がこのゴールデン・ロックを照らし出し、荘厳な雰囲気を醸していた。このパゴダには男しか触れることが出来ず、女は近くの囲いの中から拝むだけである。我々男は女性添乗員から金箔を預けられ、それをパゴダに貼り付け、女達は貼り付ける我々を拝んでいた。

パゴダ参拝が済んだ頃、陽は西の空に静かに沈んでいった。広場に戻ると参拝者が増えていて、その一角に座り一生懸命に拝んでいた。また、そこで一夜を明かす人の数も増え寝る準備を始めていた。正月ともなると、この広場は足の踏み場もなくなるほどになるのだそうだ。

広場の一角に、聖女の像が仰向けに寝かされている建物があり、入ってみると、何人かの信者がその聖女像の頭や腹や足などにお札を置いて、一生懸命さすっている姿を見た。こうすると、その部分の痛みや病気が治るのだそうだ。添乗員から、この国ではまだ健康保険制度が無く、病気になるのが一番不安だと聞いていただけに、その真剣さが理解できた。

五、チャイティーヨ〜ヤンゴン〜インレー湖

早朝に托鉢中の少年僧

〈下山〉

本日は5時起き。徒歩で山を下り、バスでヤンゴン国際空港に戻り、国内線に乗り換えてインレー湖の近くのヘーホー空港に飛び、そこからまたバスでインレー湖畔のホテルへと長距離移動の日である。そのための早起き。

ホテルは、チャイティーヨ・パゴダに至る参道沿いの東側斜面に建てられているので、日の出を見るには絶好の場所にあった。昨夕パゴダの西側の山に沈んでいった太陽が、今度は東側の山から浮かび上がってくる。この当たり前の成り行きに一々心が反応するのも旅情の故か。朝食を早く終え、闇が薄明かりに変わり、曙光が射し出して日の出に至る経過を飽かず眺めていた。

6時半に出発したが、驚くことにすでに多くの参拝

者が山を登り下りしていた。下る人達は我々も同様だが、登ってくる人達は余程の早立ちをしたに違いない。参道沿いの茶店では、その人達用にカレーやモヒンガーという蕎麦などの軽食を商っている。托鉢姿の坊さんもよく目に付く。体感温度では10度以下と見たが、石畳の坂を裸足で黙々と行く坊さんの姿には、信念と信頼を感じた。

途中、トラックバスに乗り換え山を下ったが、前日同様明らかに場を弁《わきま》えないスピードには、昨日以上に「おどけでない（仙台弁）」スリルを感じた。

〈インレー湖畔の宿に向けて〉

トラックバスの終点は一寸した田舎町で、土産物屋や茶店があった。出発までの時間を気にしながら村の奥の方に入っていったが、そこにはこの村には立派すぎるぐらいのパゴダがあった。イスラム圏におけるモスクのように、ミャンマーでもパゴダはどこの町にも村にもあり、そこに住む人達の心の拠り所になっているに違いない。僧侶も尊敬されているに違いない。光り輝くパゴダを見ながらそんなようなことを思っていた。

バスに乗り換え、前日来た道をヤンゴンに向けて走っていった。車窓には相変わらずの田園地帯が飛んでいき、時折僧侶達の列、タナカを顔に塗りロンジンを着た娘達、牛で田畑を耕す農民達、荷物を頭で担ぐ人達、「西部バス」、「アイシン運送」等と書かれた古い日本車、すべて手作業で行っている道路工事、日本軍との戦いで戦死したイギリス人の墓地等々に目を止めながら行った。

国内線用のヤンゴンのローカル空港は古く小さかった。しかし、飛行機はそう古くはなく多少安心した。

「シュエヤンピュー僧院」

目的地へーホー空港はインレー湖への玄関口に当たる。と言っても、ここも鉄道の駅舎のようなさらに小さな空港である。思い出にそこを写真に撮りたかったが、空港も撮影禁止。

ここはミャンマーで一番大きい州シャン州の西部にある。シャン州はミャンマーの東部に位置し、中国、ラオス、タイの3か国と国境を接している。標高1000mくらいの高原地帯が続き、昔からシャン族が支配していた地域である。国境の近くには今でも多くの少数民族が住んでいる。自立心旺盛で、最近まで政府の方針に従わず抵抗運動を続けていたが、近時和解したとのこと。それまではこの州の北部、東部には外国人は入れなかったが、2～3年前から旅行も出来るようになったそうだ。

インレー湖畔のホテルまでの間、ガイドからいろいろな話を聞いた。シャン族には蒙古斑があり、大豆、もち米、納豆をよく食べ、桜も咲き日本とよく似ている。お茶はよく飲み、食べるお茶もある。サラダに入れたり炒めたりして食べるのだそうだ。以前は麻薬栽培で収入を得る人達が多かったが、今は蕎麦や菊栽培に変えている。首長族もいるが多くはタイに移っている。温泉もある。等々。

夕方、「シュエヤンピュー僧院」に立ち寄った。少数民族の領主によって、少数民族の貧しい子供達を受け入れるために寄進されたのだという。現在も21人の少年僧と4人の大人の僧侶が共同生活をして少年僧を教育している、とそこの僧侶が説明してくれた。既に、建立後110年余り経過しているが、全部チーク材で造られたしっかりとした建物である。その隣には煉瓦造りのパゴダがあり、その基壇部分に当たる所の壁面には30㎝四方くらいの枡形の穴が多数穿たれ、その一つ一つに仏像が安置されている。その上の壁面には仏教説話に題を取った壁画が描かれている。何れも規模は小さいが、この国の仏教のありのままの姿を見た気がして、気持ちの良い見学であった。

そこからおよそ40分、山賊でも出そうな暗闇の道を行くと、当夜の宿のインレー湖畔のホテルに到着。昔の王族好み風に造られたとかで、雰囲気満点のリゾートホテルであった。ここでは、夕食にビールだけでなくミャンマー産のワインを飲んだが「なかなかいける」といった感想のものであった。

六、インレー湖観光

インレー湖観光は、今回のツアーの目玉の一つである。インレー湖の概観は『地球の歩き方』を引用する。「シャン高原にあるインレー湖は、南北22㎞、東西約12㎞の細長い湖で、周囲の景観も会わせ、風光明媚という言葉がピッタリの土地だ。水深が乾期の頃なら2m、雨期の終わりでも6m程度と浅いため、アシをはじめとする水草が繁茂し、浮島を形成している（略）。浮き草の間の水路を舟で移動する」。周囲は山に囲まれている。湖の標高は900m近い。そのため夏でも涼しく過ごしやすく、我々の行った正月頃は防寒着が必携である。湖周辺には見所も多く、ミャンマー観光の一大観光スポットとなっているのである。

〈インディン遺跡〉

我々はこの日も5時起きで、6時過ぎには出発した。湖から日の出を見るためであった。私はこの日の日の出を終生（といっても残り少ないが）忘れないであろう。それほどその時の印象が深かったのである。

ホテル専用とも思われる船着き場に着いたときには、湖面は薄明かりの中で靄《もや》に霞んでいた。対岸の山々はうす紫色のシルエットとなって連なっている。その東方の山の上方が刻々と光を増してきて、それにつれて湖面のオレンジ色の濃さが増してくる。空気は清涼。気温は5～6度といったところか相当に寒い。これほどの寒さとは思わなかったので、上着にフリースしか持ってこなかった自分を悔やんだ。旅のしおりには、「厚めの防寒着必携」というような断定的な注意がほしかったと添乗員に言った。

インレー湖の朝

日の出前の湖の風景を何枚かカメラに収めた後、6人乗りの細長い船外機付きの観光舟に分乗した。このような早朝から何艘もの小舟が漁をしていた。小舟の先端に片足で立ち、もう一方の足で櫂《かい》を漕ぎ、手に網を持っている姿が目に付いた。何と器用な漁法だと感心する。ここインレー湖で水上生活をする少数民族「インダー族」独特の漁法なのだそうだ。

舟は、湖の静寂を破るように、ディーゼルエンジンを吹かしながら相当のスピードで湖面を滑っていく。音に驚いたのか、水鳥が湖面すれすれの高さで飛び去っていく。さらに明るさが増してきて遂に日の出。山の端に太陽が昇り始めるや、湖面からは靄が薄れて行くにつれて、山々のシルエットも薄れて行き、幻想の世界から日常世界へ移っていった。

その頃になると、舟の数も増えてきて浮島も見えてきて、インレー湖の日常生活が現れてきた。ガイドブックによれば、この湖には80の浮島があり、インダー族の村が18あるのだそうだ。また、水上マーケット、水上寺院、水上僧院もある。

我々はまず湖に流れ込むある川を遡上してインディン村の「インディン遺跡」の見学に出かけた。村の舟着き場で降りて村に入ると、程なく小さな小学校の前に出る。ガイドの説明では、この学校は横浜のある中学校からの寄付によって建てられたものという。遺跡は村の外れにあり、その入り口から遺跡までの参道には長い屋根付きの円柱回廊が通じている。その廊下には土産物屋の屋台が並んでいるが、観光シーズンでないことや朝早いこともあってか、開店している店は少なかった。ただ、店番はいなかったが、ミャンマー名物の操り人形の古い人形がずらりと吊されていた光景は印象に残っている。

見事な石の彫像

回廊の行き着いた先には、比較的手の行き届いた寺院がある。しかし、その近くの遺跡は、長年にわたって放置され、風雨にさらされたままの状態にある。1054もの仏塔があるというが、そのうち少数のものは信者の寄付で復元作業が行われ、真っ白な漆喰が塗られたり、その上に金色を塗って仕上げられたりしている。他は風化で崩れたり、木や草が生えたりしている。だが、近くに行ってみると、仏塔正面入り口部分の両側には、ビックリするほど見事な石の浮き彫りの彫刻が彫られているのを確認することが出来る。決して大げさではなく、私は規模こそ違うがアンコール遺跡の彫刻に匹敵すると思った。それなのにこの放置は何故か、宝の持ち腐れではないか、今の軍事政権にはこの価値が分からないのか、これは間違いなくユネスコ世界文化遺産にもなるはずだ、等々と義憤に駆られた。参加者一同もこもごも文句を言っていた。

これに対して、現地ガイドも同感するような表情をしていたが、現政権を非難するようなことは口には出せない様子だったので、それ以上問うことは止めた。ただ一つ、ガイドから問題提起があった。ミャンマー人の信者の感覚だと、この遺跡を歴史遺産として保存するというより、これを解体修理して元通りの金ぴかの状態に戻すことのほうが功徳になると考えるのが自然である。現に、前述のように金にゆとりのある人達は、解体修理をして功徳を施している、というのである。そう言われれば、それ以上は部外者が口を出せないことになる。難しい問題である。しかし、それにしても惜しい。

この遺跡だが、はっきりした記録はないのだそうだ。言い伝えでは、仏陀の死後200年頃に聖骨を祀るためにここインディンの地に仏塔が建てられた。現在のようなスタイルになったのは11世紀アノヤータ王朝の時代で、中央に本堂がありそれを囲むように多数の仏塔が建立され、それが今に伝わっている。

この遺跡見学は3年前（1996年）に、それまで紛争状態にあったパオ族との平和協定が成立して以降可能になったそうである。ということで、ここまで来ている観光客はまだ少なかろうと、いささか悦に入った。

浮島には家も建っている

〈ガーペー僧院　水上パゴダ〉

遺跡見学後、登ってきた川を下って再びインレー湖に出た。朝と比べて舟の数もグンと増えていた。行き交う舟の船外機の音もかまびすしい。また、1人舟、2人舟、家族舟、夫婦舟などいろいろである。人や物、何でも舟で運ぶ。浮島も多く、その間を大小の水路が通っている。大きな水路は、あたかも水の都ベニスの大水路「カナル・グランデ」のようだ。

ここで、一寸「浮島」についての説明。それは名のとおり浮いている島である。確かに我々の舟が小さな島の横を過ぎると、島が僅かに上下に揺れているのが分かる。また島には何本もの竹棒が刺されていて、島が流れないようにされている。すべての島が浮島という訳ではないであろうが、大きな島には家が建っている。水路の水深を維持するために、太い筏の上に載せたユンボのような機械で水底の土を掘り上げて、それを浮島に上げていた。これは、浮島の維持にもなるのであろう。また水草を何層にも積み上げて浮島を造ることも出来るのだそうだが、今では新しい島を造ることは規制されているという。

島の建物は、竹製の粗末なものや、木造のしっかりしたものがある。あるところでは、水路に沿って整然と高床式の建物が建ち並んでいる。各家々には必ず細長い形の舟が複数あり、床下の水面に格納されている。水上生活にとって、舟は足であり不可欠な乗り物であることが理解できる。

水上生活は、湖での漁と島での畑作に頼っているが、畑作はトマト栽培が盛んで、ミャンマー全体の生産量の70％を占めるという。漁師は貧しく、トマト生産者は豊かで立派な家に住んでいると説明された。ここで約10万人が生活しているという。

「ガーペー僧院」は湖上に立つ木造の僧院である。654本の柱はすべてチーク材。1851年の建立。立派な台座の上に乗った仏壇が多数安置されている。数百年の歴史をもっていると言われている。どの戦争だか分からないが、戦禍を免れるためにここに移されたのだという。

炊事場では数人のおかみさん達が、せっせと食事の準備中であった。なんでも、インレー湖の水位が減って島の周りが削られてしまうので、削られた土を再び島に上げている作業をしている男達のために昼食の準備中であるということだった。賑やかに楽しそうに、なにやら揚げ物を作っていた。我々も一口勧められたが遠慮した。

この僧院には、名物ネコがいる。ジャンプして輪くぐりをするジャンピングキャットである。観光客が集まると、担当（？）の人が出てきて数匹のネコを集め、手に輪を掲げてネコを促すと、輪をめがけて飛び上がり輪くぐりをするのである。これによって特に喜捨を求められたりはしない。旅の中の楽しく心温まる一齣《ひとこま》であった。

〈水上パゴダ〉

正式名称は、「ファウンドー・パヤー」で、湖上に建つ大きな水上寺院である。２階の中央部分に祭壇があり、そこにこの寺の本尊である５体の仏像が安置されている。何れも一つ、あるいは二つの大きな凹凸のない団子型の仏像である。元々は普通の仏像の形だったが、訪れる信者がそれぞれ金箔を張っていくうちに、団子のように丸くなってしまったのだそうだ。それにしても、ミャンマーでは仏像やパゴダに金箔を張るのが好きだ。しかも、張れるのは男だけで、女達は張るのを男達に頼み、その張っている男達に向かって一生懸命に拝むのである。私も張ったが、女達に拝まれながらというのも何とも面映いような妙な気分であった。

毎年秋に開催されるインレーの筏祭りでは、伝説の鳥「カラウェイ」を模した舟にこの仏像が載せられ、湖の村々を巡るのだそうだ。この仏像は、願いごと、特に「無事故」の願いごとを叶えてくれるらしい。

その後、水上レストランに行って昼食。シャン族の料理を食べた。大きな漆塗りのお盆のような器に小皿が乗っている。豆腐の揚げ物、野菜の天ぷら、鶏の炒め物、豚の炒め物、青いトマトの胡麻和え、魚の唐揚げピリカラソース、カボチャスープ。豪華であった。湖上の水路を行き交う舟を見ながら、大きな東屋風の湖上の高床式レストランで傾けるビールの味もまた格別であった。

七、シャン州の高原地帯を経てカローの町へ

旅の楽しみの一つは移動にある。次々と移り変わる車窓の風景を見ながら、びっくりしたり、がっかりしたり、喜んだり、悲しんだり、感激したり、感傷したり等々飽きることがない。同行者の中には移動の時はたいてい眠っているという人もいるが、これはもったいない。しかし、それぞれ旅行観もあることだから何とも言えないことではあるが。しかし私の場合今も気持ちだけは若く、旅行に行ったら「何でも見てやろう」のタイプだから、バス移動の時間もおさおさ怠りなく窓から外を眺め回すのである。

結果的に、インレー湖からカローまでのシャン州の高原地帯を行く中で、シャン州の自然の豊かさを実感できた。たおやかな山々が連なる高原は畑作地帯となっており、様々な野菜や果物が植えられている。葡萄棚のような棚が続く所があったのでガイドに聞いてみたら、ハヤトウリ畑だと言われたが、私には葡萄畑のようにイメージされ、何年か前に行ったイタリア、トスカーナ地方のたおやかな山々を思い出した。

途中、「アオバン」という高原の市場でトイレ休憩をしたが、ここでは高原野菜や高原果物を売る店が軒を並べてのんびりと商いをしていた。野菜では、ジャガイモとショウガが有名だと聞いた。

山や畑は豊かであったが道路はひどく荒れており、窓越しに風景写真を撮ろうとしたが横揺れ、縦揺れがひどくなかなか撮れなかった。

16時半頃に高原の町ピンダヤを見下ろす洞窟寺院に到着した。標高は1500mくらいで、そこから、町

「シュウーミン洞窟寺院」には多数の仏像が

の真ん中に湖があって、それを囲むように町が広がっている様子を一望することができる。町にはシャン族、パオ族、パラオ族などの少数民族が住んでいて、そこの市場に行けば、様々な民族衣装で着飾った娘さんやお婆ちゃんにも出会えると説明されたが、残念ながら時間の都合で見下ろすだけで、あとは想像するだけであった。パック旅行の悲しさである。

ピンダヤの洞窟寺院の正式名称は「シュウーミン洞窟寺院」。洞窟は日本でいう鍾乳洞である。そこには長い参道が通じているが、我々はエレベーターで行った。寺院の奥行きは150mで、その中に8094体の仏像が祀られているのである。入り口は大広間状で天井部分も高い。その鍾乳洞独特の異様な壁面には、大小様々の金ぴかの仏像が所狭しと安置されている。一瞬ビックリである。そこから奥へはこれまた両側にびっしりと仏像の並んである狭い通路を行かなければならない。そこを過ぎると中は広くなっているが、そこもまた仏像、仏像。その日は夕方に入り、また日曜日でもなかったので人は少なかったが、日曜日ともなるとかなりの混雑なのだそうだ。ここの仏様達も色々な願い事を叶えてくれるとのこと。

寺院を出ると夕闇が迫っていた。星も現れ始め、月も冴え始めていた。バスは、その夜の宿泊地「カロー」を目指して走り始めたが、程なく漆黒の闇が訪れた。だが、道路にはガードレールも外灯も無い。頼りはバスのヘッドライトだけ。しかも下り道なのでスピードも出がち。片側が断崖らしい所を走るときには、肝を冷やしどおしであった。

カローの町に着いたのは午後7時頃、寒い。田舎町の家族経営といったレストランでの夕食だったが、寒さが身にしみて味わうゆとりもなかった。ホテルも田舎ホテル。シャワーはあったが、ホース部分からも水が噴き出していて、しかもぬるいので用を成さず、震えながら早々に出た。こうなると、八つ当たりしたい気分になってくる。

そもそも当初の予定では、当日はインレー湖近くのヘーホー空港からバガンへ空路で行き、バガンの遺跡ではその夕景色をゆっくりと心ゆくまで堪能するはずであった。ところが、何だか訳の分からない理由で空路では行けないことになったため、予定外のコースをバスで長々と来ざるを得なくなったのだ。しかも、翌日もまた長時間をかけてバガンに行かなければならない。旅行社にも、現地ガイドにも知らされない理由といえば、政治的な理由としか考えられない。軍事独裁国家の正体見たりだ。

当夜、余り寒いのでホテルでは湯たんぽを出してくれた。これで、多少は気分が納まった。それにしても、冬季とはいえ南国ミャンマーで湯たんぽとは想像だに出来なかった。

八、カロー〜メイイッティーラ〜ポッパ山〜バガン

昨夜は寒くて早くベッドに入るしかなかったので、11時頃には寝入っていたと思う。だが、ホテルの極近くからイスラム教のアザーンのような読経の声が響いていて、たびたび目を覚まさせられたので、いささか寝不足気味である。

出発前、近くに散歩に出たが、すぐ近くに数本のパゴダが立っている寺院があった。夕べは特別の日だったらしく、夜通しの読経となったようだ。少年僧が数人たき火を囲んでいた。しかし、こんなに寒いのに彼らは僧衣の他には特に何も着ておらず、相当寒いはずである。しかしそれでも震えている風ではなく、さすがである。

この日もまた一日中バスでの移動日。当初は相変わらずの高原地帯を行く。時間のたっぷりある時は、ガイドとの質疑応答の時間でもある。国が国なので、余り政治的な質問をしてガイドを困らせるのも可哀想なので、皆ほどほどなものにした。

結婚は、意外にも恋愛結婚がほとんどだそうだ。女からプロポーズすることはしない。プロポーズがあってもすぐには返事をしない。式はお寺で行うことが多いが、7〜9月は坊さんの修行時期で寺の外には出ないので、この間は式はしない。弁護士の前で結婚のサインをしてお寺に寄付をして終わりという方法もある。お寺で式を行う場合、特にお金はいらずコーヒーセットとかアイロンとか炊飯器をお礼として差し上げてお

終いという程度である。公式には離婚は認められていない。

兵隊は中卒、高卒が多く、大卒は、医科大卒、工科大卒が多い。18歳以上で体重55 kg以上の条件があり、地位により家や車が支給されるが、辞めるときには返す。

公務員は、大卒か高卒。給料は低い。米、油、調味料の現物支給があるが、現実問題としてアンダー・テーブルがないと生活はきつい。退職後も年金だけでは生活できない。だから、子供も土産物を売ったりして家計に協力している。副業にタクシー運転手をしている人もいる。

小学校5年までは近くに学校があり皆学校に行くが、中学校、高校になると近くにないので、結局通い続けられなくて止める人が多い。学校では、朝には経を唱え、帰りには国歌を歌う。

戦前3年間日本の支配下にあったが、恨みを持っている人は少ない。日本人で知られている人はキムタク、スマップ、小泉元首相。『おしん』は爆発的な人気だった。今、『ドラえもん』が人気である。

ミャンマー人の自慢は、困っている人がいれば助けるということ。人を助けることは功徳と考えられている。

今回のガイド（女性）の夢はと聞いたら、今の2階建ての自宅を4階建てにしたい。今は1階に兄の家族、2階に母と自分が住んでいるが、4階建てなら3階4階を人に貸せる。日本のような健康保険も年金制度もないので、病気や老後が不安。家賃が入れば不安が解消できるとのことであった。

〈メイッティーラ「ナガヨシ・パゴダ」〉

11時過ぎに「メイッティーラ」という町に着いた。メイッティーラ湖という大きな湖の畔に広がる、落ち着いた美しい町である。『地球の歩き方』によれば、「国土のほぼ中央に位置するメイッティーラは、古くか

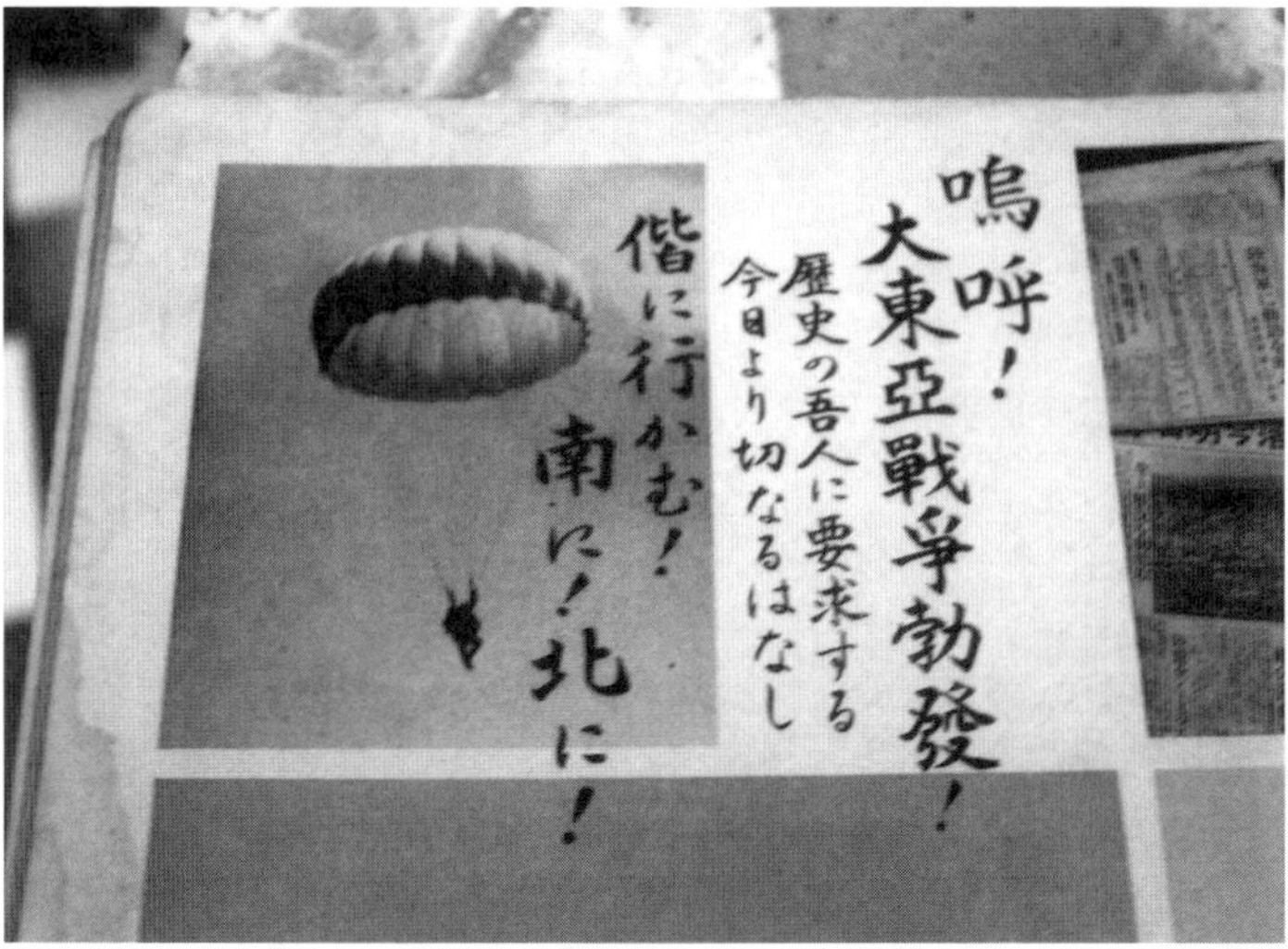

戦死者の遺品を見せてもらった

ら交通の要衝だった。現在でもミャンマーを南北に結ぶ道路の中継地点であり、ヤンゴンとマンダレーを結ぶ長距離バスは、必ずこの町を通る」。「第2次世界大戦末期、敗色濃い日本軍と連合軍との間に激戦が繰り広げられ、数十万人が死傷し～」「戦後この町には、亡き戦友の供養にと日本人が絶えることなく訪れている。国家や人種に囚われずにすべての戦死者を弔い、さらには世界の平和を祈るための〈世界平和パゴダ〉として〈ナガヨシ・パゴダ〉も建立され、人々が訪れている」とある。

　寺院の庭には「この木の下で沢山の日本兵が撃たれて亡くなった」という太い木があり、こんなに小さかったのかと思われるような日本軍の戦車の残骸があり、日本人戦死者の慰霊碑がある。寺院の中には日本兵供養のための仏像安置所があった。ここで私等は持参の線香を焚いて手を合わせた。私が生まれて程なくの頃、遥か遠くの日本から徴兵されてきた多数の日本兵が、軍の作戦の失敗もありここで亡くなったのだと思うと、言葉もなくただ頭を垂れるのみであった。

我々が見学していると、係りの人が戦死者の遺品の一部か、何冊かの古いアルバムを見せてくれた。その一部をカメラに収めたが、その表紙には「嗚呼！　大東亜戦争勃発！　歴史の吾人に要求する　今日より切なるはなし　行かん！　南に北に！」などと墨書されており、中の兵士の1人1人の写真の横には氏名の上に「誠」「剛毅」「殉皇」「無」「信念」「忠」等々の文字が自筆で書かれていた。私個人としては、ここの見学で、広島原爆資料館、知覧の特攻隊記念館見学に匹敵する心身に深く浸みいる重々しい感慨を覚えた。

〈ポッパ山〉

メイッティーラ湖の畔のレストランで昼食後、再びバスに乗って移動。2時間ほどでポッパ山の麓に着いた。バガンの南東約50㎞の位置にあるという。麓には意外にもきれいに整備されたゴルフ場があり、プレーしている姿も見受けられた。車窓から垣間見える人々の生活実態からすると、整備されたゴルフ場というのには違和感を覚えた。案の定、ここでプレー出来るのは、高級軍人か裕福な企業経営者のみということであった。

ここで下車をして「ポッパ山」の全容を写した。ポッパ山は標高1518m。この山の中腹に、ミャンマー精霊信仰の聖地である「タウン・カラッ」と呼ばれる特異な外観をした岩峰がある。ここが土着信仰である「ナッ信仰」の聖地で、古くから多くの人々の信仰を集めてきた。「ナッ神」は樹木に宿る精霊神、土地神、村落の守護神、人神等々37の神が居るのだそうだ。タウン・カラッ登り口の当たりは、土産物屋や食堂が軒を並べ、門前町となっている。その一角にナッ信仰の博物館（？）があり、そこには37の神々の像が陳列されていたが、何れも人と等身大の美男美女のマネキン人形に赤や青、緑やピンクの華麗な衣装を着せていて、神々しい感じは全くない。日本人には、その前に跪き真剣に願い事をする気は起きないであろう。この、民族による美学・美意識の違いは面白い。

登り口には白像が左右に立つ門があり、ここから頂上まで屋根付きの階段（回廊）が続いている。頂上まで777段あり、30分近くかかる。ここは聖地であるので素足にならなければならない。ところで、ここには猿がいっぱいおり、参詣者に食べ物をねだっている。時に帽子やメガネなども狙われることがあると注意されたが、聖獣であるようで乱暴に扱うことは出来ない。加えて猿は、階段に糞やおしっこをするので大変に臭い。それらを全く踏まずに登るのは至難の業である。モップで掃除をしている人もいるが、追いつかない。

頂上には沢山の祠があり、地元の人が熱心に拝んでいた。ここは眺望が良く、眼前にはポッパ山が一望できる。中腹には山腹を削って立派な建物が建てられていたが、そこは高級ホテルであり、国の最高権力者の縁者が経営しているのだそうだ。ひところ自然保護運動に係わり景観に関心のある私には、このような急傾斜地をカットして道路を通し、ホテルを建てるなどということは、崩落の危険もあり景観上も大いに問題がありすべきでないと感じられた。仮に日本においてなら、開発反対運動に係わっていたであろう。

〈バガンを目指して〉

ポッパ山を出発して30分もすると、日没の時間が迫っていた。前述のとおり、当初の日程では今頃、バガンの広大な平原に点在する大小様々な仏塔や寺院の林立する中にあって、日没の陽を全身に浴びながら、その荘厳壮大な光景に身をゆだねているはずだった。しかしそれも適わず、やむなく小高い丘の上でバスを降りて、しばし日没を見送るしかなかった。

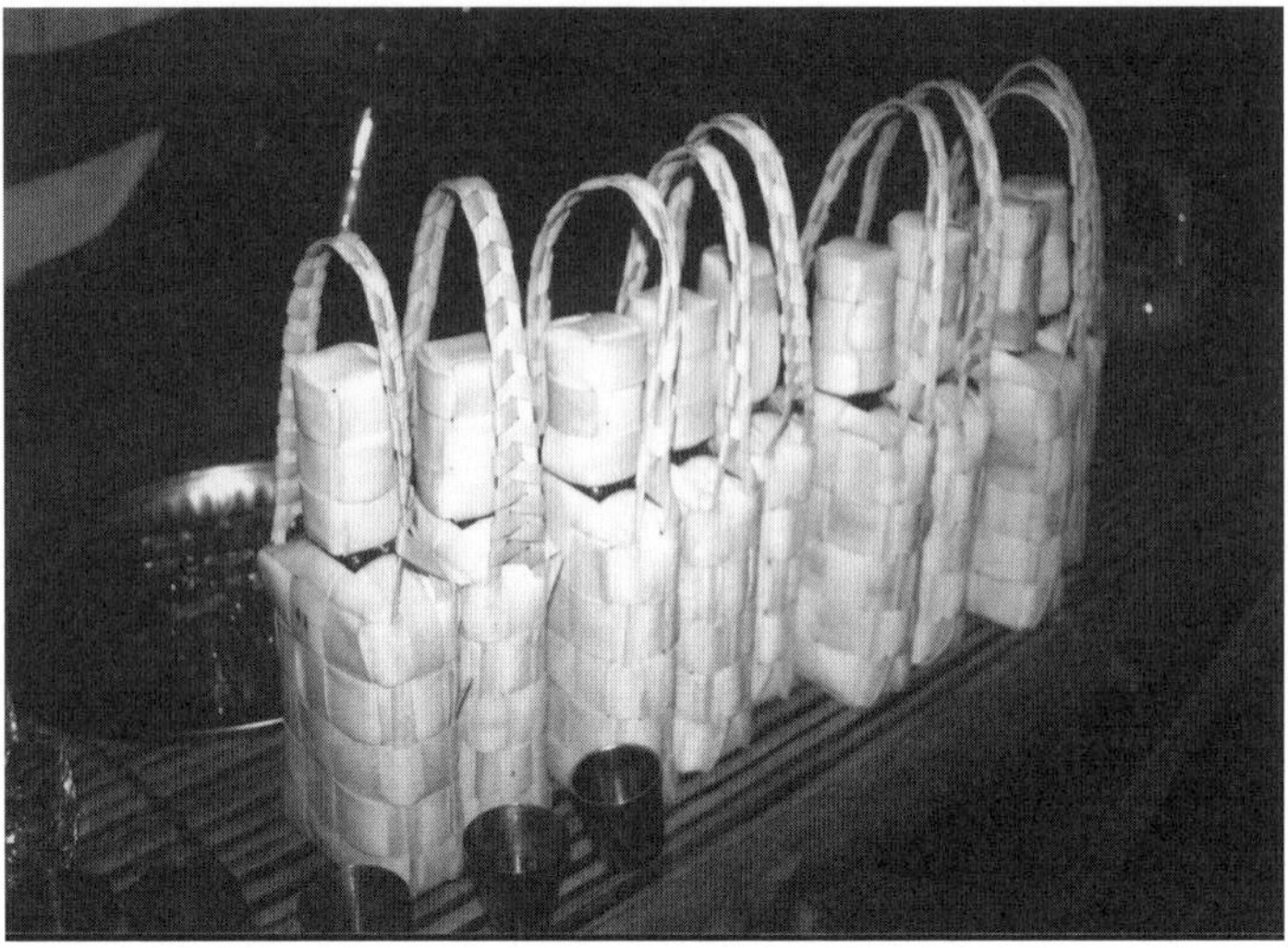

珍しい地酒

その後しばらく走ったところで、「黒砂糖工房」に立ち寄った。これは、予め私がガイドに「どこか地酒を売っているところがあったら紹介してほしい」と頼んでいたので、それがここであった訳だ。もはや暗くて目先も見えないくらいで工房も終わっていたが、何とか我々のためにヤシの樹液で造った黒砂糖やそれを原料にして造った焼酎を売ってくれた。焼酎はミャンマー製のウィスキーの瓶に詰められ、ヤシの葉で編んだ洒落た入れ物に入っていた。私は、これを3本買って土産にし、帰国後直ちに行きつけの居酒屋に持参し、常連に振る舞った。味は、黒糖焼酎そのものであり、味そのものに対する賞賛は得られなかった。しかし、私としては、外国でも日本でも旅行に行った場合には、そこの地酒を買い求めることを趣味にしているので、珍しい地酒が手に入ったということだけで十分に満足であった。

当夜の夕食は、バガンの遺跡を見下ろすような位置にある野外レストランで、民族舞踊を見ながらミャンマー料理を食べた。バガン遺跡のパゴダのライトアップを背景にしたステージで、得度式、結婚式の儀式が演じられ、また、ビルマの竪琴による演奏、大きな操り人形が披露された。

当日もまた、忙しく密度の濃い１日が過ぎていった。

九、バガンで初日の出と遺跡見学

バガン、ミャンマー観光最大のスポットと言っても良い。その概観はやはり『地球の歩き方』に頼ろう。「エーヤワディー（イラワジ）川中流域、その東岸の平野部一帯約40㎢のエリアに、大小様々な仏塔や寺院が林立するバガン。ここはミャンマー屈指の仏教の聖地。現在残るほとんどの建造物は、11世紀から13世紀、バガン王国の興隆からフビライ・ハーンの侵攻を受けるまでの２５０年余りに建設されたものだ。「バガン」とは、広くこの遺跡群のある地域を指し、一部は考古学保護区に指定されている。この保護区が城壁に囲まれたオールド・バガンで、狭義にいうバガンはこの区域を指す」。

さて、当日は旅行7日目で、２０１１年元日。今年もまた正月を異国で迎えた。本来、一家の主としては、正月ぐらいは家にいてデンと構えて居なくてはならないことは分かっているのだが、纏まった休みとなると旅心がいや増してきて、ついつい旅に出てしまう。いよいよ「多動爺」となってしまうのである。

〈初日の出〉

5時半の起床。広大なバガン遺跡の中で初日の出を拝むためである。我々一行としては、前述のようにこの地から夕陽を拝むことが出来なかったのだから、せめて朝日は十分にという気持ちであった。

ホテルから車で15分の4角形の基壇が5層になっている「ミーネゴン・パゴダ」の上から拝むこととなった。ここからはバガン一円を眺めることが出来る。すでに先着の人達が絶好の場所に陣取ってカメラを構えていた。我々もまだ暗いパゴダの階段を、懐中電灯を頼りに登っていき、それぞれに場所を占めた。この日も快晴であろうか、大小のパゴダが黒いシルエットを成す平原の地平線が赤く染まり始めた頃、その上方にはまだ三日月がはっきりと見て取れる。目を転ずるとライトアップされた大きなパゴダが、あたかも黄金の城のように金色に輝いている。絶景である。程なく地平線の赤茶色が次第にオレンジ色に変わる頃、それにつれて遠方の山々も黒から薄墨色に変化していった。そしていよいよ日の出。しかも初日の出。その白熱色の曙光が東方の山に燃え出してきた時、知らず知らずのうちに見物人のあちこちから感嘆の声が漏れ出す。「ハッピー・ニューイヤー」の声も聞こえる。明るくなって分かったが、西欧人も相当いた。我々のパゴダも全体に照らし出された頃、予想どおりの素晴らしい日の出に納得してホテルに戻った。だが、意外なことだが、ミャンマー人には初日の出を拝む習慣はないとのことだった。

〈遺跡観光〉

添乗員持参の小さな雑煮を食べて、いよいよ今回の旅のハイライト、バガン遺跡観光に出発した。何しろ広大な平原に数千の仏塔や寺院が点在しているのである。名のある寺院、仏塔だけでもゆっくり見て回ると

「バガン遺跡」

すれば3～4日はかかる。我々は前述の日程変更のため今日の1日しかない。それでも勢力的に回った方だと思う。午前中に「マヌーハ寺院」、「シュエサンドー・パゴダ」、「シュエジーゴン・パゴダ」、「ティーローミンロー寺院」、「アーナンダ寺院」、「ダビニュ寺院」を、午後に「ダヤマンジー寺院」、「プーパヤー・パゴダ」、「コウヒアウジー・パゴダ」、「シュイネイジンドー・パゴダ」、「ピヤッタッジー・パゴダ」を見た。そのすべてを紹介してもここでは余り意味のあることとは思われないので、特に印象に残ったいくつかに限ってガイドブックに頼って述べることにする。

「シュエサンドー・パゴダ」。1057年の建立。5層のテラスを持つ大きくて堂々とした見事なパゴダである。仏陀の髪の毛が2本納められているという。ここからの眺望は素晴らしく、日の出、日の入り見物には最適の場所で、観光客の見学場所になっている。我々もここの最上のテラスまで登って、始めてオールド・

バガンの全景を目にした。見た瞬間、思わず「ウワー　スゲー！」と感嘆の声を上げそうな光景である。見渡す限りの大平原の中に、それこそ無数の大小の赤茶色の寺院やパゴダが点在しているのである。その全体が、広大な遺跡群を成している。アンコール・ワット、ポロブドールと並び世界三大仏教遺跡と呼ばれるのも当然である。

　しかし、何故かここはまだ世界文化遺産に指定されていない。何でも、選考基準に合わない部分があるそうなのだが、どうも納得がいきかねるというのが率直な感想である。元はここに農民も住んでいて畑作を行っていたが、１９９０年にオールド・バガンの全住民をニュー・バガンの方に強制移住させたのだそうだ。しかし、幸い移されたのは人だけで畑はまだ残っていて、現によく見ると、遺跡群の中に農道もあれば畑も見て取れる。

スタイルのいい仏像

　「アーナンダ寺院」。１０９１年の建立。「バガンの遺跡を代表する、最大かつ最もバランスのとれた美しい寺院」「本堂は一辺が63ｍの正方形でできており、四つの入り口、中央に聳え

遺跡の中に牛や山羊の群

る高さ50ｍの塔のバランスが見事」「本堂の中央に高さ９・５ｍの４体の仏像がそれぞれ四方を向いて納められている」（『地球の歩き方』より）。壁全体には見事な壁画が描かれている。４体の仏像は何れも一木造りだという。そして何れも金色に輝いている。また、何れも長身でスタイルが良く、それを仰ぎ見ているとその肢体に圧倒される。

「タビニュ寺院」は、65ｍの高さでバガン随一。近くの参道の土産物屋でタマリンドの実で作った甘酢っぱくて品のいい味のする菓子を買った。帰国していろんな人に味わってもらったが、一様に「美味しい」と賞賛された。その後、近くの日本兵の戦没者慰霊碑に立ち寄って、ここでも持参の線香を手向け手を合わせた。

「プーパヤー・パゴダ」。これは、イラワジ川の畔に立つ円筒形のシンプルなパゴダである。イラワジ川は、聞きしに勝る大きさだ。川幅は、この辺りで１・６㎞あるという。ゆったりと静かに滔々と流れている。感激である。

午後、遺跡を馬車で巡った。平原は意外と乾燥していた。車輪からは、砂煙がもうもうと立ち上がる。馬車では、比較的小さめのパゴダを巡った。文字どおり、大きさは大小様々である。財のある者は前述のような大きく壮大なものを、財少ない人でもそれなりに頑張ってパゴダを造った。功徳を積むため、先祖を慰霊するためとそれぞれいろいろな動機でつくられたのであろうが、いずれにしてもその情熱には感服するしかない。

馬車から、牛や山羊の群れに出会った。世界遺産級の文化遺産のなかでの家畜の放牧を見るというのもまた新鮮な驚きである。

最後にもう一度、比較的大きなパゴダに登って、再度遺跡全体を見渡した。おそらく再び来ることはないだろうと、その素晴らしい光景を網膜に焼き付けた。

十、最終日、マーケット見学

前日は、バガンからヤンゴンまで飛行機で来て、初日と同じホテルに泊まった。

今日は最終日で、帰国の飛行機に乗るまでの間に、ヤンゴン最大の市場「ボージョーアウンサン・マーケット」を見学した。ヤンゴン中心部の大通りボージョーアウンサン通りに面した2階建ての建物である。ボージョーアウンサンとは、ビルマ独立の父アウンサン将軍の名である。彼の国民的人気は高く、軍事独裁国家とは言え彼を蔑《ないがし》ろにすることはできないわけで、よってもって彼の娘である民主化運動の指導者アウンサンスーチー女史に対する扱いにも、弾圧一辺倒というわけにはいかないという構図のようだ。

通りに面した部分だけでも１００ｍ以上はゆうにある大きな建物で、古いがしっかりとしている。イギリス植民地時代の建築だという。マーケットと言うから、私の好きな野菜や肉や魚などの生鮮食料品市場だと思ったら、貴金属や工芸品や服地や土産物を売る店が多く少しガッカリした。食料品市場は道路を挟んで向かい側の方にあると、後から聞いたが、知っていればそちらの方に行ったのにと悔やまれてならない。なぜなら、私の旅行の楽しみの一つは、各国、各地の生活市場の見学にあるからだ。しかし、市場内の道路では食べ物の屋台が並んでいたりして、多くの人達が麺類やご飯類の朝食を忙しく食べていたり、路上でドリアンを売っている母子を見かけたり、出勤途上の人達が一様に金属製の弁当箱をぶら下げているのを見たりと、それなりに楽しい時間を過ごした。

十一、終わりに

実質７日間の短い期間であったが、マンダレー以外の有名な観光地は一応訪れたので、今回もまた相当に密度の濃い旅となった。大体にして、パック旅行は、短期間でいいとこ取りの企画が多いから、密度が濃くなるのは当然である。だから旅行中に行った先々を理解し消化するのは困難であり、帰った後に写真を整理したり、このように文章に纏めたりしていくことにより、行った先全体に対するイメージも纏まってくる。これは旅を2回味わうことができるわけで、これもまた楽しいものである。

王の道が貫く砂漠の国ヨルダン

期　間　２０１３年12月26日～２０１４年１月２日（８日間）
旅行先　ヨルダン

（２０１６年12月執筆）

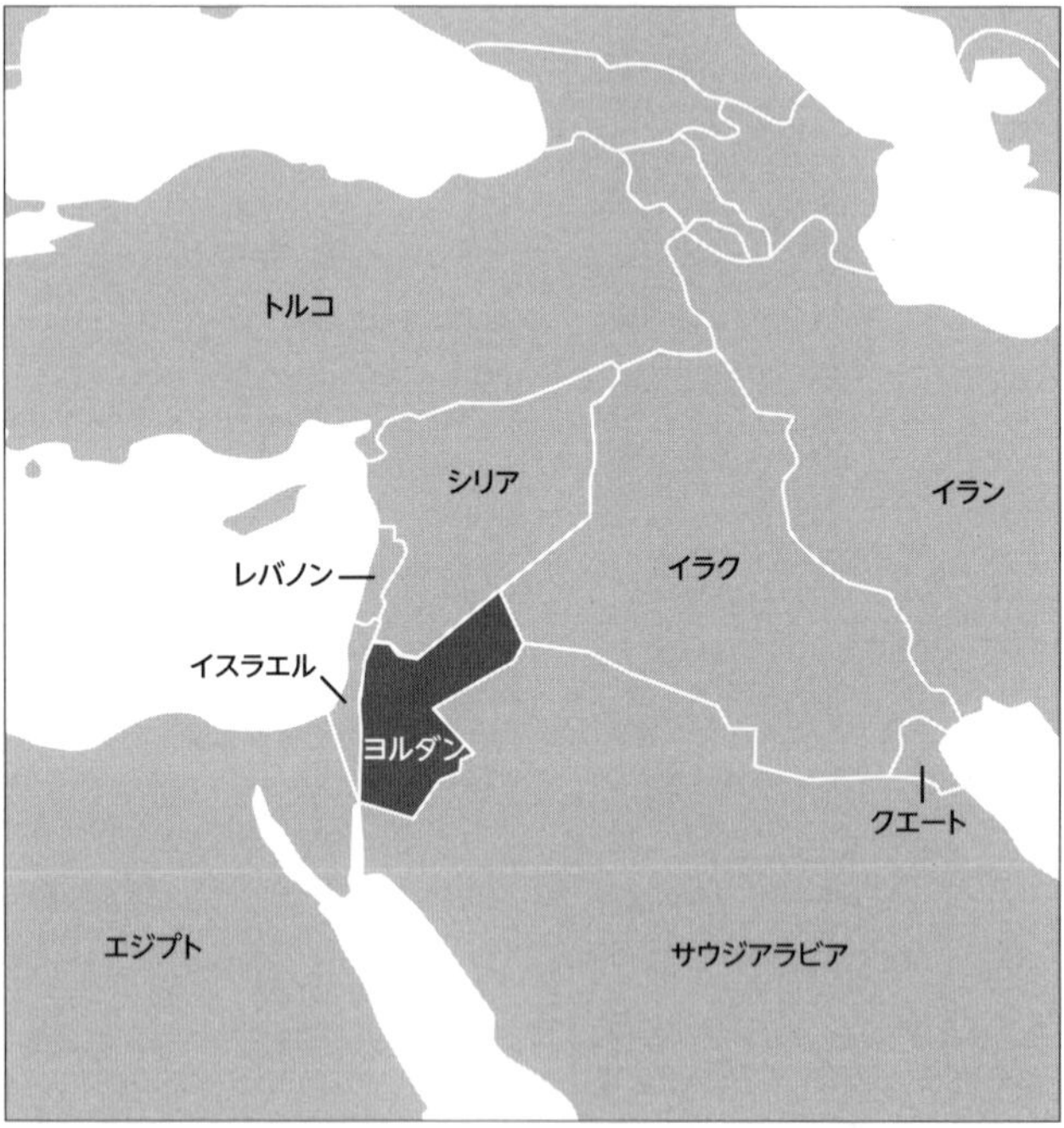
トルコ
シリア
イラン
レバノン
イラク
イスラエル
ヨルダン
クエート
エジプト
サウジアラビア

一、はじめに

２０１３年12月26日から２０１４年1月2日までの8日間、西遊旅行の「王の道が貫く砂漠の国ヨルダン」というツアーに参加した。当時、既に隣国シリアでは政府軍（アサド政権）と反政府軍との内戦が激化しつつあった時であったが、ヨルダン自体は政情も安定していたので行くことにした。外務省の危険情報も「渡航の是非を検討して下さい」までには至っていなかった。これを書いている現在なら、隣国シリアの内戦は混沌状態で、政府軍、反政府軍、イスラム国、クルド人武装組織が入り乱れ戦闘状態にあり、渡航の是非を検討せざるを得なかったかもしれない。

イスラム圏で行ける国には出来るだけ行ってみたいとかねがね思っていて、順次実行してきた。以後の予定にはリビア、イエメン、シリア、レバノン、そしてヨルダンも入っていた。そして以前は「シリア、レバノン、ヨルダン」3国を巡るツアーもあり、そろそろと思っていた。ところが、その後チュニジアで始まったジャスミン革命（独裁体制を崩壊させた市民革命）の影響が他のイスラム圏国家に広がり「アラブの春」と呼ばれるようになったが、チュニジアのようには成功せずかえってそれぞれ内戦等が発生してしまって行かれなくなってしまった。ヨルダンは予定の中で残っていた数少ない国であり、そのこともあって行かれるうちに行く事を決意したのである。それに、ヨルダンは旧約聖書の時代からの胸躍らせる壮大な歴史が今に繋がる国であり、『アラビアのロレンス』のロマン（映画の影響）がある。あのイスラエルとはヨルダン川で接してパレスチナ問題とも深く関係する国であり、ペトラ遺跡という超弩級の遺跡があり、冥土の土産としては文句なしの旅先でもある。実質6日間の旅であったが、十分に満足の出来る旅であった。いつも思うことだが、特にこの年になると効率よく名所を巡ってくれる旅行社のツアーは有難い。

二、ヨルダン基本情報

ヨルダンは、地図を見るだけでも「大変だな」と思わせる位置にある。北はシリア、東はイラク、南はサウジアラビア、西はイスラエルとパレスチナ自治区（ヨルダン川西岸）と国境を接している。各国ともそれぞれ大きな国際問題、国内問題を抱えている国々である。平穏無事な島国日本から見ると実感は出来ないとしても、その隣接国との緊張関係はいかばかりかと察せられる。しかしヨルダンは、イスラエルからの大量のパレスチナ難民を受け入れ、湾岸戦争やイラク戦争でも多くのイラク難民を受け入れ、またイスラエルとも国交を樹立して緊張状態を解消するなど、周辺の軍事国家を相手に見事な外交手腕を発揮して、思っていたより政情は安定している。

1946年、イギリスの委任統治領から独立。面積は日本の4分の1程度。人口は約650万人。正式国名はヨルダン・ハシミテ王国。現国王はアブドゥッラー2世。立憲君主国家。アラブ人98％。イスラム教スンニ派92％、キリスト教6％。首都はアンマン。国土の8割以上が砂漠または半砂漠で、それが国土の東側に大きく広がる。西はヨルダン渓谷の緑豊かな土地。北は高原、南は死海と砂漠。さらにその砂漠の先は紅海アカバ湾、西側イスラエルとの国境に沿ってはヨルダン川が流れている。

このような紹介だけでも自然と胸が躍ってくる旅先である。

三、砂漠の町アズラックへ

〈デザートキャッスル（砂漠の城）〉

成田よりカタール航空でドーハ空港に着いたのは日の出の時刻、ドーハの夜明けであった。そこで飛行機を乗り換えヨルダンのアンマン空港へ着いたのは10時半頃。空港内で早速アラブの民族衣装を着た人々に出会った。真っ黒なブルカに身を包んだ女性、真っ白なオバQのような服と頭に輪っかを載せた被りものを被っている男性。また再びアラブに来たという感慨が湧いてきた。しかしそのような民族衣装を着ている人はそう多くはなく、イランとかサウジアラビアとかと比べたら服装はずっと自由ということであった。

成田を夜中に飛び立ち乗換えなどもあり寝不足気味ではあったが、今から異世界へ踏み出していくのだとのワクワク感が勝り、寝不足はどこかへ飛んでいってしまった。

最初の旅先は、ヨルダン東部の砂漠地帯の町アズラック。アンマンから東部へおよそ１００㎞の所にある。目当てはその地域に点在するデザートキャッスル（砂漠の城）といわれる古城巡りであった。

「アズラック城」

バスはアンマン空港を後にして、町を過ぎ村を過ぎ次第に砂漠地帯に入っていく。この道路は隣国イラクやサウジアラビアにも通じていて、アズラックはその交差点に当たる。どうりで大型トラックが頻繁に行き来しているはずである。

まずは町外れの道路沿いのレストランで昼食。メインは鶏肉をトマト、ジャガイモなどと一緒に煮込んだもの。スープはトマト味の酸っぱみのあるもの。野菜サラダも多い。ホブスという薄焼きパンやインディカ米の味付けご飯もある。それらを大皿からとって食べる。夏場にはサウジアラビアから避暑に来る人で賑わうということだったが、今は冬、客も少なく閑散としていた。

〈アズラック城〉

いよいよ古城巡り。最初は「アズラック城」。3世紀のローマ時代に建てられ、その後何度も修復が繰り返されたという古城中の古城。その証拠に壁にギリシャやラテン文字も残っている。すべて石積み。一辺50mの長方形で各角には塔が立っている。アラブ革命時、一時アラビアのロレンスが住んでいたという部屋もある。何だか初っ端からロレンスが出てくるとは思わなかったので嬉しくなった。

部屋の壁に、広々とした池のような写真が架けられていた。以前アズラック一帯は大湿地帯が広がった大オアシスであったことを示す写真である。当時は水牛やいろいろな動物がおり、多くの渡り鳥も中継地にしていたそうだ。しかし、この湿地帯から首都アンマンに水を引いたため、アンマンの人口が増えるにつれて水位が下がり沼地、湿地が無くなり、動物も渡り鳥もいなくなってしまったということだ。今現在は、広範囲に柵を巡らし、動物保護区としているが苦戦しているという。悲しい話である。

城内にはモスクもミフラーブ（モスクの奥壁に作られ、メッカの方向を示し、礼拝の指標となる場所）もあり、これまたこの城の歴史を感じさせる。また、ここアズラックは前述のとおり交通の要衝地、この城は隊商やメッカ巡礼者の宿にも使われていたとのこと。城の周囲には別の遺跡もあり今も発掘中らしい。とてつもなく古く歴史の詰まった町なのである。

〈アムラ城、ハラナ城〉

次なる城は「アムラ城」。広大な砂漠の中に忽然と現れる。ここは砂漠と同じ色の日干し煉瓦造り。さして大きくは無いが、曲線と直線がうまく組み合わされた構造になっておりとても美しい。世界遺産に登録されている。世界最小の世界遺産ではないかとガイドが言っていた。7世紀イスラム・ウマイヤ朝時代の建築で、城というより当時の統治者カリフの私的な遊び場として使われていたのではないかというのがガイドの

「アムラ城」

「ハラナ城」

説。今回の現地ガイドはなかなかの勉強家で時たま私見を交えて説明してくれていた。

建物内部の壁や天井には、当時の生活の様子、各国の6人の王、裸婦の入浴姿等がフレスコ画で描かれている。ここで有名なのがハマム（浴室）。サウナのドームの天井画には天体や星座図が描かれている。その浴室の外には深さ25ｍの井戸が掘られ、そこから水を汲んで、湯を沸かしていたとのこと。カリフとその家族・友人専用のハマム。今流に言えば、大金持ちの豪華な別荘といったところか。そういえばひところ、サウジの王様は一族郎党を引き連れて避暑地のホテルを借り切って遊んでいるというニュースを目にした。昔のカリフの伝統を引き継いでいるのだろうか。

最後は「ハラナ城」。ここも城と言われているが、世界最古のホテルではないかというのが我がガイドの見立て。『地球の歩き方』の説明では、「十字軍の要塞だ、カリフの休憩所だったなど諸説あるが、現在は隊商宿だったという説が有力」とある。1辺35ｍの壁の長方形で四角は円塔になっている。よく整備されていてとても美しい外観である。建物の中は中庭を囲んで2階建てで合計60の部屋となっている。ホテル説に賛同したくなる。建築は7～8世紀ウマイヤ朝時代。

観光初日、期待に違わず異国情緒も満たされ至極満足であった。

砂漠の道を戻りアンマンの五つ星の西洋式高級ホテル「ル・メリディアン」。玄関のホールには巨大なクリスマスツリーがキラキラと輝いていた。イスラム圏の旅行を何度かしたが、ホテルにクリスマスツリーというのは普通であった。年末年始にイスラム教はもともと兄弟宗教としてキリスト教に対して寛容であり、キリストのお祭りにも大した違和感は無いのかもしれない。また、ヨルダンはサウジやイランほど酒に対して厳しくは無く寛容であり、夕食には当然ビールを飲んだ。但し、途方も無く高かった。小瓶で12ドル也。

四、北部ウンム・カイス～ジェラシュ

この日もまた、期待に胸膨らむ観光である。特にヨルダン、シリア、イスラエルの国境地帯の丘に立ち、あのゴラン高原とガリラヤ湖を山上から眺めることが出来るのだと思うと朝から旅気分が高揚していた。

〈ウンム・カイスへ〉

8時頃ホテル出発。ウンム・カイスに向けて北上する。車窓から眺める風景は草木の少ない半砂漠といった感じ。道路脇には雪も見られる。1週間前に雪が1・5m積もったのだそうだ。なだらかな丘陵地帯には時折草を食む羊の群れが現れる。時々町も現れる。小川も渡ったが、それはザルカ川と言ってヨルダン川の支流の川である。この川はイスラエル民族の象徴とされるヤコブも渡ったということで、聖書の世界では大変重要な川とされている。

緑多い地域に入ったと思ったらオリーブ畑であった。延々と続いている。オリーブには2種類あり、一つは原生自然のもの、もう一つはローマ時代に植えられたものであるとガイドが話していた。いずれにしてもとてつもなく古い話である。

途中、ヨルダン北西部の中心都市イルビットを通った。人口50万、シリアに抜ける中継地でもある。

10時半頃、目的地ウンム・カイスに到着。そこはゴラン高原と国境のヤルムーク渓谷を挟んで向かい合う村である。標高は約340m、小高い丘の上にある。ギリシャ、ローマ、ビザンチン、イスラム、オスマン帝国、各時代の建造物が残っている。もとは紀元前4世紀にアレキサンダー大王に軍事基地として開かれ、ローマ時代の2世紀頃最盛期を迎えたそうだ。

まずは遺跡見学。現在も発掘中。8世紀に相次いだ大地震によって大被害を受けたとのことだが、ローマ時代の円形劇場は黒っぽい石作りで比較的しっかりと原型を留めている。3000人収容の堂々たる劇場で、青空の下に映え見応えがあった。しばし石段の座席に座って往時そこで演じられたであろう悲劇や喜劇を想像した。また、遺跡を東西に貫くローマン・ロードの道路に沿っては相当数の円柱が残っている。敷石には車の轍の跡が残っていたり、石造りの商店街の一部が残っていたりしている。円柱のみが林立する大聖堂跡も見学した。否応なしに古代へのロマンがかきたてられる。

遺跡の所々にはピンク色の小さな花が咲いていたのが印象的であった。よく見るとシクラメンであった。この当たりが原産地であることは知っていたが、道端に楚々と咲くシクラメンには布施明の歌に劣らぬ清々しさが感じられた。そんな気分で見学していたのに、ガイドから、オスマン帝国時代ここの遺跡の石が建物用の建材に使われ多くの遺跡が失われたと聞き現実に引き戻された。

そして最後、その遺跡からゴラン高原とガリラヤ湖が見渡せる期待の場所に移った。下方に国境の村を見下ろし、その村に接し対面する山がゴラン高原である。さらにその遠方にはガリラヤ湖がうっすらと見渡せる。私の今回の目的の一つはこの景色を見ることにあったので、何とも言えない感慨が湧いてきた。そこで

遺跡からシリアとの国境、ゴラン高原を見渡す

一寸脱線してその感慨の訳を話そう。

　私が大学を卒業したあたりの頃、第3次中東戦争というのがあった。歴史的に見れば、１９４７年にイスラエルがパレスチナの地に建国して以来、中東地域ではイスラエル対アラブの間で今まで4次にわたる戦争が発生している。そして、１９６４年の第3次中東戦争ではイスラエルはエジプト、シリア、ヨルダンに奇襲攻撃を仕掛け、わずか6日間でエジプトのシナイ半島、シリアのゴラン高原、ヨルダンのヨルダン川西岸を占領し大幅に領土を拡大した（「６日間戦争」と呼ばれている）。これはその頃アラファト議長を指導者としてパレスチナの地にパレスチナ解放機構（ＰＬＯ）が結成され、それを支援するアラブの国々に対する報復的な戦争であった。その頃、その戦争は連日マスコミに報道され、私もイスラエルの理不尽さについて怒っていた。マスコミの論調も大体パレスチナ寄りであったと記憶している。イスラエルの建国の歴史を少

し勉強すれば、もともと大昔からその地に住んでいたパレスチナの歴史もパレスチナ人の意思も踏みにじって、イギリス、フランスの2枚舌外交によってアラブを騙してイスラエルを建国させたことの理不尽さは明らかであり、パレスチナ贔屓は当然であったと思う。その後、イスラエルは、シナイ半島はエジプトに返還したものの、ヨルダン川西岸地域では、国際的な合意の下にパレスチナ自治政府が出来たにもかかわらず、途切れることなく自治区側の地域に入植運動を進めて侵略的行動を続け、それは今も続いている。そして、シリアの領土ゴラン高原については未だに返還に応じていない。それもこれもアメリカの後ろ盾があればこそで、今でも私はその理不尽さを認めることは出来ない。なお自衛隊も国連PKO派遣として2013年までゴラン高原に駐留していた。

ということで、その現場に立てたことに大いなる感慨を抱いたという訳である。長い間シリアばかりではなくヨルダンとの間でも緊張状態が続き、当時ここウンム・カイスに観光に来られるなどということは予想も出来なかった。丘には今も監視塔が建っている。しかし1994年のヨルダンとイスラエルとの平和条約締結により緊張が緩和し、ようやく来られるようになったのである。弱小国（?）の現実的な外交の結果であったのか。ということでヨルダンは、今も緊張状態の中にある中東の中で、イスラエルばかりではなくアメリカとも上手く付き合って、人口の半分がパレスチナ人にもかかわらず経済も政治も比較的安定している。ヨルダンに倣ってというわけではないが、翻って我が日本も、ロシア、中国、韓国とそれぞれ領土問題で対立し緊張も抱えているが、何とか武力衝突だけは避け、粘り強い外交努力による平和的解決の道を目指してもらいたいものである。

昼食は遺跡近くのレストラン。その中庭では、インドのタンドールと同じような釜で薄焼きパンを焼いているおじさんがいた。我々のためにパン生地を上の方に放り投げて薄く延ばす妙技を見せてくれた。そのパンがアラブのパン、ホブス。

小瓶のビール7ドル也。しかし、イスラム圏では飲めるだけでも有難いと思わなければならない。ホブスを千切りながらケバブ等を食べた。

〈ジェラシュへ〉

昼食後、ウンム・カイスから南下して丁度アンマンとの中間位に位置するジェラシュに移動した。

旅行社のツアーでは、だいたい移動中に次なる目的地の解説が入る。これは予め事前勉強をしないで参加する私には大変有難い。

ジェラシュはヨルダン最大の遺跡ペトラに次ぐ大遺跡。この地域には紀元前4世紀よりギリシャ人が入ってきて、次いで紀元64年には古代ローマ帝國の属州になった。その頃から北アラビアやシリア、パレスチナ、ヨルダンなどの各国・各地域が結ばれ、経済や人の交流が活発化した。遺跡の規模としては東京ドーム16個分の敷地面積を持ち、神殿、劇場、教会などが建ち、かつては城壁に囲まれていた。当時の人口は約3万人と考えられている等。

ハドリアヌス凱旋門から入場。全体に保存状態が良く、2000年前と変わらない状態で壮大な構えを見ることが出来る。そこを潜れば古代ローマ時代にタイムスリップである。門のすぐ先には競馬・戦車競技場がある。245m×57mの広さで、その観覧席には1万5000人が収容できたとのこと。昔、チャールト

「ゼウス神殿」よりフォーラムを見下ろした

ン・ヘストン主演の映画『ベン・ハー』で見た戦車競技を思い出しながら見た。十字軍時代にはここに軍隊が駐留したそうである。

しばらく行くと南門に到着。ここが遺跡のメインゲートである。ここより西の小高い丘にあるゼウス神殿に登って遺跡全体を眺めた。神殿下方には列柱で囲まれたフォルム（フォーラム、広場）が見渡せる。その先には列柱通りが長く延びている。とにかく大きな都市遺跡である。ゼウス神殿の近くにはローマ劇場（南劇場）がありローマ時代の一大娯楽施設であったが、今でも夏にはそこで「ジェラシュ・フェスティバル」が開催されているという。その後、大聖堂、ビザンチン時代の三つの教会、アルテミス神殿、列柱通り等々をゆっくりと巡った。夕暮れが迫り遺跡を後にした。心の底にじっくりと響く観光であった。

五、首都アンマン市内観光

観光3日目、この日はヨルダンの首都アンマンの市内観光である。

アンマンは七つもの丘から成る町である。標高は750m～1200mくらい。建物はどれも白っぽいが、それは景観を守るために建物の外観は石灰岩を使うように決められているからということである。その建物群が四方の丘の斜面に張り付くように建てられている。石器時代からここに人々が住んでいたというから、日本人には想像も付かないくらい古い町なのである。

現在のアンマンの人口は、ヨルダンの全人口の45％に当たる270万人。人口増加の背景には、1948年から1967年にかけての4次にわたる中東戦争、1980年のレバノン内戦、1990年の湾岸戦争、2003年のイラク戦争など周辺国の政治情勢悪化による難民流入という厳しい現実がある。それぞれマスコミにも大きく取り上げられていたので、私も知識としては知っていたが、こうしてその当事国の現場に立ってみると、戦争と難民問題の大変さ深刻さが実感できるような気がした。

それにしてもヨルダンは多くの難民受け入れにより世界に貢献していると思う。しかも、ヨルダンは難民による負の側面だけではなく、その難民が国に溶け込み経済発展に貢献しているというから凄い。その結果、不安定な中東諸国の中にあって治安の良さも保たれている。日本では現実味は無いが、難民問題を考える上で一つの視点にはなるなと思った。難民は別としても、日本も少子高齢化社会の中、今後ますます多くの外

「ローマ劇場」

国人に世話にならなければならないことになるが、その際には大いに参考になるのではないか。

アンマン城はダウンタウンの北の丘の上に位置していて、三方が崖で残りが細い尾根という城にはうってつけの地形である。他の遺跡と同じくここも、ギリシャ・ローマ時代、ビザンツ時代、イスラム時代、オスマン帝国時代と続く長い歴史の積み重ねが感じられる場所である。13世紀頃のアンモン国の時代の古井戸を覗き込んだ後、ヘラクレス神殿跡、7世紀ウマイヤ朝時代の離宮、天井が木作りのモスク等を見学した。

城の中にあるヨルダン考古学博物館も見た。古く小さな博物館であるが、ここには以前あの有名な死海文書（旧約聖書の最も古い写本）や世界最古の人形（双頭の胸像）も展示されていたが、今はこのような貴重なお宝は日本からの支援で造られたという新博物館に移されているとのことだ。

城から下りて旧市街に出て、城の下の大通り沿いにある「ローマ劇場」を見学した。石造りの階段は33段あり6000人収容というヨルダン最大の規模という。ステージも広い。その中央当たりには、「ここから話せば一番声が通る」という地点の印があった。音響もいい劇場ということだ。ここでアイーダでも上演したら感動と興奮のステージになること間違いなしである。

その後、スーク（市場）見物。業種ごとに路地が分かれている。野菜のスークとゴールド・スークを見物した。いつもながら市場見物は楽しい。ガイドがコナファというアンマンの伝統菓子をご馳走してくれた。ヤギチーズと砂糖で作られていてとても美味かった。路地には美味そうな焼き立てパン、如何にもアラブといったいろいろな豆や実を挟み込んだ菓子、葉のついた取れたてのオレンジなど数々の果物や野菜が売られており、砂漠の国を忘れてしまうくらいであった。スチール製のポット状の容器でコーヒーを淹れている店があったので飲んだ。飲み終わるとコーヒーのざらついた粉がコップの底に残るといった如何にもアラブっぽいコーヒーであった。

前述のようにアンマンは山の町であるので階段が多い。それがまた、そこを歩く女性の民族衣装と共に旅行者に異国情緒を駆り立てる。

昼食は本格的なアラビア料理。丸い厚めのパンを半分に切って、いなり寿司の油揚げのように袋状にし、そこにいろいろなペーストをぬって、酢漬け肉類などを詰め込んで食べる。一種のサンドイッチか。羊、鶏、牛などのケバブも美味かった。

六、死海のほとりへ

昼食後、アンマンを離れ南下して死海に向かった。エルサレムに通じる道路を行く。死海とかエルサレムとかの言葉を聞いただけでも旅情が高揚してくる。

アンマンの標高800m、死海の標高マイナス420m、標高差1200m余りを下っていく。はじめはバナナ畑やアカシア並木の緑の景色だったが、次第に荒涼に変わっていく。温度も次第に上がってくる。そのような中で、ガイドの講義が始まる。

イスラエルとヨルダンの国境にある死海は、地球の地殻変動を受けて形成された地形の一つである。アフリカプレートとアラビアプレートが南北にずれることによって出来た湖で、ここもアフリカ大地溝帯から続いている地溝帯に属している。標高マイナス420mは、地球で最も低い場所である。死海は琵琶湖の約1・5倍で、南北約70km幅約17km。水はガリラヤ湖を水源とするヨルダン川から流入し、流出は無い。しかし、乾燥地帯である上に近年ヨルダン川の農業利用が進められた結果、水位は年間1mくらい下がっているとか。塩分濃度は海水の10倍近くあり、そのため読んで字の如く生物の住めない死海となっている。しかし、その水や泥の豊富で高いミネラル分が売りになり、保養地および観光地として発展してきた。

標高0mの地に、海抜0mと記された標識が立っていた。

ホテルに着いた頃には、陽が大分傾いていた。そこで大急ぎで水着に着替えビーチに急いだ。死海に浸かっ

死海で浮遊体験

た頃には、陽は沈みかけていた。急いで浮遊体験に入った。仰向けになり両手両足を伸ばしたり、合掌型になって写真を撮り合ったりしてはしゃいだ。

実は私、1989年（昭和63年）の正月休みにもこの死海ではしゃいだことがある。その時は良く通っていたスナックのマスター松浦さんと、今や消費者問題のエキスパートとなった吉岡弁護士の3人であった。その時はイスラエル側のビーチで、浮くだけではなく、海面下のねっとりした真黒な泥を全身に塗りつけてはしゃいだ。あれから既に25年も経っている。沈み行く太陽を拝みながら一抹の感傷が湧いてきた。

ホテルは高級リゾート地にある五つ星ホテル。何と、缶ビール1本とワイン1杯で25ドル也。「高級ワインというものでもあるまいし！」と、すぐ庶民の地が出てしまうところが悲しい。

それはそれとして、そこが高級リゾート地であることは翌朝はっきりとした。早朝に1人でホテルからビーチへと散歩に出た。なだらかな斜面がビーチへと続いている。その沿道の建物は、外観はあたかもカスバのような薄茶色の土色に統一されていて、街路樹や庭木は椰子などの南国系の木が植えられている。広いプールもある。ビーチに出ると遠く対岸の山々が霞んで見える。ビーチ沿いには草葺製のバンガローやビーチチェアーが並んでいる。砂漠の地に清潔な南国のビーチ。如何にもといった風景である。

七、ヨルダン南部に向けて

この日は、死海のほとりを南下して、まずは十字軍の要塞「カラク城」へと向かう。道路右側には前日は見られなかった広々とした死海が青々と広がっている。前日ははっきりとは見えなかった対岸のヨルダン川西岸のエルサレムの山々の稜線がはっきりと見えるようになっていた。以前はそこもヨルダン領であったが、１９６７年第３次中東戦争でイスラエルに占領され、１９９４年にはヨルダンが領有権を放棄してイスラエルとの和平の道を選んだ。現実的な選択ではあったのだろうが、無念さは残っているに違いないなどと思いながら荒涼たる風景の中を行く。しばらくしてマイナス４２０ｍを脱し「地上」に戻る。

〈カラク城〉

荒涼とした風景を脱し村々や畑が見え出した頃、十字軍の「カラク城（要塞）」に到着した。城下にはカラクの町が広がっている。ここでまたガイドからのお勉強。

カラク城は聖書にも出てくる古代モアブ王国の首都。標高1200mに位置する町で、そのてっぺんに堅固な要塞が築かれている。1161年、十字軍によって築かれた。十字軍は、当時の西ヨーロッパの民衆の不安や反乱を外に向けさせるために、宗教的情熱を利用して意図的に起こされた聖地奪還運動であった（いかにもアラブ人のガイドらしい説明である）。そのため十字軍は、エジプトのカイロとシリアのダマスカスの間に四つの要塞を築き、その一つがカラク城である。カラクには戦略的に優位な立地条件にあった。一つは、この地には、エドム、モアブ、アンモンの古代3王国を繋げるために建設された「王の道」が通っていたため、まさにここでエジプト～シリア間を行き来するイスラム軍の動きを知ることが出来ること。一つは、ここでキャラバンからの通行税を徴収して資金源とすることが出来ること。一つは、ここはサウジアラビアのメッカに通じる道でもあるため巡礼者が多く宗教的圧力をかけやすいこと。しかし、最後には12世紀中頃、アラブの勇者サラディーンによってここカラク城はイスラム教徒の手に落ちた。

脱線するが、この説明を聞きながらアメリカの9・11の同時多発テロ後、当時のブッシュ大統領がテロとの戦いを「十字軍戦争」と言って、世界から顰蹙《ひんしゅく》をかっていたことを思い出す。ブッシュは敬虔なキリスト教徒であったそうだが、図らずもであったにせよそのような言葉が出ること自体に、米欧キリスト教徒の心の奥底には十字軍以来の反イスラム意識が残っているのではないかと思った。当時、ハンチントンの『文明の衝突』を読んでいたせいもあったかもしれないが。

カラク城は要塞のため石造りのシンプルな部屋が多かった。台所、ダイニングルーム、牢獄、教会跡、地下兵舎等を見て回った。イスラムの手に落ちてからもイスラム王朝の重要戦略拠点となり、宮殿やモスクや

いかにもアラブのおじさん

学校が建てられた。日本のＯＤＡが整備した考古学博物館もある。

城塞の頂上からは、眼下に小高い荒れた山々の連なりが一望できる。その中を道路が通っており、それに沿って家々が点在している。おそらくこの風景は聖書の時代もイスラム王朝時代も変わらない風景であると思うといろいろな想像、感慨が沸いてくる。

城を下りてカラクの町を見学した。人口10万人というからかなり大きな町ということになり、確かに歴史を感じる広い町並みが形成されていた。このような緑少ない自然環境下で何故そのような大きな町が形成・維持されるのか不思議に思った。若い女性の服装は一様にスカーフを被っている以外は我々と大差はないが、年寄りの女性は黒ずくめの人が多い。男も若い人は我々と変わらないが、中高年の男は、あのパレスチナのアラファト議長が巻いていた黒と白、あるいは赤と白の格子模様のスカーフが多い。私にはそれだけでもいかにもアラブというエキゾチシズムが掻き立てられてしまう。

〈ワディ・ラム〉

カラク城を後にして、今度はヨルダン南部観光のハイライト、「ワディ・ラム」を目指す。荒涼とした大平原の中を行く。木は所々にしか現れない。所々にスモールオアシスのオアシス部落も現れるが、道路にはビニール袋が散乱していた。その道路脇に植林がされている場所も見えた。根付くかどうか他人事ながら心配。所々に残雪も見られる。

ドライブインでのトイレ休憩の際、いかにもアラブのマフラーとラクダの人形を土産にした。オスマン帝国時代に敷設されたという線路跡を見た。当時はイスタンブールからメッカまで通じた巡礼列車である。また、その路線を復活させようという計画がなされているという。それとは別に現に砂漠を走る列車が見えた。

「ワディ・ラム」に着いたのは昼食時であった。まずは観光旅行者向けのテントレストランで昼食。大きな鶏肉の炊きこみご飯、何種かのサラダなどを大皿に載せて食べた。レストランの前方には観光客用のテントが何十と張られていた。今は冬で観光客は我々だけだったが、シーズンには賑わうのであろう。

ここでまたお勉強。「ワディ・ラム」とは高い谷という意味を持つ乾燥地帯。アカバ湾やサウジアラビアとの国境にも近い。東京都の3分の1ほどの面積。20世紀初めの第1次大戦中アラブの反乱を指揮したアラビアのロレンスが活躍した場所としても有名である。イギリス人のロレンスは、1916年のヒジャーズ鉄道の爆破から1918年のシリアのダマスカス入城まで、オスマン帝国支配化にあった中東のアラブ人と共に反乱を起こした人物である。イギリスの支援を受けてアラブの反乱に成功してオスマン帝国の支配から脱

オンボロのオフロード車で巡った

したものの、第1次世界大戦終了後、アラブの地はイギリス、フランスによる委任統治領として中東一帯は分割統治されてしまった。これが今に続くアラブ各国の国境線（分轄線）であり、今も続くパレスチナ問題の原点である。

要するにアラブは第1次世界大戦中、イギリスに騙され政治的に利用されたのである。では、ロレンスがそのイギリスの外交政策を知っていたのか否かはよく話題になるが、彼がベドウィンを愛し尊敬していたということは事実だそうである。そんなロレンスの生きた足跡が残る「ワディ・ラム」見学。私も大いに期待していた。

概観すると「ワディ・ラム」は赤く細かい砂の大地の中に無骨で荒々しい岩山があちこちにそそり立っているという地形をなしている。「月の谷」とも称されている。今回の趣向はその谷をオフロード車で1時間半にわたって巡るというものであった。

アラブ人に変身

車は、オンボロのシボレーとトヨタの3台。砂漠に乗り入れると、小高い砂砂漠一帯に風紋が綺麗に流れている。なだらかな丘の麓で停車してその風紋に足跡を付けながら散策した。その中でガイドに頼んで、ドライブインで買ったマフラーをガイドと同じように頭に巻く方法を教えてもらった。これによって外見上はアラブ人に変身した訳である。この写真が気に入って、今でも私のスマホのプロフィール写真となっている。ロレンスが、指揮所として使っていたという洞穴住居も見学した。ロック・ブリッジという大変危険な岩の橋も渡った。さてそこから、いよいよ奥のほうに出発しようという時になって、生憎雨が降り出し、しかもどんどん大粒となっていった。

ということで、期待の「ワディ・ラム」見学は中途半端に終わってしまった。しかし、学生時代に見たピーター・オトゥール主演の『アラビアのロレンス』の歴史的な地に一寸だけでも踏み入れることが出来たというそのことだけでも満足であった。

そこからの帰り道は濃霧で視界がほとんどきかない状態となり、のろのろ運転。ようやく翌日見学のペトラ遺跡のある町のホテルに到着したが、その夜のイベント「ペトラ・バイ・ナイト」も中止になってしまった。そのイベントは、ペトラ最大の美しい遺跡「エル・ハズネ」前の広場を無数のキャンドルで埋め尽くし、参加者はその前に座り込んで、ベドウィンの伝統楽器による伝統音楽が披露される中で、その幻想美を楽しむという趣向だった。まあ雨だから仕方ない。日程の限られたパックツアーの宿命である。

八、ペトラ遺跡

〈概観〉

ホテルはペトラ遺跡の入り口に近い所にあった。当日は8時半の出発。ペトラは大規模な遺跡であり、全体を見るには10日かかるといわれる広い所をわずか1日しか見ることが出来ないのであるから早出も仕方ない。1日で見られるのは全体の10％ということだ。

まずは、案内書やガイドからの聞き取り書でペトラを概観してみる。

1985年世界文化遺産登録。古代エドム王国の地で、標高1000mほどの山地の中に位置するナバタイ人の古代都市。砂岩の岩山が風雨の浸食作用で削られた、シークと言われる岩の裂け目の底に出来た道が

1・2㎞も続く。砂岩にはいろいろな鉱物が含まれているため、ペトラの岩は赤、黄、緑、黒、白など大変色彩に富んでいる。全体として薔薇色の都市と呼ばれている。

2000年以上も前から、アラビア半島からやって来た遊牧民のナバタイ人やベドウィンによって栄えた中継都市で隊商路であった。インドから半島を通り地中海に抜けるための重要路でありそれによって栄えた。また、ナバタイ人は高い水利技術を有しており、それを駆使してペトラを発展させた。ペトラは居住地としても機能したが、それ以上に、神殿や墳墓が多いことからも分かるとおり、ナバタイ人の聖地として機能していた。紀元前106年にはローマに併合された。最盛期の人口は5万人。1812年、スイス探検家ヨハン・ブルクハルトによって再発見されるまでベドウィンの村として静かに眠っていた。

今や、シリアのパルミラ、レバノンのバールベックと並んで中東の三大遺跡とされるに至っている。

〈エル・ハズネ〉

遺跡入り口辺りには、早々と、ラクダ、馬、ロバが観光客を求めて集まっていた。客は意外と少ない。冬だからであろう。しかし、静かな雰囲気の中で世界的大遺跡を見学できることは有難いことでる。

入り口から程なくの所の道路沿いに3基のモニュメントが立っている。「ジン・ブロックス」と呼ばれる精霊が宿ると伝えられる墓である。ここに限らずペトラ遺跡には墓が多い。ガイドによれば、それはナバタイ人の死後再生の思想にあり、生まれ変わりのために出来るだけきれいな墓を造ったということだ。程なく「オベリスクの墓」と呼ばれる四つの尖塔が岩に彫りぬかれている大きな墓に出会った。時間が無いので、横手に見ながら先に進んでいくが、墓の中には五つの墓穴があって、人物の顔が彫られているという。

「エル・ハズネ」には観光客が集まっていた

そして、遺跡の大きな観光ポイントシークに至る。シークとは狭い岩山の裂け目のことで、両サイドにはその高さ60～100ｍの岩山が頭上に迫っている。大景観、大迫力である。道路は平らに整備されている。時折馬車や馬、ロバに乗った人達が行く。2000数百年前からこの路をキャラバン隊が列を成して通っていた姿を想像することは楽しい。

また、路の両サイドには素焼きの水道管が延びているのが目に付く。その先の「エル・ハズネ」に向かって右側は飲用水用水路、左側は灌漑用水路だという。ナバタイ人が遠くの水源地から水を引いてここに通していたということだ。紀元前からこのような水利技術があったとは驚きである。そしてこの技術がナバタイ人の富の源泉でもあったのであろう。

シークを30分ほど行くと、断崖絶壁の間からいきなり「エル・ハズネ」の一部が目に飛び込んできた。「感動！冥土の土産！」の瞬間である。

ここはペトラのハイライト。紀元前1世紀、ナバタイの王様が建設した宝物殿。高さ45m、横幅30m、薔薇色の壮麗な建物である。岩山を掘り抜いて造られている。建築物の正面（ファサード）は、ギリシャ神話やエジプト神話の神々の緻密で美しい彫像が彫られている。葬祭の儀式を行うための墓あるいは葬祭殿のようなものであったとされている。さすがここにだけは多くの観光客が集まっていた。余りの美しさを前にしてなかなか立ち去り難かったのであろう。勿論自分も含めて。しばしば映画の舞台ともなっていて、『インディー・ジョーンズ　最後の聖戦』のロケ地ともなっていたそうだ。

〈ファサード通り、円形劇場、王家の墓〉

「エル・ハズネ」を抜けると天が開け広い通りに出る。「ファサード通り」と言われている。赤茶けた岩山には下から段々状に何層にも多くの四角い岩穴が掘られているのが目に付く。ここは中流階級の人の岩窟墓と洞窟住居群ということだ。ここだけではなくペトラには数えきれないほどの岩窟墓が確認されているという。ナバタイ人は死者の魂がこの階段を伝って天国へ登ると信じていたとのことだ。我々はガイドに従って洞窟住居を見学したが思ったより広く、何色もの岩の層がきれいであった。

ファサード通りの先には「ローマ円形劇場」がある。紀元前1世紀の建設。岩山を切り崩して造ったという世界でも珍しい劇場構造だそうだ。その後方には前述の墓地群が掘られていることもあり、そこは演劇場というよりも宗教的儀式に使われていたのではないかと考えられているとのことであった。なお劇場は約45段の円形階段で最大8500人の収容が可能という。

「王家の墓」といわれる、歴代の王が住んだといわれる岩山の壁面にずらりと連なる岩窟建築群も見た。

かつて市街地であった大理石を敷き詰めて造られた柱廊通りも歩いた。かつてはこの通りがペトラの中心地だったという。通りの左右にはペトラ最大の建築物「大神殿」、市場、「カルス・アル・ビント」といわれる神殿、「有翼ライオンの神殿」モザイクが残るビザンチン時代の教会「ペトラ教会」、「凱旋門」等が配されている。それぞれ荒れは激しいが、高所から一望すると往時の市街地の繁栄を想像することは出来る。

この広大な岩砂漠の一角のワジ(涸れ川)の脇には、この地には珍しい緑の大きな木が1本茂っていたが、その横にはその木に覆われるようにしたレストランがあり、そこで昼食を摂った。レストランはそこ1軒だけであり、いろいろな国々の旅行客で賑わっていた。当日朝から曇り空であったが、この当たりからは晴れてきた。

ロバの強さに驚く

〈エド・ディルへ向けて〉

昼食後、ペトラのもう一つの観光スポット「エド・ディル」へ向けて歩き出した。800段もある長い岩の階段を登っていく。ベドウィンの叔父さんに手綱を引かれ

壮大な「エル・ディル」

ながらロバで行く人もいる。中東や中央アジアを旅行するとよくロバやロバ車を見かけるが、その度に「あのおとなしそうな小さな顔と体でよく働くな」との驚きと憐憫の情に駆られる。その時も、自身より重いと思われる客を乗せて黙々と登っていた。

道端では「ワンダラー、ワンダラー」と言いながら玩具を売っている少年や、小さな可愛い男の子がおばあちゃんと火に当たりながら店番をしている姿をカメラに収めながら登っていった。また前述の「シーク」のような岩山の大きな裂け目を上方から恐る恐る覗き込んだりした。そうこうする内に「エド・ディル」のある高地に着いた。

ここはペトラ遺跡の最奥地にあたる。「エド・ディル」は1世紀頃のナバタイの王様によって建設されたという。ビザンチン時代にはキリスト教の教会として利用され修道僧が住むようになり、内部の壁には十字架が架けられているところから、今ではここは「修道院」

と呼ばれている。ペトラで最も巨大な建物であり、岩を掘りぬいて造られたそのファサードは壮大である。高さ45m、幅50m。先述の「エル・ハズネ」より大きい。しかし、装飾についてはそれよりシンプルで、それ故名声は「エル・ハズネ」に譲っている。しかし、「エル・ディル」は高所の広々とした青空の下にあり、それは「エル・ハズネ」に全く劣らぬ魅力である。内部はだだっ広い広間となっており、正面には階段の付いた祭壇のようなものがある。

ここでは自由時間が相当あったので、山の頂上まで行って見たが、そこにはヨルダン国旗が風にはためいていた。周囲を睥睨《へいげい》したが岩砂漠が広がるばかりであった。このような地に大きな町が出来、文明の花が開いたとは俄かには信じ難いくらいである。

帰りは元の路を帰ったが、ファサード通り辺りでは「大神殿」や「王家の墓」を今度はゆっくりと見て回った。

1日観光であったが、ペトラ遺跡の偉大な歴史・文化、壮大壮麗な建造物群に直に触れることが出来、それただけでも満足であった。

その夜の宿はペトラでも有数の高級リゾートホテル「モーベンピック」。それもあってか当夜の夕食は、「ガラ・ディナー」という年越しを祝った特別の豪華料理であった。参加者それぞれ配られた可愛い帽子を被って、皿一杯にご馳走を盛り付けて12時すぎまで飲みはしゃいだ。砂漠の町とは思えないような贅沢な一夜であった。

九、ヨルダン最終日

〈シク・アル・バリド〉

元日、旅行最終日。早朝7時出発。最初はペトラの近くにある「シク・アル・バリド」という遺跡に行った。そこは「リトル・ペトラ」と呼ばれていて、往時、ここはナバタイ人の居住区で、ペトラ付近の隊商宿として人やラクダを休ませる場所として機能していた。また、隊商の警護の役割も果たしていたということである。

「シク」というだけあって、ここも入り口から、道の両サイドが高い崖になった細い坂道が奥に400mほど延びている。そこを抜けるとペトラ同様の宝物殿のような建造物があり、その奥には住居用の洞窟が左右にあった。一部にはナバタイ人の描いた葡萄や鳥や天使などのフレスコ画が残っている。紀元前1世紀頃のものと推定されているとのこと。そこからさらに200mほど進むと眺めの良い岩山に出た。

〈聖ジョージ教会〉

リトル・ペトラの見学を終わって入り口に戻った頃ちょうど日の出の時刻であり、ここで遠くの岩山から登る初日の出を拝んだ。程なく高原地帯の快適な高速道路に出た。アンマン方面に向けて進んでいく。道路脇には残雪も見られた。交差点の横断歩道は少し高くなっていたが、車にスピードを出させないための工夫だということだった。ショーバック城のあるショーバックの町をすぎた当たりから霧が出てきたが、特に問題も無く次なる目的地マダバの町に到着した。

マダバの町は、ガイドの案内では次のとおりである。この町は洗礼者ヨハネの活動地であったため、古くからキリスト教が盛んな町であった。ビザンツ時代に建てられた教会が多く残っている。我々が見学した「聖ジョージ教会」もその一つ。ここは6世紀にモザイク画で描かれた古代地図が有名である。２００万個のピースで構成された古代地図は、中央にエルサレムを置き、地中海やヨルダン川、ペトラなど中近東から北アフリカの地中海地域までかなり正確に描かれている。１８９６年にこの地図が発見されたのがきっかけで、聖地エルサレムに列柱通りの発掘調査が始まったということだ。

教会の床にはガイドの説明どおりのモザイク画が細密に描かれていた。近くのレストランで昼食を摂り、最後の観光地ネボ山を目指した。

〈ネボ山〉

ネボ山はマダバから10㎞ほどのところにあり、モーゼ終焉の地と言われている。山頂からは死海とパレスチナを見下ろすことが出来る。

旧約聖書の時代、シナイ山で十戒を受けたモーゼは、イスラエルの民を連れて40年の月日をかけて「乳と蜜の流れる約束の地」カナンを目指したが、その地を踏むことなくそこネボ山で亡くなったと言われている。実際にカナンの地にイスラエルの民を導いたのはモーゼの後継者であるヨシュアであった。ヨシュアが民を導きヨルダン川を渡り最初に攻め込んだ町がエリコである。このときの戦いが「ジェリコの戦い」として有名である。このあたりの物語は旧約聖書にも劇的に描かれている。

ネボ山山頂よりカナンの地を遠望

なお、イスラエルの民によって占領されたカナンの地には当然ながら先住民がいたが、その多くはペリシテ人であった。その後歴史は下り、その地はパレスチナと呼ばれるようになり、その地に住んでいる人達はパレスチナ人と呼ばれるようになった。当然その間に多くの民族的混交はあるが、歴史上の占領者がどのように変わろうと、この地に住み続けていた人々はパレスチナ人と呼ばれてきたのである。余談だが「ジェリコの戦い」は黒人霊歌でも歌われていて、私はマヘリア・ジャクソンのそれが大好きだ。

ということで、ネボ山はユダヤ教、キリスト教、イスラム教、いずれの宗教にとっても聖地である。山頂に行く道路はきれいに整備されている。頂上には4世紀にモーゼを記念して建てられた教会がある。中には世界一美しいモザイク画があるということだが、生憎改装中で見ることが出来なかった。ここは巡礼地でもありローマ法王も訪れているとのことである。山頂よりカナンの地の方面を眺め、目前にまで迫りながら行き着くことが出来なかったモーゼの無念を想像した。

なお私が大勢の仲間とではなく、前述のとおり友達2人と初めて個人的な観光旅行に行った時のツアー名が「モーゼの十戒のシナイ山とイスラエル周遊の旅」であり、私はその旅をきっかけに外国旅行にはまってしまったが、この度はこの地で再びモーゼに会えたような気がして大変思い出深い旅となった。

雲貴高原少数民族紀行　ミャオ族とトン族の村を訪ねて

期　間　２０１４年12月27日～２０１５年1月4日（9日間）

旅行先　中国（貴州省）

（２０１７年3月執筆）

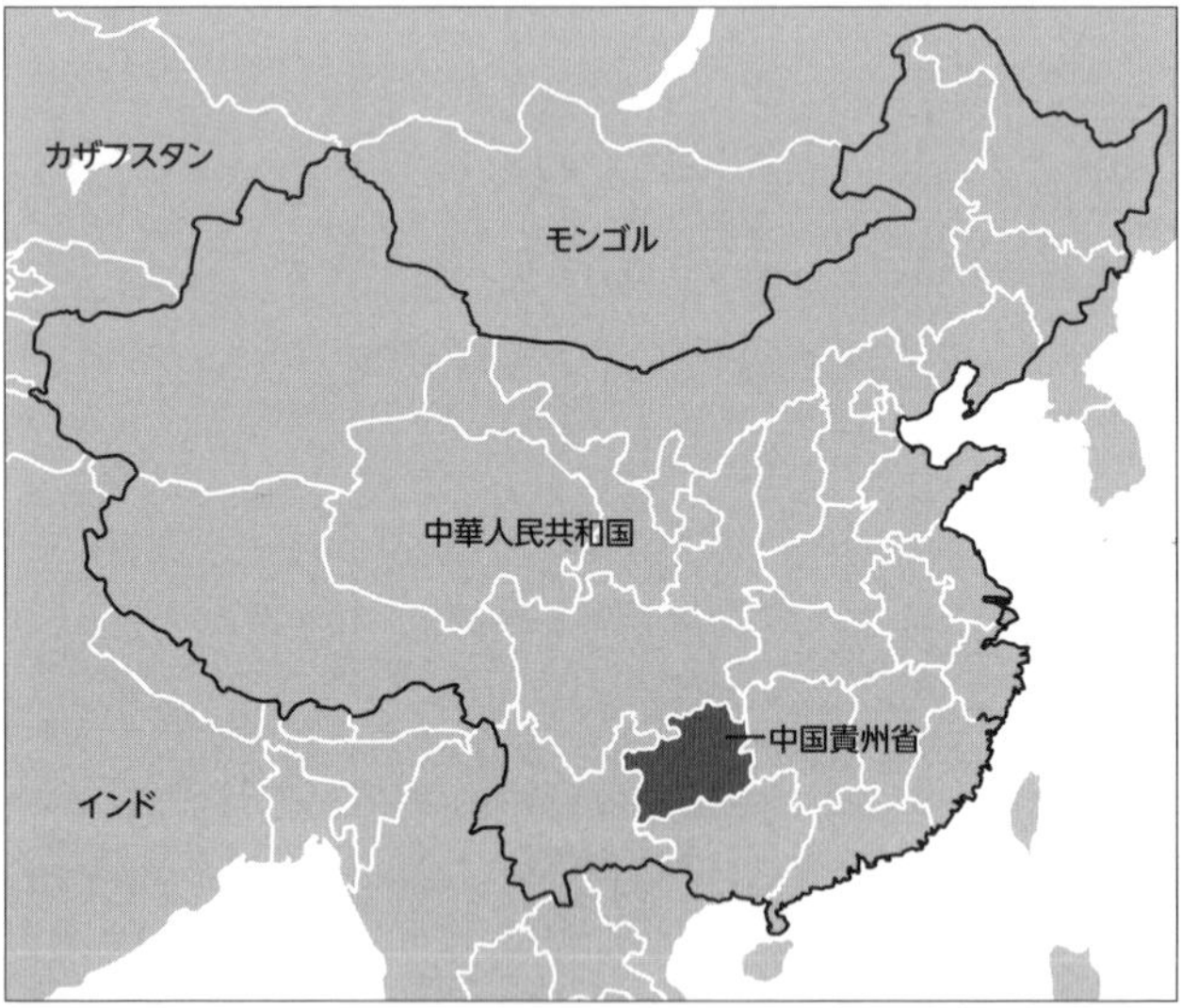
カザフスタン
モンゴル
中華人民共和国
中国貴州省
インド

一、はじめに

かねてからベトナム北部及びそこと国境を接する中国南部地域には多数の少数民族が住んでいるということで、いつかは行きたいと思っていた所であった。いつもながら、私の旅心をそそるのはまだ見ぬ国の異文化・異風景でありそれを直に感ずることにある。とりわけ、忙しすぎる現代文明とは距離を置いて、昔ながらの風俗習慣を色濃く残しているような国であれば申し分ない。ということで今回の旅先は私の眼鏡に適った訳である。1度テレビの旅番組で見た、鮮やかな民族衣装や銀色の冠をつけて広場で踊っている女達の姿が、強い印象として記憶に残っていた。また、圧倒的多数の漢民族国家中国が、少数民族に対してどのような政策をとっているかを垣間見るのもいいかなという動機もあった。

二、貴州省基本情報

貴州省は中国西南部の省。省都は貴陽《きよう》市。北は四川《しせん》省と重慶《じゅうけい》市、東に湖南《こなん》省、南に広西《こうせい》チワン族自治区、西は雲南省と接している。省域は雲貴高原と呼ばれ平均1000m程度の高原になっている。省の80％以上が石灰岩に覆われており、中国有数のカルスト地帯となっている。全体が亜熱帯高原であるため極端な暑さや寒さは無い。年間平均気温14度～16度、8月の平均気温が25度前後。気候的には過ごし易い。年間降雨量1000㎜～1400㎜と多い。この降雨量のお陰で山の上でも農耕が出来る。総人口は約4000万人。内少数民族が37・9％。最大の少数民族がミャオ族で、プイ族、トン族、トウチャ族、スイ族がこれに続く。省面積の55・5％が少数民族自治区域となっている。省内第2の都市である遵義《じゅんぎ》市は、中国共産党軍の長征の途上で毛沢東が党の主導権を握った「尊義会議」の故地である。

三、桂林～龍勝棚田～三江

成田から上海、上海から桂林と乗り継いで桂林《けいりん》のホテルに着いたのは21時頃。ホテルは「桂林観光酒店」。合計飛行時間は6時間半程度だったので疲れは無い。

翌日12月28日は6時半起床。辺りを散歩した後朝食。珍しい食べ物多数あり、朝から満腹。蒸かしたサトイモを3本指で押してつるりと剥いて醤油につけて食べたが、子どもの頃が思い出されて懐かしかった。

桂林は、あのお寺の鐘を伏せたような山々（タワーカルスト）の間を悠然と流れる風光明媚な川を、遊覧船で上り下りすることで有名な観光都市である。地域としては広西チワン族自治区にある。桂林に降り立ちながらその絶景を見ないで通過するというのは甚だ残念であるが仕方ない。

〈龍勝棚田へ〉

まずは桂林から78㎞離れた名所「龍勝棚田《りゅうしょうたなだ》」を目指す。桂林は大きな町である。町のあちこちにはタワーカルストの山が見られ独特の風景を形成している。建物は煉瓦造り3階建が多い。建築工事現場ではまだ竹の足場が使われている。町全体が排気ガスで、どんよりとガスっている。バイク、スクーター、荷車が多い。道路も埃っぽい。町を外れると、カラマツのような街路樹が延々と続く道を行った。ミカン畑も続く。広西チワン族自治区ではミカン、バナナ、スイカが良く育つという。

途中、大きな土産物屋もある広いバスプールで棚田行きのシャトルバスに乗り換えた。中国人他の観光客とも同乗。中国人は元気に大きな声で良くしゃべる。車内はにぎやかである。龍勝棚田のある山の麓からは登りに入る。舗装されてはいるがさして広くない急峻な斜面を登って行く。急な曲り道では肝を冷やす思いだ。道は沢沿いを行く。清流も見られる。時折、家々が沢沿いの山の斜面に張り付いたように建っている村落が見られる。残念ながら山全体もうっすらとガスっている。

目的地にはシャトルバスの停留所がある。「平安壮族梯田観景区」と描かれたいかにも中国といった門があり、そこからは徒歩で登って行く。道路両脇には店屋が並んでいて、いかにも自家製といった乾し肉、燻製肉、腸詰肉が目に入った。竹製の駕籠かき屋もいた。といっても竹製座椅子の下部を左右2本の竹で固定してそこに客を乗せ、前後で担ぎ手の男が肩と手で持って登って行くのである。見るだけで大変な力仕事である。しかも乗っている人がいかにも成功者といった風体の太った男。駕籠かき屋に同情してしまった。農耕馬も急な坂を上り下りしている。上るにつれて棚田の全景が見えてくる。稲の切り株が見られたところからすると、棚田がほとんどで棚畑は少ないと見た。今は冬で、全体が枯草の風景であるが、田植え時、稲刈り時の、全山緑色や黄金色の景色は絶景に違いない。想像するだけでも胸躍る気分である。

説明では、この棚田が造られたのは650年余り前の元の時代であり、しかも海抜300m〜1100mのところに分布しているとのこと。その苦労たるや想像を絶するが、他方人類の底力に感嘆する。日本にも「棚田百選」にあるような棚田が全国に分布しているが、その規模たるやことは月とスッポンである。

頂上の絶景地にチワン族の民族服貸衣装屋があって、同行の若い女性2人がそれを借りてチワン族の娘に変身したので、ツーショットで撮らせてもらった。2人とも変身前の洋装よりも数段美しく見えた。日本女性の晴れ着と同じである。

昼食はチワン料理。「バンブーもち米ご飯」が珍しくて美味かった。青竹にもち米を詰めて焼くのだそうだ。その他ワラビ餅、竹の子のベーコン炒め、地鶏スープ、野菜炒め。すべて美味かった。中国旅行の楽しみの一つは何処に行っても美味い料理が食べられることである。

〈三江トン族自治県、馬安村へ〉

14時過ぎ、龍勝棚田から西方貴州省との省境に位置する三江《さんこう》トン族自治県方面に向かった。途中、大きな川を渡ったり、大規模な道路建設現場を見たりしながら行った。茶畑も目に付く。

トン族自治県馬安村で「中国三大古橋の一つ」とされる風雨橋を見学した。「程陽《ていよう》風雨橋」である。程陽郷の八つの村が共同して1912年から1914年にかけて建立した石造りの橋脚のしっかりした木橋である。橋脚の上に、天守閣のような3層屋根の楼閣が五つも繋がって一つの橋を成している。釘は1本も使わ

山全体が棚田

「程陽風雨橋」

れていない。全長77・6m、幅3・2m。特に専門の大工がいるわけではなく、普通の農民が図面も無しに作っていくのだそうだ。橋の天井部分には多彩な絵図の花板を飾ることから「花橋」とも呼ばれているとのことだ。その用途だが、旅人の休憩場所、雨天の休憩場所、トン族の歓歌娯楽の場所、重要な祝い日に村人が民族衣装で歌い踊る祭りの場所、など多目的に使用されている。橋は馬安村への入り口でもある。中には八つの村があり、総人口は1万人くらいとのこと。川あり、田畑あり、水車もあり、静かな田園風景である。建物は木造3階建てが多い。比較的豊かな村と見た。

各村の中心部には広場があり、そこには必ず「鼓楼」「社殿」がある。鼓楼は何層かの屋根が積み重なっていて、上層にいくにしたがって屋根が小さくなっているので、外観はクリスマスツリーのような形である。中に入って見上げると、尖った屋根に向けて太い柱が伸び、階層は無くてっぺんまでがらんどうである。そこには大きな蘆笛《あしぶえ》と大きな太鼓がかけてある。村に急を告げるときに太鼓を叩いて知らせるためということであった。社殿は舞台になっていて、普段は村人の遊び場、社交場であり、我々が行ったときも舞台上では男達がトランプをしていたし、舞台前の庭では女達が椅子に座っておしゃべりをしていた。また、軒先ではおばあさん3人が土産用の手作り小物を売っていた。私も、3人から一つずつ買った。子供も多く元気良く広場を走り回っていた。ニワトリも。

途中、建物建築現場にも出会った。何人もの村人が働いていたが、前述のように皆大工ではなく村人がそれぞれ助け合って造っているのだという。だから建築代は安く、1軒100万円くらいであるということだった。村人総出の料理作りの場面にも出会った。生後1か月の子供のお祝い会のためということであった。村

鼓楼前広場で百家宴

落共同体がまだしっかりと生きていた。そういえば私が子供の頃も、冠婚葬祭は全て家で行われ、料理作りは近所のお上さん達が集まって作っていたのを思い出した。

〈鼓楼広場で百家宴〉

　馬安村見学後は別のトン族の村に移った。既に夕暮れ時となっていて、当日はその村の広場で百家宴という大宴会で歓迎してもらえることになっていた。

　その広場に行くには、公道から階段を登って行かなければならない。そこに着くとすでに民族服を来た村人が階段に勢揃いをして我々を待っていた。上り口には縄が横に張られている。

　そこに着く前、ガイドから予め歓迎の儀式についての説明を受けていた。まず村人から歓迎の歌の合唱があり、その後に被歓迎者の我々がお礼の歌を返し、再び村人が歌い、我々がそれに返す。これでやっと入場が許されるということで、予め歌う歌を『ふるさと』

と『北国の春』に決めていた。なお、『北国の春』は中国でも大変有名であるとガイドに聞いたのでそれに決めた。

相手側の歌の伴奏は男達による大きな笙の笛による合奏で、それに合わせて女達が合唱する。歌いなれているのか大変上手である。我々も打ち合わせどおり2度返してようやく縄が解かれ入場を許された。

広場には、立派な鼓楼と社殿があった。既に夜の帳が下りて祝宴に相応しい雰囲気となっていた。我々は社殿に並べられた椅子に座って、鼓楼を背にした前庭で演じられる総勢50名もの村人の民族舞踊を見学した。民族衣装で頭に花飾りを着けたお上さんや娘さんたちの華やかな群舞と男達の笙の合奏。すっかり村祭りの雰囲気である。

踊りが終わると、庭に10幾つものテーブルが並べられ、そこに乗り切れないほどの料理が運ばれてきた。七輪に鍋も置かれた。いよいよ大宴会の始まりである。この大宴会を「百家宴」という。それぞれのテーブルには先ほどの笙の笛の男性や花飾りの女性達がそれぞれついて我々を接待してくれた。私についた男性は私同様酒飲みであるらしく、それぞれの小さな猪口に酒を注ぎ2人で同時に飲み干す。これを何度も繰り返す。大分飲んだ頃、今度は女性数人が次々と入れ替わり立ち代り私の口元に猪口を持ってきて半強制的に飲まされる。こうなると、私も老いたるとはいえ日本民族の誇りが湧いてきて負けじと飲み続けた。10数杯は飲んだと思う。

その間、社殿の上では女性達の合唱が続く。それが終わると今度は庭に下りて輪となって踊り始める。我々も手を引かれるままに輪に加わって踊る。アルコールは骨身に浸み込み、頭はすでに陶酔境。この村の接待上手にすっかりやられてしまった。同時に昔まだ若かった頃の田舎のあの楽しかった宴会を思い出し郷愁を誘われた。最後には村人総勢で歌を歌い我々を見送ってくれた。

楽しく飲んだせいか悪酔いはしなかった。しかし、ゆっくり食べる間もなく飲んでいたので、せっかくの大御馳走が何であったかメモにもとれず思い出せないのが残念であった。

四、三江～肇興

前夜の宿は「江景大酒店」。目覚めもすっきり、気分もすっかり旅行者気分。日常はすっかり遠い空の彼方へ。

朝食は、おかゆ、麵、粽《ちまき》、万頭。すべて美味し。

朝から霧深し。ホテルは川沿いにあるので散歩に出てみたが、霧のため景色は見えず早々に引き上げる。いよいよ今日は貴州省に入る。中国で一番貧しい省と言われている。現在中央政府がこの省の観光開発を進めているとのことで高速道路建設中。この旅行中その現場を何度か見た。無責任な観光者の目かも知れないが、この地に連綿と受け継がれてきたであろう自然や歴史が巨大な重機で圧しつぶされているような気がして見たくは無い光景であった。

バスは山間の川沿いの道を行く。

11時頃、地坪《ちへい》の村に着く。ここの風雨橋を見るためである。前述の程陽橋より一回り小さい。中央の橋脚の上と、両岸合わせて三つの楼がある。橋の天井には龍や鶴の絵とか、三味線のような楽器とか笙の笛を合奏している場面とかが描かれている天井画があった。川沿いの両岸は水田になっており、橋に続く高台には小学校があった。そこから見る風雨橋は、背景がうっすらと霞んでいてあたかも一幅の水墨画のような景色であった。

その後、一路肇興《ちょうこう》を目指した。途中市街地に入ったが、そこも建設ラッシュという感じであった。高速道路建設も盛んだが工業団地建設も盛んであるとはガイドの説明。

道すがら、ガイドが酒の話をしてくれた。貴州省には酒が多い、特にここは田中角栄の日中国交回復交渉の際の晩餐会で出された芽台酒の産地として有名である、贋物も多く年間10万トンの生産量のうち本物は1万トンくらいである、そこには役人の不正が介在している、この酒は高価で主に贈答品に使われている等々。

12時過ぎにトン族の村肇興に到着。村には風雨橋のような楼が繋がる大きな関所があり、そこで入場料を払って入る。その村全体が観光地となっているのである。それが村の意思であったかどうかは分からないが。

昼食はトン族料理。まず油茶というお茶が出された。麦あられとピーナッツにお茶を注いだものだそうだ。草魚の熟れ寿司が珍しかった。トウガラシ味。10年ものというから驚いた。その他、もち米ご飯、鶏肉スープ、インゲン炒め、しいたけ炒め、餃子。

食後、まずは当日の旅館「肇興賓館」に荷物を置いてから、ガイドの案内で一通りの村見学をした。観光村ではあるが、冬という時期もあるとは思うが観光客は少なくのんびりとしていて、また村の生活もそのまま維持されており興味津々の見学となった。

見た順にスケッチしてみる。

日当たりの良い敷石の道路上に大きなビニールを広げた上に、何やら黒い粒々状のものが干してある。何かと思ったら蟻であるという。何に使うのかは聞き忘れた。

鼓楼の下で年寄りが2人焚き火をして何かを焼いて食べている。そこは公共空間であり、村人のたまり場、しゃべり場、社交場であるらしい。村内には五つの鼓楼がある。ということは五つの部落があるということである。別の鼓楼では大勢の人が集まり、それぞれ長椅子に腰掛けおしゃべりをしたり、将棋（？）をしたりしていた。別の男達は、何やら敷石の上に小石を並べ、勝負をしているらしい。

メインストリートに並び立つ建物の裏側には川があり、そこでおばあさんが洗濯をしていた。まさか川上から桃は流れてこないとは思うがのんびりとした風景であった。

藍染めの現場も見た。木桶の中に布を浸している女、藍地を砧でトントンと叩いている女、藍地を干している女、竿に藍地が一杯干されている風景、ここは藍地で有名な村とのこと。道路脇で一生懸命刺繍をしている女。ここは刺繍が盛んな村とのこと。

家の軒先や風雨橋の軒先には赤や白の大根が首元で裂かれ、ぶら下げられているが、漬物にするということ。路上の敷石の中央に無数の小石でデザインされた小道が続いている風景。どういう目的か分からないが、何故か心に響くものがある。路上で、揚げ物、煮卵を売っている若い女。何れも興味の尽きない場面に次々

と出くわした

ガイドの案内が一通り終わった後は自由行動。メインの通りから裏通りまで見て回った。各部落の中心部にはやはり鼓楼があり、橋には小さな風雨橋が架かっている。その異風景の探索にはやはり心が躍る。

一通り村めぐりをした後は宿に帰って一眠り。宿は木造で村の風景にマッチした建物であった。

夕方から、鼓楼前の広場の社殿を会場にして、トン族の歌や踊りや民族楽器の演奏があった。主に観光客向けの歓迎の宴のようであった。女声合唱が素晴らしかった。あたかも蝉の鳴き声のように響いてくる。ハーモニーも素晴らしい。何でもここの歌声はつとに有名で、外国にも演奏に出かけているということだった。

立派な鼓楼

夕食後、鼓楼で我々のために演奏会が催された。鼓楼は美しくライトアップされ、楼の下では火が焚かれ、その火を囲んで長椅子が置かれていた。昼間、村人の溜り場に使われていた鼓楼が雰囲気満点の演奏会場になっていた。そこは村人の社交場所となったり、客人の接待場所となったり、宴会場所となったりしているらしい。

民族衣装の若い男女4人による合唱・混声合唱共に、地声でありながらとても繊細であり心に響いた。琵琶や三線《さんしん》の演奏にも感心した。

演奏会終了後、以心伝心で酒の好きそうな同行の男性に声をかけ、屋台の焼鳥屋に行って一杯引っかけてから宿に戻った。陶然たる心地の中、鼓楼と風雨橋、そして美しい歌声を反芻しながら眠りについた。

五、肇興〜榕江

〈翹街《ちょうがい》〉


まだ4日目である。もう随分と少数民族づいた感じであるのに。今日も早朝出発。途中、新幹線の駅の横を通過した。貴陽と広州間850㎞を走っている。昨年開通。トンネルが209あってその全長456㎞とのこと。さすが山国である。近くには高速道路も通っている。貴州省開発の最先端といったところか。

高速道路に乗り翹街という所で下りた。街の入り口には広場があり「紅軍広場」と呼ばれている。また入り口の門には「中国歴史文化名街」と書かれている。ここは紅軍（中国共産党軍）が蒋介石の国民党軍に追われて敗走する途中に一時滞在した街として、党史上は有名な街だそうだ。長征中に毛沢東がリーダーとなり、また長征中に紅軍は鍛えられ雌伏2年、遂に反撃に出て国民党軍に勝利する。私も学生時代、エドガー・

スノーの『中国の赤い星』、アグネス・スメドレーの『偉大なる道』を読んでひどく感激して一時中国革命にのぼせた時期があった。しかし、その後あの文化大革命以降徐々に熱が冷めて、「絶対権力は絶対に腐敗する」との教訓が身に沁みている。

それはそれとして、共産党の重要会議が行われた会館や毛沢東、朱徳、周恩来、陳雲など錚々たる指導者の写真や像が飾られた「軍事博物館」、毛沢東の住い、陳雲の住いなどを見ながら、自分の若い時代も思い出されていささか感傷的になった。街は起伏があり、その中央に一直線の長い街道が延びており、その両側の建物は煉瓦造りのいかにも中国的な意匠が施された造りで見応えがあった。道路わきで野菜を売るおばさん、餅を焼いているおばあさん、孫と日向ぼっこをしているおばあさん等々のその日常の風景は穏やかだった。

〈地門村〉

昼食で10品もの料理で腹を満たした後、トン族の村地門を目指した。

山間の悪路をゆっくりと行く。九十九折《つづれ》れの山道。大型車同士のすれ違いが大変である。お陰で山々の棚田をゆっくりと見ることが出来た。針葉樹林のなだらかな斜面を行くと峠に出て山越えをした。しばらくして谷間の部落に到着。地門村である。

村の入り口の門は高台にあり、そこから村が一望できる。低い里山に囲まれた村である。家々は黒瓦の屋根で統一されている。静かに眠っているような村である。99%トン族とのこと。人口2100人、家は515戸。風雨橋五つ、鼓楼三つ。

坂を下って村に入っていく。子供を背負った母親が川で洗濯をしている。おじいさんが幼児を背に負ぶい

籾が天日干しされている

もう1人の子の手を引きながら子守をしている。道路脇に古い長椅子がぽつんと置かれてあったり、農家の軒先には唐箕が置かれてあったりしている。鶏ののんびりとした鳴き声が聞こえる。ある家の前庭には籾が一面に広げられて天日干しされている。またある家の前庭には10人くらいの男女が小椅子に腰掛けておしゃべりをしている。村の中心部には地門小学校があり授業中であった。それなのに何故か校門の前の家の軒下の縁台に雑貨を並べた店では、小さな3人の子が店番をしていた。まだ入学前なのかもしれない。

村をゆっくりと見て回った。小さめながらその村にも風格ある風雨橋や鼓楼も建っていた。青空の下、村は時が止まったような、眠気を催すような雰囲気に包まれていた。私にとっては子ども時代の故郷の風景が思い出され、しばし郷愁感に誘われた。

〈車江郷へ〉

何度も道路工事現場で通行止めに遇いながら、次なる目的地車江《くるまえ》に移動した。しかしその間の山々の景色は素晴らしかった。あたかも等高線を引いたような棚田や棚畑が続いている。幾世代にも受け継がれてきたであろうこの景観、ただただ圧倒されるばかりである。

車江はそれまでの山また山の地形とは違い広々とした平地の村（郷）である。ここで有名なのが大きな鼓楼である。村の中心部の大きな広場に建っている。「三宝鼓楼」という。高さ35・18ｍ。21層。巨大である。中国一だという。折から夕方でありライトアップもされていた。何でこのような田舎にこのような大きな鼓楼が？ガイドの説明では、これは2001年中央政府によって建てられたもので、少数民族対策の一環であったということだ。これによって「この地域は開放された」と位置づけられたということであった。おそらく中央政府による少数民族解放政策が実を結んだという意味なのであろう。

広場の端には、樹齢1000年という大きなガジュマルの木があった。また、広場の横側には立派なお堂が建っていた。そのご神体は半分開いた「紙の傘様」であり、年に1回だけご開帳されるとのことだが、何故紙の傘なのかという説明は無かった。日本では八百万の神々が何処にでもいて、便所にまでもおられる訳だから紙の傘が神様になっても特に驚くことも無いが。

六、凱里へ向けて

12月31日大晦日、家にいればお節作りをしているはずである。しかし、旅も5日目、すっかり旅気分に馴染んできており故郷は遠くに霞んでいる。この日は榕江《ようこう》県から雷山《らいざん》県を経て凱里《かいり》市に向かう。いよいよミャオ（苗）族の世界に入っていく。

まずは標高２０８０ｍの雷公山の山越えである。その行程約3時間。行けども行けども山の中。時々眺望が開け棚田が見える。頂上には雪があった。

ガイドによるミャオ族概説。ミャオ族は２０００年前頃には今よりずっと北方にいたが、その頃漢族との戦いに敗れ中国南部に移動し山中に逃れた。現在は中国のみならず、ベトナム、ラオス、タイの山岳地帯に分布している。清朝時代には清朝政府の圧制に反抗して何度も農民蜂起「ミャオ族の反乱」を起こした。１９４９年の中国共産党政権発足後は、同政権の少数民族対策により穏健化していった。しかし、１９６５年のベトナム戦争時にはＣＩＡの工作に乗り多くがアメリカに協力をしたが、アメリカが負け撤退した後はその中の多くが報復を怖れタイに逃れたりアメリカ、フランスに移住したりしていった。

説明を聞きながら私も学生時代の「ベトナム反戦運動」や「べ平連」運動などを思い出し、あの戦争がこのような山岳地方の少数民族にまで深刻な影響を与えていたのかと驚いた。アメリカも罪作りな国であると思った。

山越えを終わり山里の街に入るとたまたま野外市場が目に入り、丁度昼飯時であったのでその街で昼食となった。

〈**野外市場見学**〉

市場は露天街である。メインストリートより入り込んだ川沿いの道路の両側に、それぞれの店の売り台が並べられ、日用品のあらゆるものが並べられていた。衣類、履物、女性用髪飾り、鍬や鎌などの農具、果物、野菜、薬草、菓子類、香辛料。台を持たないおばさんたちは、直接野菜を道路に並べている。肉屋も捌きたての大きな肉塊を大胆に並べている。魚類はナマズだけであった。驚いたのがニワトリ屋。竹籠にぎゅうぎゅう詰めにしていて、注文があると、主は1羽を籠から引っ張り出し首を包丁で刎ねて、直ちに火にあぶって羽を取る。そして極め付けのびっくりは、小犬が食用として籠に入れられ売られていたことである。可愛く淋しそうな顔をしていた。

綺麗だったのが、娘さんやおばさん達の髪形。髪を大きな髷に結い上げていて、その後ろの髷の下には幅20㎝もありそうな木櫛を差し込んで飾っている。髷の前方には大きな赤いバラの花飾りを刺している。また、子供を背負っているお母さんのおんぶ帯も可愛かった。背中の部分には伝統的な文様や花模様が織り込まれている。実に華やかである。興奮気味で見て回った。

〈大糖村〉

13時半に大糖村に到着。「短衣苗第一村」と書かれた門を潜って行くと村の広場に通じている。広場の入り口辺りでは3人の民族衣装を纏った女が地酒を用意して待っていた。2人がそれぞれ盃を持っていて1人が酒を満たした土瓶を持っている。それぞれから1杯ずつ合計2杯飲んでからでないと広場に入れない。歓迎の儀式である。

広場は昔ながらの瓦葺の2階建ての高床式のしっかりした建物に囲まれている。広場の真ん中には水牛の角を模した柱が立っている。10人くらいの黒服姿で非常に長い笙の笛を抱え持っており、30人くらいの女性

すばらしい髪型と櫛

地酒の接待。飲まないと村へ入れない

踊りの歓迎

が鮮やかな刺繍の衣装に銀飾りと銀の冠を着けた姿で勢ぞろいしていた。スカートはミニスカート。このミニスカートで有名な村とのことだった。その他、村のおばあさんやおじいさん、子供達、赤ちゃんもそれぞれおめかしをして集まっていた。

まず笙の笛の演奏があり、次いで女性達による輪舞に移った。何種類かの踊りや演奏が繰り替えされ、最後には我々にも踊りに加わることを促がされ一緒に踊った。

吹き手、踊り手とも若い人が少なかったが、若者は出稼ぎに出ているからということだった。それにしても村中総出の大歓迎。一介の旅行者としては恐縮至極であった。

広場からの帰りは別ルートで帰ったが、そのルートの両側には浅い池の上に建つ倉庫群があった。丸柱に支えられた頑丈な建物。穀物を保存し、ねずみと火災から守るためであった。

大糖村を後にして、今度はあの長い笙の笛を作っている工房を訪ねた。

〈凱里の村で結婚式に遭遇〉

16時頃凱里《かいり》の町に入った。石炭で有名だそうだ。人口60万人。国の開発区に指定されビル建設ラッシュが続いているとのこと。それまでの辺境の村に突然都会が現れた感じである。

我々は町中を離れろうけつ染めで有名という村も訪ねた。そこではろうけつ染め博物館を見学する予定であったが、何故かそこは閉まっていた。受付もおらず周囲にも人の気配が無い。ガイドがあわてて携帯で誰かに連絡を取っていたが、その理由はこうだった。当日は村で結婚式があり村人全員がそれに参加するために館を閉めたという。それならそうとその結婚式を見学しようということになり、その村の中心部のほうに行ったところ、広場は既に宴たけなわであった。広場一杯に幾つもテーブルと椅子が並べられ、その上には数え切れないほどの料理が並べられ、賑やかに飲み食いしていた。およそ200人はいたのではないか。その会場の横には嫁入り道具も並べられていた。これには昔懐かしい思いがした。私の子供の頃も嫁入り道具をみんなに見せる習慣が残っていた。テーブルの人に写真撮影の同意を求めたところ、かえって食べ物や酒を勧められ喜んでいただいた。博物館見学よりもよっぽど嬉しい見学となった。

当夜はホテル近くのレストラン。メインはナマズの鍋料理。トムヤムクン風味の酸味のあるスープに、ナマズのぶつ切りを入れた鍋（酸湯魚）。ナマズは子どもの頃良く捕って食べたが、味は癖が無く淡白であり美味かった。

食後、酒の好きそうな2人の同行者と外に出て焼鳥屋に入り、マオタイビールでタニシ、ニワトリ、豚などの串焼きを食べた。
野外市場、村の結婚式見物など予定外の観光が入り満足。

七、安順に向けて

朝食。お粥にザーサイ、きしめん状の米蕎麦に辛スープと香草、きゅうりのベーコン炒め、ドクダミの根にザーサイと高菜漬けの辛味炒め、万頭。皆美味し、朝から満腹。

今日はまず季刀《きとう》村に向けて出発。例によってガイドの講義。ミャオ族の話。中国南方の南方長城は1850年～10年間にわたって築かれたが、これは当時清朝政府に対してミャオ族の農民蜂起が多発したための対策であった。ミャオ族は他民族を信用しない性格を持っていた。1949年に共産党政権によって「解放」され、その後にミャオ族の文字を作った。学校ではミャオ語と北京語が教えられている。伝統文化保存のため刺繍も教えられている。しかし、若い人はミャオ族の伝統的習慣を大切にしない傾向にある。村長は2人いて、1人は共産党員、1人は村の長老で世襲。村内ルールは長老が作る。犯罪に対する罰則も村長の仲裁で決められることがある。例えば、ある村の強姦事件では米、肉を各100kg。不倫事件では米、肉、酒各300kgという例があった。

ここでも酒の関所

〈季刀村〉

季刀村は長江支流の川沿いにあった。戸数109戸、人口500人のミャオ族の村である。国道の橋を渡って、そこから川沿いに何百mか歩いた先に村はあった。途中、バイクの荷台に豚の半身を乗せて走っているのに出会ってびっくりした。各戸とも黒瓦のしっかりとした高床式木造家屋である。

ここでもまず酒の歓迎式から始まった。大糖村と対照的に、この村の女性の民族衣装はロングスカートである。冠の銀飾りももっと派手である。ここでは酒の関所が3か所あって飲まないと先に進めない。しかも盃を自ら手にとって飲むのではなく相手の手から飲まされるのである。誤魔化すことは出来ない訳だ。道路沿いには村人が年に応じた正装をして並んでいる。男達による笙の笛による演奏もある。

そこの広場は小石が幾重にも渦を巻いたような文様に敷き詰められていて、さしずめ小石のアートのようである。用意された椅子に座るとまず代表の女性からの歓迎の挨拶から始まった。続いて男達による笙を吹きながらの踊り、女達による輪舞や対面しながらの踊りがあった。回る時ロングのプリーツスカートが開いり閉じたりしてとても艶やかである。最後は周りで見ていた年寄り達の踊りもあった。

一通り踊りが済むと、広場中央に長机と椅子が並べられ男女が対面して座った。机には各人用の盃と酒入りの土瓶が置かれている。そしてそれぞれ対面の人の盃を持ち合い交互に飲みあうのである。男女対面で飲みあうというのが珍しかった。

その後、村の長老宅を見学させてもらって村を後にした。それにしてもこの歓迎振りは驚きでさえある。仮に旅行社がお礼の金を支払っているとしても、このような村人総出のような正装による大規模な歓迎式は、到底金銭で購《あがな》えるようなものではない。やはり真実心から歓迎してくれているものだと思う。そうするのが習慣化しているのであろう。

〈安順市へ〉

凱理市内に戻って州立民族博物館を見学した。33の少数民族の立像、写真、楽器などが展示されていた。

昼食後、水牛による闘牛が盛んだという青曼《ちんまん》村を訪ねた。そういう村だけあって、大きな水牛の手入れをしている場面や、小学校の塀に闘牛の画が描かれたりしていた。村内に小さな民族博物館があり、それは日本人の韮塚さんという女性が寄付したものと書かれていた。

安順《あんじゅん》市には高速道路で行った。カルスト地形のせいでお寺の鐘を伏せた乳房のような形の小山が次々と現れる。双乳山もある。交通量は少なかったが、いずれは開発が進み交通量も増え、少数民族村も大きく変貌

年寄りも踊りに参加してくれた

青曼村小学校

するに違いない。

安順市は大都会である。大きなビルが林立していた。

夕食後、前夜の2人の同行者と町に出て、広場脇のテント小屋で、地酒で焼き肉や臭豆腐を食べた。

八、長角ミャオ族の村見学

この日は、今回の見学のメインとも言うべき長角ミャオ族村見学。以前テレビの旅番組で、貴州省のある少数民族村の女性が横長のどでかい髷のような髪飾りを頭に載せている姿を見てびっくりしたことがある。今回このツアーを選んだのも冥土の土産にそれを実際に見てみたかったからである。

安順のホテルを8時頃出て、目的の村高興村に着いたのは11時頃であった。村の入り口には大きな木の門があって、若い娘さんらが横一列になって、あのテレビで見た大きな髷を頭に載せ白い襷《たすき》のような布で頭に固定している姿で立っている。それぞれ酒瓶・盃を持っていて、3杯飲まないと門を通れない。貴州省少数民族村は何処もこれが客をもてなす儀式のようになっているようで、私のような酒好きにはたまらなく嬉しいものだ。

若い娘さんが大勢いたのは、この時期正月休みで学校が休みだったからだということだった。我々も運が良かった訳だ。小さい子供らも男の子も女の子も可愛い民族衣装を着ていた。まさか普段からこんな格好で

長角ミャオ族の娘さんと子らとパチリ

いる訳も無いだろうから、やはり我々一行を歓迎するための衣装だった訳である。

ガイドの説明では、この髷の重さは平均2kgというからこれを着けたまま1日過ごすのはかなり大変だが、昔はこれをつけるのが身だしなみであり、男性にもてるというので1日中着けていたそうだ。今は、今回のように歓迎式や何らかの儀式の時、村から外出して町の市場に行く時に付けるということであった。

「長角苗服飾伝習所」という所で、髷の着け方が実演・披露された。実際の髪の毛に木製の角状の大きな櫛をつけ、これに付け髷を巻きつけて結っていく。

その後中庭に導かれ、娘さんらによる民族舞踊が披露された。まだ初々しく恥ずかしげでとても可愛らしかった。最後は我々も踊りに参加して一緒に舞った。十分に冥土の土産になった。今、これを書くについて、その時の写真を見ているが本当に可愛らしい子達であった。

その後、村内を見学したが、ガイドの話だと7年前までは村内に公安警察が常駐していたということだった。最後はやはり娘さんらが門まで送ってくれて手を振って送り出してくれた。

また3時間をかけて昨夜のホテルに戻った。夕食時、親しくなった同行のFさんと25度の地酒500cc入りを飲んだらかなり効いて良い気分となった。その勢いを嘗《かっ》て、もう1人の同行者と一緒に犬肉の燻製を肴に、宿の部屋で持参のウイスキーを飲った。同行のうるさいおしゃべり女を酒の肴にして。

九、黄菓樹大瀑布〜石頭賽村

〈黄果樹大瀑布見学〉

観光最終日。午前中はホテルから1時間の所にあるアジア最大の大瀑布「黄菓樹大瀑布《こうかじゅ》」を見学。これも石灰岩のカルスト台地が作り出した景観である。大峡谷も多々あるという。門柱には「黄菓樹村国家重点風景名地区」と書かれている。世界自然遺産登録を求めているが未だ成らずということだった。大観光地ということでシーズンには大行列が出来るとのことだ。

園内は良く整備されていて、滝に至る道路途中にはドでかい盆栽が置かれた庭園があり庭好きの私を喜ばせてくれた。盆栽は日本のお家芸と思っていたが、これもまた中国が先輩であると思うといささか残念ではあったが。

大瀑布の大迫力

大瀑布はやはり大きかった。落差101m、幅78m。その瀑音も含めて大迫力であった。また、滝の裏側の洞窟を通り滝の内側からも滝が見られるようになっていて、それも感動ものであった。そこでは縦から横から遠近各所から写真を撮って土産とした。また、同行者の比較的若い目鼻立ちの整った女性2人が、貸衣装屋で借りた民族衣装を着たのでその真ん中に入って、滝をバックに写真に収まった。にやけずに写っていたのは良かった。

〈石頭賽村石造りの建物〉

午後は、屋根も壁もみんな石造りという石頭賽村《せきとうさい》に行った。ここは91%がプイ族の村である。これまで見てきた貴州省の民家は木造高床式住居が多かったが、ここの村の一地域の家々は完全石造りであった。古い家は600年も経っているという。小高い斜面に建てられていて、その地域を一巡した。ある民家では家の中まで見せてくれたが、古いテレビはあったが、台所

屋根も壁もすべて石造り

は暗くいかにも不便であり、どう見ても住み心地は良いとは思われなかった。現に住人の多くも出来れば便利な家に移りたいと思っていると聞かされた。実はこの村は現在観光地化の最中だとのことだった。いずれはこの地域の家は観光客用に残される運命ではないかと思った。

帰り道でのガイドからの話。この村では昔から祭りが多い。祭りは他村との付き合いの場であり男女交際の場である。そこで祭りには他の村からも年頃の男女が集まり、男女気持ちが一致すれば林の中で1泊する。結婚の約束をしても3年間は同棲せず、その間は自由恋愛期間であるという。聞きながら、今の日本でもそのようなことが一般化しているのではないかと思った。

〈貴陽市　最後の晩餐〉

16時過ぎに貴州省の省都、貴陽市に入った。国から開発特区に指定されている由で高層ビル建設の真最中。人口400万人。

ホテルは貴陽市旧市街の「麗豪大飯店」という四つ星の高級ホテル。垢抜けてはいないが名の如く豪壮な感じ。夕飯は外の高級レストラン。すべて珍しく美味であり中華料理の奥深さを思い知らされた思いであった。

その後、添乗員らにも声をかけて7～8人で横丁の屋台へ行った。酒は「極妙」という名の焼酎。串焼きを食べながら旅の最後の夜を楽しみかつ惜しんだ。

訪朝の記

期　間　１９８３年9月15日～30日（15日間）
旅行先　朝鮮民主主義人民共和国

（２０１７年12月執筆）

中華人民共和国
朝鮮民主主義
人民共和国
大韓民国
日本

一、はじめに

1983年（昭和58年）9月15日から30日までの15日間、北京経由で朝鮮民主主義人民共和国（北朝鮮）を訪問した。「日本法律家代表団」という気恥ずかしくなるような団体名で行ったのだが、実態は「在日朝鮮人の人権を守る会」代表団であった。その年は会が結成20周年を迎えたということでその記念行事として行ったのだが、実態は北朝鮮の招待であった。だから、入国以降の滞在中の経費はすべてタダ。いわば「国賓」待遇ということで行ったのである。というより、当時はそういう形でしか北朝鮮には行かれなかったのである。

当時、韓国では全斗換《チョンドファン》政権による軍事クーデター、戒厳令、野党指導者の金大中《キムデジュン》らの逮捕などがあり、それに対する国民による民主化闘争、それに対する弾圧事件（光州事件）があり、北朝鮮も全斗換政権との対立を強めていた時期であった。そこで、私を心配して参加見合わせを忠告してくれる友達もいた。しかしこの機会を逃したら同じような機会は2度と訪れないだろうということ、「百聞は一見にしかず」、国交も無く厚いベールで覆われた国を直に見てみたいとの好奇心、それに生来旅好きの性癖が勝り行くことを決意したのである。

しかし帰国後何日もせずして、北朝鮮の工作員による、ビルマ（ミャンマー）のラングーン（現ヤンゴン）での全斗換大統領の暗殺未遂事件が発生したのを知ってびっくりした。南北朝鮮が当時そこまで緊張関係にあったとはつゆ知らずであった。

ここで話を進める上で、「在日朝鮮人の人権を守る会」の説明及び私との係わりについて述べておく必要があろう。

同会は1963年に発足したが、当時の在日朝鮮人の人権状況は法律上も実際上もひどい状況に置かれていた。朝鮮戦争終結以降、日韓両政府は国交の無い北朝鮮を抜きにして韓国との間で「在日韓国人の法的地位協定」の締結交渉を進めていった。その内容は韓国籍の人に限って永住権を与え、その永住権取得者に限って退去強制事由を制限する（一般外国人とは違い基本的に強制送還されることはないこと）法的地位を与えた。つまり、朝鮮籍の人はその法的地位を得ようとすれば韓国籍に国籍を変えなければ永住権を取得できず、例えば7年以上の実刑判決を受ければ一般外国人と同様に本国（北朝鮮）に強制送還されてしまうことになるのである。

一寸話は変わるが、そのような政治状況の中で、北朝鮮を差別したり蔑視したりする者達による朝鮮高校生に対する集団暴行事件が頻発するようになった。今のヘイトスピーチ行動が暴力化したものと思えば分かりやすいであろう。このような事態は、戦前までは日本国籍であった人々に対する対し方としては到底許されるべきではないとの機運が識者を中心に起こり、集団暴行事件の実態調査団が結成された。その呼びかけ人には多数の著名人がなったが、その中には作家の大江健三郎、俳優座の千田是也、当時の総評事務局長の岩井章、映画監督の羽仁進、小説家阿部知二の名もみえる。しかし総体的には弁護士が多かった。弁護士は「人権擁護、社会正義実現」が弁護士法上の使命とされているのであるから、それは当然といえば当然のことであったろう。

その実態調査団が解消発展して出来たのが「在日朝鮮人の人権を守る会」である。その設立趣意書では同会の設立趣旨を次のように述べている。「在日朝鮮人は、国際法上外国人としての権利を有する上に、その歴史的特殊事情からみて、彼らの処遇には特別の配慮が与えられなければならない人々である。そのような在日朝鮮人がいまなお人間としての固有の尊厳さえ侵され続けている。かかる在日朝鮮人の権利を擁護することは、全日本人の義務であり……在日朝鮮人の人権を守る運動は、同時に日本人自らの人権を守る運動である」。

私は、司法修習が終わって就職したのが「仙台中央法律事務所」であった。同事務所は当時の「総評弁護団」の中心的な事務所であり、労働者側、組合側の立場で労働事件を担当することが多かったが、人権擁護活動も活発であった。その一つに「在日朝鮮人の人権を守る会」があり、同事務所は宮城県における事務局のようになっていた。入所早々、あの松山再審事件で有名な青木正芳先生から同会の担当を申し付けられたのが会と係わるきっかけであった。

以後、年1回の会の全国連絡会にも出て、また青木先生にくっついて出入国管理法違反事件、つまり在日朝鮮人の退去強制事件にも係わった。法務省から退去強制令書を発布された在日朝鮮人を、何としてでも退去強制令書の取消や執行停止を勝ち取って、退去強制をさせないための法廷闘争が中心であった。例えば刑事事件で懲役7年以上の実刑判決を受けると、前述のように韓国籍の人と違い北朝鮮に強制送還されてしまうのである。しかし、１９１０年の日韓併合（朝鮮の植民地化）以降日本国籍として日本に住んでいて、また日本で生まれ育ち、送還されても親族も知り合いもいない人も、言葉も自由に話せない人も居る。また、例えば朝鮮籍でも、南の済州島出身の人のように地理的にも北朝鮮には縁もゆかりもない人もいる。そのような人を、どのようにして在日となったのかの歴史的特殊事情も考慮せずに、韓国籍の人と差別して北朝鮮に強制送還をする。これはいかにも理不尽な差別的な扱いであった。

その後、さすが政府も我々の運動もあり、またそのようなあからさまな差別政策は続けられないと見たのか、在留資格については韓国籍と同様に扱うこととなり退去強制事件を扱うことは無くなった。

前後するが、この事件を扱うということは、必然的に朝鮮籍の人の事件を扱うことになるから、朝鮮総連（日本における北朝鮮の窓口的な、大使館的な役割を担っている）との関わりが出てくる。そのようなことで在日朝鮮人の人権を守る運動に対する御礼の意味を含めてか、あるいは北朝鮮の対日友好運動の一貫としてか、招待という形で訪朝するに至ったものである。何しろすでに34年前の話である。記憶も薄れている。しかし、帰国後、参加者で「訪朝の記」を纏めた本を出版したことを思い出し、探してみたら出てきた。写真も出てきた。そこで、訪問先の事実関係については他の参加者の文章も借用しながら、また写真で記憶を喚起しながら纏めたものである。だから記述の正確さについてはおぼつかないことが多々あるがご容赦願いたい。また旅行記というより報告書のような中身になってしまっていることもお許しいただきたい。

二、平壌市への道

日本と北朝鮮との間には国交が無い。よって直行便は無い。地図を見ても分かるとおり韓国のソウル市と北朝鮮の平壌《ピョンヤン》との距離はそう遠くは無く、直行便があればソウル市に行くのと大差の無い時間で平壌に行かれる。しかし国交が無いので、直行云々どころか日本のパスポートがそもそも通用しない。よってその時も北京経由で行った。

成田を出発して北京に着いたのは16時頃であった。当時の北京空港は大平原のど真ん中にあって町から遠く離れていた。現在のあの近代的で巨大な空港からは想像出来ないくらいのローカルな雰囲気の中にあった。北京市内にはタクシーで行った。空港から確か柳の並木が一直線に続く長閑な道を行った。北京は文化大革命が終結してまだそれほど経っていない時期であり、開発はまだ始まっていなかった。市内には馬車が走り裸の男も歩いていた。市民の移動手段は圧倒的に自転車。車はまだ新車は見られず古車、古々車がほとんど。朝鮮大使館に行ってビザを申請した後、ようやく当日の宿泊先の「華都飯店」に到着。部屋に着いても荷物はなかなか来ない、夕食を食べようとしたら既に食堂は閉店、レストランを予約したがタクシーが1台しかなくピストン輸送、帰りのタクシーもなかなか手配つかず、ようやくホテルに帰り風呂に入ろうとしたがお湯が出ない等々、まだ当時の中国にはサービスの概念はないようであった。

2日目、飛行機は中華航空の40人乗りのプロペラ機。搭乗口には2人の係官の他に小銃を肩にした兵士がいたのにはいささか緊張した。搭乗者は我々のメンバー9人の他は4～5名。飛行時間約4時間。眼下に大同江《テドンガン》が見えてきた。未知の国との初対面。いよいよという感慨が湧いてきた。平壌の空港は広々とした畑の中にあった。

タラップを降りて空港に着くと、小学5～6年生くらいの女の子9人からそれぞれ花束の歓迎を受けた。皆、紺のジャンパースカートに赤いネッカチーフ、髪には色とりどりの大きなリボンを着けて可愛いしぐさで微笑んでいた。その後は、また1人ずつ手をとって空港控え室まで案内してくれた。控え室には、対外文化協会（対文協）副委員長、同副事務局長、民主法律家協会の弁護士と通訳の人が出迎えてくれた。その田園の中の空港から40分ほどで、平壌市内の「蒼光山《チャングァンサン》ホテル」に到着。以後平壌を離れるまでの10日間の内9日間（もう1泊は夜行列車泊）をこのホテルに泊まった。

いよいよ旅の始まりである。

三、平壌市内見学

市内には、南北に大同江と普通江《ポトンガン》が流れている。蒼光山ホテルは普通江の畔の千里馬通りにある18階建てのビルである。ホテルからはその通りが一望できる。道路沿いには高い建物が林立している。ビルはすべて労働者住宅と説明された。各1階部分は食料品店、衣料品店、理髪店等々の店舗となっているものが多い。

蒼光山ホテルより市内を見る

市内見学の第一印象は広々として清潔な町ということである。緑も多く、市内を流れる大同江、普通河に象徴されるように水も豊かである。これは意外であった。千里馬通りの道幅も広い。いざという時滑走路に使うのかなどと勘ぐったくらいだ。車と人は少ない。我々は終始車で移動したが渋滞とは全く無縁であった。というよりそもそもまだ車そのものが少なかったのである。

我々が乗った車だが、すべてスウェーデン製のボルボ。専用の運転手がついて1台に2人乗り。まさに国賓待遇である。車の先には小旗がはためいていて、それが国賓車を意味するのか、我々の車が通ると沿道の市民が皆手を振ってくれる。特に小さな子供達は一様に頭にリボン、首にネッカチーフを巻いていて、笑顔で一生懸命手を振ってくれる。おそらく学校でそのように教わっているのであろう。気恥ずかしいが悪い気はしなかった。

最初に大同江のほとりに建つ「主体《チュチェ》思想塔」に案内された。その年の前年に、金日成《キムウイルソン》主席の生誕70周年を記念して建立されたとのことであった。渡されたパンフレットには「偉大な金日成主席の革命思想と革命業績を、代を継いで末永く輝かそうとする朝鮮人民の念願と不動の意志を反映して建立された主体思想塔」と書かれていた。塔は広々とした石畳の公園の中に建つ。花崗岩製で白い。高さ１７０ｍ、文字どおり天を突く高さである。塔の尖塔には赤色の烽火《のろし》のオブジェが載っている。世界で最も高い石塔とのこと。塔の前には２人の男と１人の女が鎌や槌などをかざしている像が建っている。３人は労働者、知識人、農民を現しているとのこと。主体思想の象徴なのであろう。夜にはライトアップされる。なお、大同江の川中から噴水が吹き上げていて、その噴水は１５０ｍ吹き上げている由。塔にはエレベーターが付いており１５０ｍまで昇れるとのことだったが、残念ながらその日は休みで昇れなかった。対岸には「人民大学習堂」「革命記念館」が望まれる。全体として各建物がゆとりを持って配置され、かつ風光明媚である。

「主体思想塔」

「凱旋門」

石造りの地下鉄構内

次に案内されたのは「凱旋門」。これも主体思想塔と同じく金日成主席の生誕70周年を記念して建てられたとのこと。渡されたパンフレットには「時代と革命の前に積み上げた偉大な指導者金日成主席の不滅の業績を称える凱旋門」と書かれていた。高さ60m、間口52mの花崗岩製。パリの凱旋門に似ている。ちなみに北朝鮮には石材が豊富にあり石文化の国であるそうだ。

「千里馬像《チョルリマ》」もみた。千里馬は翼を持ち1日に千里を駆けるという朝鮮の伝説上の馬である。北朝鮮においては社会主義建設の象徴とされている。これも石造りの高い台座の上に天を駆けるような雄姿で建っている。

平壌市内の交通機関はバスが主力であり、何故かバイクや自転車はほとんど見なかった。地下鉄もある。東西線、南北線が交差して2本敷設されている。ラッシュ時には頻繁に運転されているとのこと。なお、地下鉄には1駅区間だけ乗ったが、構内には花崗岩や大理石がふんだんに使われていてその重厚さに驚いた。

その夜は、対文協によるレセプション。市内のモランボン公園の中にある「牡丹閣」というレストラン。宮廷料理ということであった。なお朝鮮料理の話は後でまとめて書くことにする。

四、「主体思想」のレクチャー

訪問2日目、対文協の第7局長という人から主体思想の講義があった。「金日成　主体思想について」という日本語訳の教科書に沿ってなされた。主体思想が朝鮮労働党の基本的思想であることは知っていたが、その中身を聞くのは初めてであった。どんなものかと興味もあり、また被招待者としての礼儀からも一応まじめに聞いた。

たかだか2時間くらいの講義で、一つの社会主義の思想体系を理解することは出来ないことは当然であるが、主体思想が一つの理論体系をなしていることは理解できた。私も若い頃、（自称）インテリの教養の一つとしてマルクス、エンゲルスの思想体系に「触れた」ことがあったので、主体思想の大枠がそれを基礎にしていることは理解できた。しかし、その本は、偉大な金日成主席は「マルクス・レーニン主義を朝鮮革命の実践に適用するに止まらず、確固とした主体的立場に立って革命理論の新たな領域を切り開き、革命実践が提起する諸問題を創造的に解明した」との論調で一貫している。たとえば本文から引用してみるとこうである。自国の事大主義、教条主義の弊害を述べた上、「主席はこうした事大主義、教条主義の禍から深刻な教訓を汲み取り、革命は他人の承認や指示によることなく、自分の信念にもとづき自分が責任をもって進め、革命におけるすべての問題を自主的、創造的に解決すべきだという真理を明らかにしました。これが主体思想のいま一つの基点であります」とある。

しかし、現実に訪問した当時も主席に対する個人崇拝は相当に進んでいて、国民がそれに対する異論は言える状況ではなく、「自分の信念に基づき自分が責任をもって」「問題を自主的、創造的に解決」する自由など全くなかったに違いなく、理想と現実のギャップは明らかであった。一口に言ってしまえば主席に対する崇拝は、戦前における日本の天皇崇拝に近い、あるいはそれを越える程度にまで至っていた。そのような現状の中で、引用した主体思想と個人崇拝思想との乖離をどのように説明するのか、講義を聴いていて大いに違和感があった。特に、今回の訪朝団の全員は弁護士であり、「人権擁護と社会正義の実現」を弁護士法上の義務として活動している立場からして、主体思想の理論と実態との乖離の問題は目に付かざるをえないものであった。しかし、質問しても納得できる回答が得られるはずも無く、議論できる雰囲気でもなくただ聞いていた。

但し北朝鮮のために一寸だけ弁解しておくと、当時は韓国も民主化はなっておらず、それまで長い間朴正《パクチョン》熙《ヒ》大統領、全斗煥《チョンドゥファン》大統領などの軍事独裁政権下にあり、前述のとおり「光州事件」など民主化弾圧事件も発生していた。また中国もソ連も共産党独裁政権下にあり、北朝鮮が突出した独裁政権国家であったという訳でもない。当時は社会主義思想も元気であり、西側の資本主義思想とその優位性を競っており、北朝鮮も韓国と対等に経済発展を競っていて、その優位性競争の中にあった時代である。「西側」日本でもまだ日本社会党が十分に元気であり、北朝鮮とも友好関係にあった。現に我々訪朝団の団長は、弁護士にして社会党の衆議院議員であったI先生であった。

五、施設見学

滞在中、前述の主体思想塔などの外多数の施設見学が組み込まれていた。その内いくつかについて、主に前述の帰国後参加者で作成した訪朝記を頼りにまとめてみた。

〈朝鮮中央歴史博物館〉

主体思想塔から大同江を挟んだ対岸にある。館長は女性であり、応接間でお茶の接待を受けた。テーブルにはタバコが置いてあり勧められた。まだタバコは貴重であり、客に対してタバコを勧めるのが接待の基本のような感じであった。安重根の書、高麗青磁が印象に残っている。

旧石器時代から１９１９年の「三・一独立運動」まで、人類の闘争と創造という視点で様々な歴史的資料が展示されている。ちなみに「三・一独立運動」とは、日本統治下の１９１９年3月1日から始まった全土的な抗日・独立運動のことで２００万人もの人が集会やデモに参加したと言われている。日本帝国陸軍及び海軍はこれを徹底的に弾圧した。日本側の発表でも死者７５０９人、負傷者１万５９６１人の他、４万６９４８人が投獄されたそうである（ウイキペディア）。このような展示を見るのは辛いものである。

ここで一寸脱線。当時その弾圧に対して、あの民芸運動の父柳宗悦が「朝鮮人を想う」と題した一文を読売新聞で連載していたのは、聊《いささ》かの救いであった。例えば以下の一文。「反抗する彼らよりも一層愚かなのは圧迫する我々である。血の流れを覧るが如き暴行を人は如何なる場合に於いてもなしてはならぬ。併しこれと共に圧制によって口を閉ざす如き愚かさを重ねてはならぬ。かかる事は嘗て1度も如何なる処に於いても真の平和と友情とをもたらした場合がない。刀の力は決して賢い力をうまぬ」。（山形県、鶴岡の私の尊敬する先輩弁護士故脇山弘先生の随筆『柳宗悦と朝鮮』から孫引き）。

工芸品展示室では有名な高麗青磁も見た。帰国直前に高麗青磁の壺を土産に戴いた。

〈人民大学習堂〉

人民大学習堂は思想塔の河を挟んで真向かいにある。延面積10万㎢の大建造物であり、大理石もふんだんに使った石造りである。大きなお寺の屋根のような瓦葺である。パンフレットによれば、総座席数は５０００余、毎日１万余名が利用出来、堂内は６００余室に区切られている。８００席の大講義室もある。そして「この人民大学習堂は、人民に思想と理論、化学と技術、文化などの知識を深く習得させる学びの大殿堂、全社会インテリ化の強固な基地であり、勤労者の通信総合大学でもある」とされている。

バルコニーに上がってみると、前面には金日成広場、左右には先ほどの朝鮮歴史博物館、朝鮮美術博物館があり、さらに大同江の向こうには主体思想塔が聳え立っている。全体としてシンメトリーに配置されていて、眺望はすっきりとしている。

〈金日成総合大学〉

平壌市北端の緑濃い丘の上に建つ。敷地１６５万㎡と広大。その中に総建築面積40万㎡の中に大小各種の校舎、学生寮などが配置されている。4～5階建ての建物から20階建てまである。学生数1万２０００名(自然科学系60％、男子70％)。社会科学系は5年制、自然科学系は6年制。昼間学生の他に、夜間大学生、通信大学生が５０００人ほどいる。

１９４６年の解放後、金日成主席の提唱でいち早く創立された。新社会建設のため民族幹部を養成するのが最大の任務であったという。校内には「金日成同志革命事蹟館」もある。我々は科学図書館、講義室、講座室、自然博物館などに案内された。

「金日成総合大学」

その後、2人の法学部教授との懇談の場が設けられた。憲法と刑事訴訟法の先生であった。裁判所訪問を希望していたが、日程の都合で実現出来なかったことの代わりということだった。主に刑事手続きや家族法関係について話しが集中したが、俄かには信じがたい回答もあった。例えば、「社会的な教養教育により離婚問題は解決済み」、「刑事犯罪についても社会主義法務指導委員会を中心にした社会教育により十分に防がれており、一面では法学部学生の研究対象を見出せない悩みがある」、現社会主義体制への批判があったとすればそれは犯罪になるのかとの問いに対しては「犯罪になるほどの批判と行動をした場合に限られるが、具体的事例に直面しないので現実味に乏しい」など。

最後に弁護士という職業の有無とその資格要件について質問したところ次のようであった。「専門的職業としての弁護士はいる。国家的組織ではなく社会的組織としての弁護士会もある。資格要件には日本のような司法試験制度はなく、法律学教育修了者、もしくは司法実務経験者などが資格を有することになる。裁判における弁護人には、弁護士ばかりではなく友人、親族なども裁判所の許可を受ければなれる」。

〈平壌69竜女子高等中学校〉

69なる名称は１９６９年に金日成主席が同校の敷地を定めたことにちなむとのこと。生徒数９００名、教員数54名で11歳から16歳までの女子生徒が義務教育の最終段階として6年間､知識及び技術を学ぶ教育機関。高等中学校6年の前に人民学校4年があるとのこと。いずれも午前中は教科書による知識学習で、午後は実験、実習、技能習得など実践の時間となっている。自動車自習室、「金日成元帥革命活動研究室」における学習結果発表場面、化学実験室でのハッカ油採取実験、通信実習室での学習用ラジオを前にした内部構造学習、物理実験室での磁力による発電実験、生物実験室での葉の気孔観察、ミシン実習室での花模様刺繍作業等々を見学した。訪問した時間が午後だったので実践中心の授業時間だったのであろう。

少年団室はいかにも北朝鮮らしかった。幹部会議中とのことで、１人が前に立って何やら意見を述べている最中であった。各自左腕に赤字と星の少年団記章をつけている。説明によれば、星一つは委員、副委員長は二つ星、委員長は三つ星で、班、群、団と組織の規模に応じて赤地の横線が増加するという。なお、少年団は人民学校3年から高等中学校4年まで6年間で、15歳からは社労青（朝鮮社会主義労働者青年同盟）に加盟することになっている。そしてもう一ついかにもと感じたのは、2～3の教室の入り口上方に、確か赤い額の標識があり、何かと思ったらそこに書かれた年月日に金日成主席が教室を訪れたことの印であるということだった。

音楽で歓迎された

最後に案内されたのが音楽室。壁面を明るい風景画が覆っている。教室というより舞台の感じ。民族衣装を着た総勢70名の女生徒による合奏、合唱、独唱、ミュージカル、民族楽器の演奏など40分にわたって聞かせてもらった。その演奏の技術力や歌唱力の高さには正直驚いた。英才教育をしているのではないかと疑うほどであった。しかしそこの先生の説明では「この程度の音楽水準は、どこの学校にも共通する平均的なもの」ということだった。また「必ず一つ以上の楽器、一つ以上のスポーツを身につけさせて義務教育を終える」とも話していた。

教室を出ると一斉に生徒達に取り囲まれ車まで見送られた。おそらく我々は大切な外国の賓客であると生徒達にも伝えられていたのであろう。

〈灌漑施設見学、閘門見学〉

「岐陽灌漑管理所」という灌漑システム見学があった。主体思想のもと食料の自給は農業政策の大きな課題であったはずだ。そこの管理所の所長さんが熱意を込めて説明してくれた。その灌漑施設完成前はその地にはトウモロコシとヒエくらいしか作れなかったが、その完成により稲作が可能になった。朝鮮戦争停戦後のまだ国力も乏しい頃であったが、金日成主席の先見性により「水を高きに流す」という発想の大転換により成ったものである。つまり豊かな大同江の水を揚水設備によって高所に引き上げ、それをダム湖に貯水しそれを安定的に灌漑用水に使用するというものである。ダム湖は4部落を埋没させて出来た広大な広さである。その水は水力発電にも使用される。この灌漑施設の完成により、穀物の収穫量は飛躍的に伸びた。説明を受けた後、実際に揚水機室に案内され大同江から47ｍの高所に揚水されている現場を見た。

場内の果樹園にはリンゴが植えられ色づいていたことが思い出される。その果樹園の頂上からは大同江が望まれるが、そこでその果樹園のリンゴをご馳走になったことも記憶に残っている。

別の日に閘門《こうもん》見学があった。美林閘門、峰火閘門、南浦閘門の三つを見せられた。閘門とは一口に言えば堰のことである。運河や放水路などで水量を調節するための堰、河川などの水面の高低差のある場所で水面を上昇させて船を行き来させるための装置のことである。三つの閘門は何れも大同江を堰き止めて建設されていたが、南浦閘門はまさに突貫工事中であった。宣伝将校の説明によれば、以下の三つの目的で造られているとのことだ。一つは灌漑用水を得ることで、全部完成すれば30万haの海面干拓地に給水が可能となる。もちろん同時に工業用水、飲用水の確保も。二つは東海と西海を結ぶ水路を切り拓くことである。東西間の輸送手段は年来の課題であり、水量の豊富な大同江を途中6か所で堰き止め、閘門を設けて船舶通行を図ろうというもの。三つは水力発電である。北朝鮮は電力を水力と石炭に頼っているが、外国からの石油に頼らずに自力でエネルギーを賄うために努力している。

大同江の河口に建設中の南浦閘門は巨大な規模であった。工事を担当しているのは3個師団の人民軍兵士だと説明された。まだ童顔の残る兵士が懸命に仕事に取り組んでいる様子が印象的であった。ただ当時私は仙台で「仙台の自然と水・ブナを守る会」の代表をしていた者として、この巨大なダム建設による環境への悪影響が心配であった。

ともあれ、北朝鮮は我々に社会主義経済発展の姿を見てほしかったのであろう。


〈青山里共同農場〉


農業の集団化は社会主義国共通の農業政策であるようだ。ソビエト時代の「コルホーズ」、中国の「人民公社」と同じように、北朝鮮でも金日成主席の指導の下、農業の集団化が進められた。青山里《チョンサンリ》共同農場は、金日成主席が何度も現地指導に入り社会主義農村建設の模範の集団農場になったと説明された。「青山里精神、青山里方法」と言われ青山里こそが戦後農業の画期点とされ、平壌から28㎞の丘陵地帯に豊富な写真資料を収めた「事蹟館」まであり、農場管理委員会副委員長という人が案内してくれた。

農村における技術、文化、思想の三大革命を遂行する中で、地域に適合した総合農業を拡大・充実させ、豊作、増産を続けていることを、情熱をもって説明していた。

トラクター教室、土壌地質室、作物種類知識室、肥料・除草・殺虫学習室、主体《チュチェ》農業講義室などに案内された。ついで託児所、幼稚園にも案内された。

金日成の生家

〈万景台〉

万景台《マンギョンデ》は北朝鮮建国の父、金日成主席の生誕の地である。平壌の都心から約12㎞離れた大同江の岸辺の小高い丘にある。あの万景峰《マンギョンボン》号で有名な海抜45ｍの万景峰が近くにある。そこにも登って悠々と流れる大同江を見た。生家は小さな藁葺きの家である。主席の曽祖父が１００余年前（訪問当時）に、地主の山林と墓の番人として住んでいた家とのこと。祖父母、父母、弟、叔父の写真や、農具、台所用品、勉強机、箪笥、本箱などが陳列されている。

主席が幼い頃虹をつかもうとして登った松の木と谷地ダモの木も大切に管理されている。そこで貰ったパンフレットによればこうである。「主席はある雨のあがった日に、虹をつかもうとして谷地ダモの木に登った。見ると虹は万景峰麓の松の木にかかっていたので万景峰に駆けつけ、松の木に登った。しかし虹はさらに高い青空をきれいに彩っていた。虹は消え去っても、主席の幼い胸には祖国の未来への愛と思想が赤く燃えていたのである」。

主席が父と一緒にしばしば登って喉をうるおし冷水摩擦をして心身を鍛えたという万景峰の「泉」、主席が幼い時によく滑ったという「すべり岩」、幼年時代に友達と一緒に相撲をしながら強い意志を養ったという「相撲場」なども見所になっていた。

近くには「万景台革命学院」、「万景台少年団野営所」、「万景台遊園地」、「万景台革命事績館」もある。

六、開城～板門店

北朝鮮に入って6日目、夜行列車で開城《ケソン》へ向かった。今回の旅行で最も行きたかった所である。

一寸脱線するが、私の小学3年生から6年生までは朝鮮戦争（１９５０年～１９５３年）の真最中であった。毎日のように新聞に戦況の記事が載っていた。そこには朝鮮半島の地図と共に双方の最前戦ラインが引かれており、それが日々上がったり下ったりしていた。連合軍の日本占領終了が１９５２年（サンフランシスコ講和条約発効）であるから、新聞論調は当然ながら北側は「悪」南側は「善」の立場であり、我々小学生もラインが北に動けば喜び、南に動けばがっかりする感じであった。近所に北村君という暴れん坊がいて、「お前は北だ！」などと言って囃していたことを覚えている。そして6年生の頃に「38度線」で停戦になったこともうっすら覚えている。正確には「北緯38度線」であったが、当時「38度線」はあたかも流行語のようにしばしば耳にした。

ということで、その38度線に行ける、しかもあの「北」側から行ける、見られるというのは抗しがたい魅力であった。友人の心配をも退けて訪朝団に参加したのもこれが第一の理由であったといってもよい。ウイキペディアによれば、「板門店は、朝鮮半島中間部に位置する朝鮮戦争停戦のための軍事境界線上にある地区である。北側の朝鮮人民軍と南側の国連軍の停戦協定が１９６３年に調印され、同年10月以降は停戦を監視する「中立国監視委員会」と「軍事停戦委員会」が設置され、停戦協定遵守の監視を行っており、60年以上に渡る南北分断を象徴する場所となっている」（これを書いている２０１７年では65年経っていることになる）。

「板門店の周囲は南北両国の共同警備区域となっており、韓国軍を中心とした「国連軍」と朝鮮人民群が停戦ラインを隔てて顔を合わせている」。

板門店はソウルの北80㎞、平壌の南２１５㎞、開城の南８㎞に位置する。我々は平壌から夜行列車で行った。軍事的観点からか昼間は避けたのだろうなどと噂しながら。しかし、車中では我々専用の通訳から彼の日常生活などいろいろと話を聞いてそれなりに楽しかった。通訳は日本には１度も行ったことは無いと言っていたが、朝鮮なまりも無く流暢なのには驚いた。おそらく、当時はまだ日本の植民地時代に話していた日本語を上手に話せる人は多くいたであろうから、驚くに当たらないかもしれないが。

板門店では兵士に案内された。軍事停戦委員会の本会議場の近くには「板門閣《ハンムンガク》」という施設があり、そこで兵士から朝鮮戦争中、米軍がいかにひどいことをしたかについての説明がされた。またそこには朝鮮戦争

軍事境界線上に立つ建物

中の米軍による朝鮮人虐殺を写したという写真、生首を並べその前で米軍兵士が記念写真を撮っている写真などが展示され、またポプラ事件の時に米軍が使用していた斧なども展示されている。なおポプラ事件とは1976年に共同警備区域内に植えられていたポプラ並木の剪定作業を発端に、韓国軍、アメリカ軍と北朝鮮軍が武力衝突し、一時緊迫状態になる事態に発展した事件である。

その後、本会議場に移った。会議場はブルーと白の建物であるが、ブルーは韓国側で、白は北朝鮮側で管理しているという。その1棟に兵士に付添われて案内された。そこが停戦協定のサインがなされた場所である。中央の机の上には国連軍と北朝鮮軍の旗が置かれていた。またその机の中心線上にはマイクのケーブルが引かれているが、その線が南北境界線上に当たるという。さすが緊張したが「俺はとうとう来た、見た」との感慨も湧いてきた。

監視所よりイムジン河を遠望した

北側の「板門閣」に対峙するような形で、韓国側にも「平和の家」という建物がある。また監視塔があり、そこから北側の「板門閣」に出入りしている人々の写真を撮っている。当然我々も写されたのではないかと思う。その時私は、もう韓国には行かれないものと覚悟した。当時韓国側も軍事政権で国防保安法という法律もあり、北に訪れたとの一事だけでもスパイの嫌疑をかけられ逮捕もされかねないと思ったからである。しかし、その後年2007年8月にに仙台弁護士会山楽部で停戦ライン近くの「雪嶽《ソラク》山」という山に登るため韓国に行ったが、なんとも無かったのでホッとした。すでに民主政権下であったのでほとんど心配してはいなかったが。

　板門店のあと、開城市長豊群九加里という遠方にイムジン河が見渡せる監視所に行った。当時『イムジン河』の歌も歌声喫茶か何かで覚えていたので、遠望であれこの目でみたことは感動ものであった。この歌はフォークルセダーズが歌っていたが放送禁止、発売禁止になったことを覚えている。しかし、歌自体は曲も歌詞も素晴らしく何で禁止されるのか、表現の自由違反ではないかと納得できなかったことも覚えている。ちなみに私の覚えている1番の歌詞はこうだ。「イムジン河水清く　とうとうと流る　水鳥自由にむらがり飛びかうよ　我が祖国南の地　おもいははるか　イムジン河水清く　とうとうと流る」というものである。

監視所を去る時、人民軍兵士が言った言葉を覚えている。「一日も早く朝鮮の平和的統一を勝ちとり、自分の足で全朝鮮を歩いてみたい」。

帰りは、板門店の南北の緊張など関係ないようなのんびりした開城の農村風景を見ながら開城市に向かった。日除けのさっかけで覆われた朝鮮人参畑が続く風景が印象に残っている。朝鮮人参は開城の特産品であり、重要な輸出作物である。滞在中「朝鮮人参酒」を良く飲んだ。開城市では、開城市人民委副委員長主催のレセプションがありご馳走になった。

平壌への帰りもまた夜行列車であった。

（JASRAC出1806955-801）

七、金永南《キムヨンナム》氏と懇談

我々は、金日成《キムイルソン》主席との懇談を願ってみたが、所要があるということで実現せず、しかし、当時も確かナンバー2の金永南氏に会うことが出来た。当時の正式な肩書きは「朝鮮労働党中大委員会政治局委員書記」である。現在（2017年）は「最高人民会議常任委員長」である。金日成、金正日《キムジョンイル》、金正恩《キムジョンウン》と3代の主席の最側近の地位にある。何を話したかは忘れてしまったが、温厚な人柄を感じた。ネットで見たが今もイランのロハニ大統領と会談したり、ベネズエラでの非同盟諸国会議へ参加したり、元気に活躍されている様子である。まさに一期一会、少しの時間の懇談であったが、直接会話を交わした1人として同氏の健康を祈念している。

その他、平壌サーカス劇場でのサーカス見物、文化会館での「栄光の歌」鑑賞、映画鑑賞、「妙香山」という景勝地観光、帰還者との懇談等々があったが省略。

八、朝鮮料理

実は、朝鮮料理については、先述の帰国後まとめた「訪朝の記」で私が担当したので、それを基にしてまとめた。

当時、私の知る朝鮮料理といえば焼肉、冷麺、キムチ、ナムルの域を出なかったが、行って食べてみて認識を改めた。対文協レセプションの際の「牡丹閣」でのご馳走、開城《ケソン》市の人民委員会主催のレセプションや我々が対文協の人達を招いた時の「玉流館」での料理の数々は、何れも美味で盛り付けも美しかった。

ちなみに玉流館での料理の一部を紹介してみよう。上新粉で作ったもち肌そのものの餅、神仙炉と称する薄味の牛肉スープの鍋料理、鶏モモの皮と豚挽き肉の肉詰め、大同江のボラの餡かけ、きれいに澄んだ牛肉味スープ、微妙な味のタコの酢のもの等々。これら一つ一つはそれぞれ、朝鮮民族の伝統を感じさせるに十分な味を持っていた。１９１０年の日韓併合で日本に併合されるまでは朝鮮にも長い間「李王朝」が続いてきたのであり、どこの国も王朝には宮廷料理が発達するのであるから、北朝鮮にも美味い料理の伝統が引き継がれているのは考えてみれば当たり前ということになる。

以上の料理がいわば宮廷料理であるが、では日常の料理はどんなものか。10日間ほとんど毎日3食味わった「蒼光山ホテル」のある日の料理を紹介しよう。

(朝食) 牛乳粥、辛子明太子状のもの、冷製キムチスープ（水キムチ）、鶏肉の唐辛子炒め、春雨と野菜の炒め物、それにバター、パン、コーヒー、ミルク。

(昼食) カレイのから揚げ、牛肉煮付け、鶏肉・ピーマン・玉ねぎの串焼き、キュウリ酢漬け、卵スープ、キムチ。

(夕食) イカの唐辛子味煮付け、ゼンマイのナムル、春雨・肉・ナマコの炒め物、牛肉味スープ、スープ状キムチ、アイスクリーム。

これら料理の全体の印象としては、非常に親しみやすく飽きないということであった。それもそのはず、基本的な調味料として醤油、味噌が使われていたからであろう。違うのは多くの料理に香辛料として唐辛子、ニンニクが使われ、風味としてゴマ油が多用されていたことである。なお私は、その時の旅行以降趣味として多くの国を旅したが、イタリア、ドイツ、オーストラリアなどヨーロッパ諸国では4〜5日もすると料理に食傷気味になるが、北朝鮮も含めアジア諸国ではそのようなことが無い。食を通じてもアジアは共通の文化圏にあると感じた。

蛇足かもしれないが付け加えよう。帰国後、料理趣味人（実は私は料理が趣味）として何冊かの朝鮮料理本を読んだ。それによれば、日本の誇るべき調味料、味噌、醤油について、実はそのルーツは朝鮮にあるということであった。朝鮮では昔から味噌は「テン醤」醤油は「カン醤」といって、何れも「醤」（ひしお）といって大豆を原料として、醗酵を利用して作られた同種食品である。昔、日本で味噌のことを「高麗醤（こまびしょ）」といっていたことからも裏付けられるとのことであった。

九、北京経由で帰国へ

帰りも北京経由であり、1泊して北京市内及び近郊の名勝を観光した。市内は未だ開発されておらず、それだけにまだ古い町並みが残っており風情があった。特に「胡同《こどう》」と「四合院《しどういん》」地区がまだあちこちに残っており、昔ながらの庶民の懐かしい生活が息づいていた。

一方、中心街には乗用車は少なく自転車部隊が流れをなしていた。市民の生活は貧しいらしく、道行く人々の服装も地味だった。夕食のために町に出て食堂に入り、せっかくだからということで北京ダックを注文し

自転車通勤ラッシュ時になると自転車の流れとなる

万里の長城にて

たが、我々のテーブルの周りを囲むようにして、我々の食べる様子を恨めしそうに眺めていた人達がいたことが思い出される。また、夜に北海公園を散歩したが、若いカップルがあちこちの暗いベンチで寄り添っている姿を目撃した。文化大革命終了後市民の自由も少しずつ改善されているのかと思った。

天壇《ていだん》公園、故宮《こきゅう》、万里の長城（八達嶺）、明の十三陵を見学したが、どこも観光客が少なく快晴下気持ちの良い観光が出来た。


私はその後も2度訪れたが、その度に町は大変貌して胡同街もどんどん取り壊され、大きなビル街が形成されている姿を見て「日本と同じだな、もったいないな」と思った。特に3度目は北京オリンピックの前の年で、昼間でも青空が見えず町全体がスモッグに覆われている姿を見てビックリ、ガックリした。同時に、あれから34年後の現在、中国は既に世界第二の経済大国になり、少なくとも北京にはあの頃の貧しさは微塵も見られない。対して日本は当時に比べ経済は停滞し「ジャパン・アズ・ナンバーワン」は昔語りとなってしまった。栄枯盛衰を想う。

十、感想

今これを書いていての感想である。やはりあの時行っていて良かったと思う。

当時も南北の緊張はあったものの、いずれは緩和し北京経由でなしに直行便で北朝鮮に行くことが出来る日が来るかもしれないと思っていた。ベルリンの壁も崩れたのだから、同じ第2次大戦後列強（米ソ）の思惑によって分断国家にされた南北朝鮮だって、早期の南北統一は無理にしても、休戦状態から平和条約締結に至ることくらいは可能であろうと思っていた。

しかし、その期待は全く外れ、南北の緊張は当時よりも数段と高まってしまった。そして今現在は、北朝鮮による連続した長距離ミサイル発射、核実験実施により南北ばかりではなく国際的レベルで緊張が極度に高まっている。これを書いている期間中の早朝、「Ｊアラート（全国瞬時警報システム）」の音に目を覚まさせられた。北朝鮮が大陸間弾道ミサイル（ＩＣＢＭ）を発射したとして、「頑丈な建物や地下に非難して下さい」との異様な声がスマホから流れてきた。それ以降はほとんどのテレビ局が政府の発表を延々と繰り返していた。しかし、後から知ったことだが、Ｊアラートが鳴った何分後かにはミサイルはすでに北海道上空を通過し、しかも高度は「国際宇宙ステーションより高い」宇宙空間を飛んだということであった。そうとすれば、何故今すぐにもミサイルが落下してくるかもしれないというような恐ろしい内容のＪアラートを鳴らしたのか。仮に最初の発表はやむを得ないとしても、通過後にはすぐにでも警報を解除し冷静な対応を呼びかけるような内容に変更しなかったのか。また、メディアも政府発表をそのまま繰り返して危機を煽るようなことをし続けたのか。事実を正確に伝えるのがメディアの使命ではないのか。仮に発射当日はやむを得ないとしても、その後はメディアとしては、Ｊアラートのだし方、列車の停止や学校の休校までしたことの必要性（異常性）等について議論したり検証したりすべきではなかったのか。私にはむしろそのようなこともせずに、危機を煽り続けた政府やマスメディアの現状のほうが心配だ。

今日のニュースでも、北朝鮮の相次ぐミサイル発射や核実験に対する国連による制裁決議の問題が取り上げられていた。相変わらず安倍政権はトランプ政権に追随して「制裁一本槍」で突き進んでいる。対する中国、ロシアは「対話」を強調している。その中で韓国文在寅大統領は最も近い危機の当事者であるにも係わらず冷静に思い悩んでいる。私にもそれなりの考えはあるが、この問題にはこれ以上は立ち入らない。

しかし、一つだけ朝鮮問題を考える場合、北朝鮮がこのような状況になってしまったことの原因について日本は無関係ではないということを付言したい。冒頭にも触れたが、1910年の日韓併合以降、朝鮮は日本の植民地とされ、朝鮮人は日本国民とされ、徹底した皇民化教育の下皇国臣民とされ、先の戦争でも日本人として戦わされ、敗戦後連合軍の裁判で日本軍人・軍属としてBC級戦犯となった人達も多数いる。

さらに朝鮮民族にとっての不幸は、日本の敗戦により日本の植民地からは解放されたものの、朝鮮半島が北緯38度線を境にして、南部はアメリカ軍によって、北部はソ連軍によって占領されて分断統治されてしまったことにある。その上東西列強の政治的対立に翻弄されて、結局は朝鮮戦争を経て再び南北朝鮮の分断国家の固定化という民族的悲劇にも見舞われ今に至っている。この歴史的経過を踏まえれば、日本は現在北朝鮮が置かれている状況について全く無関係であるとは言えない、と私は思う。もともと日本の植民地支配さえ無ければ、米ソに分割統治される謂われもなく、分断国家ということにもならなかったからである。むしろ日本こそドイツの例にならえば、敗戦国として米ソによる分割統治の危険性は十分にありえたのであり、そうなったとしてもドイツ同様文句の言える筋合いではなかった。そうならなくて本当に良かったと思う。それに引き換え日本の植民地とされたお陰で、分割統治から分断国家へとされた朝鮮民族の悲劇に対して、日本が無関係であるはずは無いと思う。

また一つ、現在の北朝鮮の主席に対する個人崇拝の徹底は、戦前の特に1938年（昭和13年）の国家総動員体制以降の天皇崇拝体制に似ており、その自らの歴史的事実を踏まえずして北朝鮮及び国民を嘲笑うことは私にはできない。70年一寸前までは日本も同じような状況にあった訳であるから。むしろ同様の過去を経験した日本人としては、政権は別として、せめてその圧政下で苦しむ多くの朝鮮国民に対しては思いを致し、憐憫の情を持って対すべきではないかと思う。

さらにまた、1933年に日本は「満州国建国」を国際社会が認めてくれないことを理由にして国際連盟を脱退したが、それは今現在北朝鮮が自国の主張（自国の独裁体制を世界最強国アメリカに認めてもらうこと）を力づく（核実験とICBMの発射）で推し進め国際社会から孤立しているのに大変似ている。日本はその結果、アメリカからの石油禁輸などの経済制裁にあい、ますます孤立を深め、ついには太平洋戦争にまで進んでいってしまった。何かとても似ている。とすれば日本は、その悲惨な経験を基にして、国連においてはアメリカ追随一辺倒ではなく、固い信念の下に、絶対戦争にだけは進ませないという考えと行動をとるべきではないかと思う。

34年前に私が訪れた時、当時も貧しかったがまだ韓国とも体制の優劣争いをしていて、それなりに希望があるように見えた。それが今や命をかけて脱北する国民がいる。国民が国を棄てるに至るには余程の訳があってのことである。これまでも何度かに渡る経済制裁で、食料はじめ燃料、医薬品などの不足は明らかで、2500万人の国民生活は大変困窮し疲弊しているに違いない。それを想像するだけでも、私には対話ではなく「徹底した経済制裁」などと言うことは到底言えない。

仮に戦争にまでは至らないとしても、出口なしの徹底的な経済制裁をすれば莫大な数の難民が発生するに違いない。ボートピープルとなって日本に押し寄せてくることも十分に考えられる。と思っていたところ、図らずも今日（２０１７年9月25日）の朝刊を見て唖然とした。それによれば、麻生副総理が講演の中で、朝鮮半島から大量の難民が日本に押し寄せてくる可能性に触れ、「武装難民かもしれない。警察で対応するか、自衛隊、防衛出動するか。射殺か。真剣に考えなければならない」と発言したとのことだ。

日本と同じ第2次大戦の敗戦国ドイツ。ナチズムに対する徹底した反省の下に人道主義を掲げ、シリヤ難民80万人もの受け入れを表明し実行している。またメルケル首相は今回の北朝鮮制裁決議についても、あくまで出口なしの経済制裁ではなく対話による解決を強調している。つまり、難民問題に限ってみてもドイツは、「発生した難民は受け入れる、しかし、難民が発生するような事態になることは避けるべき」と言っているのに対し、日本の副総理は、これまでも難民は余程のことが無い限り受け入れない政策を取っているのに加え、国連の制裁決議問題では、難民が発生する事態に至る蓋然性が強い政策を進めながら、難民が発生したら警察か自衛隊の防衛出動で対応し、場合によっては射殺すべきかどうかも考えておくべきと言っている。このドイツとの差はどこから出てくるのだろうか。

時期は前後するが、もう一つ見逃せない記事を目にした。２０１７年9月1日に開催された「関東大震災朝鮮人犠牲者追悼式」にたいして、それまで石原新太郎元知事も含め歴代都知事が送付していた追悼文を、今年は小池百合子都知事の判断で送付を取りやめたとの記事である。仮に大震災に伴う流言飛語による朝鮮人の虐殺の犠牲者が6000人ではなく2233人（司法庁調査）であったにしても813人（朝鮮総督府官憲調査）であったにしても、それは数の問題ではなく、都民がデマ情報により全く罪の無い朝鮮人を虐殺したことは事実であり、都民の代表としての知事がその慰霊と2度と同じ過ちを繰り返さないとの誓いを込めて追悼文を送付するのは自然であり当然のことである。まして、それまで続けてきたことをやめる理由は無いと思う。何故に小池知事は韓国・朝鮮との関係で、対立の方向ではなく融和の方向に動かないのだろうか。日本人としても残念でならない。

旅行記らしからぬ旅行記となってしまった。しかし「私的旅の味わい方」としては有りかなとは思っている。

ネパール

「ボダナート寺院」ネパール最大のストゥーパ

「チャング・ナラヤン寺院（世界遺産）」
その前で穀瓶を振っていた

少数民族タルー族の村

夕日に輝くアンナプルナ連邦マチャプチャレ

チュニジア

意外とサラダの品数が多く新鮮である

サハラの夕景色

ベドウィンの衣装で砂漠を行く

ドゥッカのローマ遺跡、まだ全体の４分の1が発掘されていない

ウズベキスタン

新鮮なサラダ

文化遺産の建物の中庭でディナーショーが開かれた

ヒワの町の民宿のような旅館で

ウズベキスタンはどこでもバラが咲いていた

北インド

ガンジス河

ヘビ使い

聖牛はどこにでもいる

アグラ城から、タージ・マハルを遠望

パキスタン

パキスタンの兵士と

チョリスタン砂漠のテント村

我々がめずらしく、すぐ人が集まってくる

かっこいいおじさん

秘境
チベット

マニ車

山上のタルチョ

牛が放し飼いにされている

新疆ウィグル自治区

三蔵法師が説教した高昌故城の部屋

ウィグル自治区の６種類のワイン

タクラマカン砂漠の朝

焼きたてのナンは美味い

スリランカ

山一面が茶畑だった

赤紫色の水蓮はスリランカの国花である

広大な密林が広がる

ダンブッラの石窟寺院

ミャンマー

バガン遺跡の夜明け

インレー湖独特の漁法
片足で立ち片足で漕ぎ両手で投網

後光の部分は電飾でキラキラ

インディン遺跡・仏塔群

ヨルダン

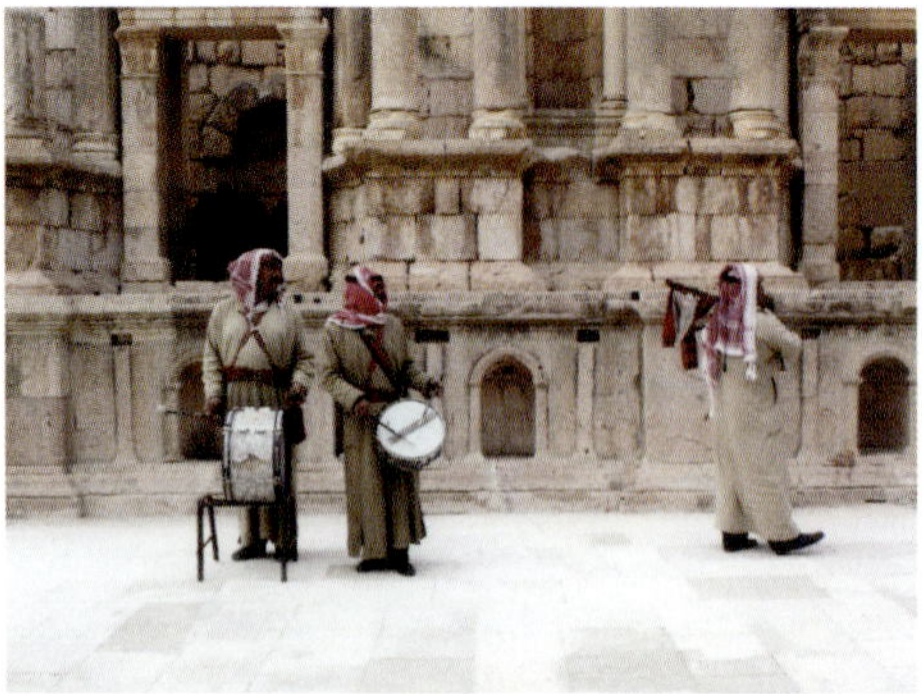

「ジェラシュ遺跡」にてベドウィンの楽隊

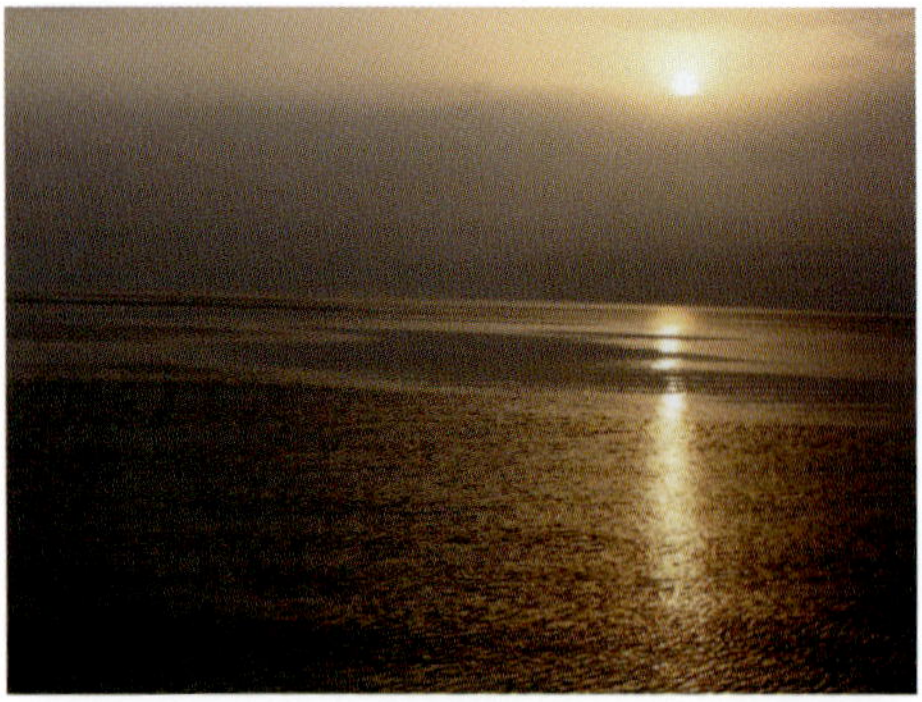

死海の日没

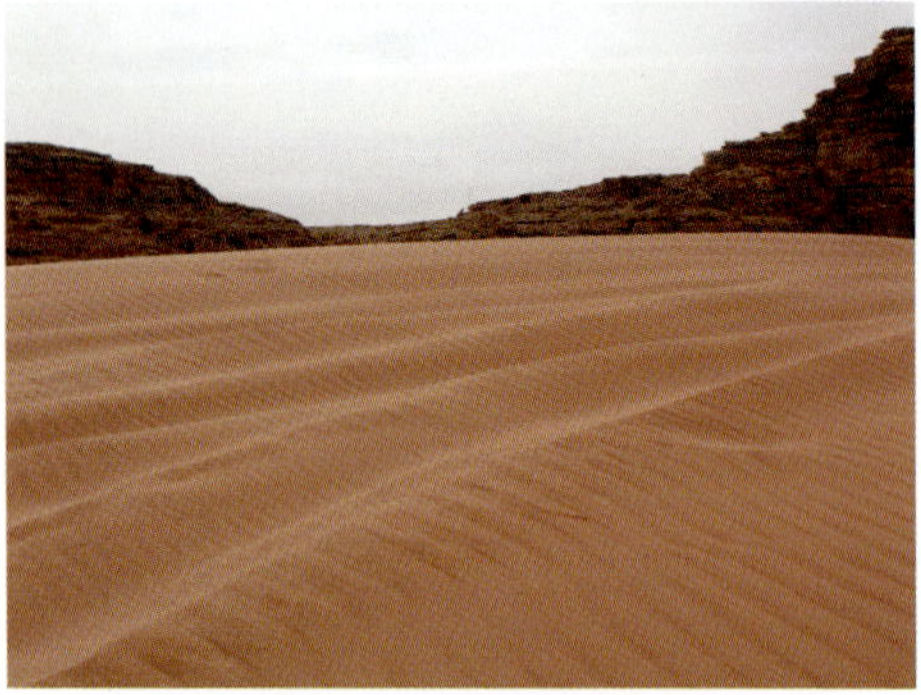

ワディ・ラム砂漠の風紋

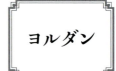

ウンム・カイスで見た野生のシクラメン

貴州省
少数民族

民族服姿のお母さん

お年寄りも踊りに参加

長角ミャオ族の子供達

民族服の少年

あとがき

「私的旅の味わい方」。この題名は２００２年に私が宮城自治研究所の理事長をしていた時代、私の還暦記念出版として旅行記を出した時に出版担当者が付けてくれたものです。その時の旅行記は普通のものとは違って、多々政治的私見が混じっていたり、あっちこっちと脱線したりしていたので、この題名は本の内容にぴったりで気に入りました。そこで今回も「続・私的旅の味わい方」としました。しかし、今回は前回ほど脱線していません。それは載せたい旅先が多くそんなことをしていたら一冊では到底収まり切れないことになってしまうからです。それでも今回「トルコ周遊とカッパドキア」「バングラデシュの歴史文化と生活探訪」の掲載は諦めざるをえませんでした。それでもこんなに厚くなってしまいました。

旅とは要するに「知らない町を歩いてみたい、どこか遠くへ行きたい」ということだと思います。異文化・異風景に対する憧憬と言っても良いでしょう。私は前巻にある「イスラエル追想」「幻想のモロッコ」の体験から、以来イスラム教圏に嵌ってしまい意識的に選んで行っていました。計画にはリビア、イエメン、シリアも入っていましたが、ご存知のような政情で行かれなくなってしまいました。真に残念です（世界中どこへでも旅が出来る時代が来ることを祈らずにはいられません）。

もう一つ旅先を選ぶ基準は、皆が余り行っていない所、一寸危険な所を選ぶということです。外務省には申し訳ありませんが、その危険情報で「不要不急の渡航は止めてください」との勧告の場合でも行くことが多いです。この場合旅行社を信用して行く事になります。私の場合大抵「西遊旅行社」か「ユウラシア旅行社」ですが、この旅行社はちょっと危険な所、秘境、辺境へも行ってくれて私の趣味にあった旅行社です。何れもいわゆるパック旅行社ですが、私のような、言葉も出来ない、仕事柄長期休暇も取れない、もはや足腰に自信が無いという者にとっては有り難い旅行社です。旅行代さえ払えば、安全に、要領良く見所を案内してもらえるからです。

本文にも書きましたが、インドのヒンドゥ教社会では人生を四つの時期（学生期、家住期、林住期、遊行期）に分けていて、私はそれによれば最後の「遊行期」に当たります。その期は「家を捨て死に場所を求める放浪と祈りの余生の時期」だそうです。現今その様なことは到底叶いませんが、せめて気持ちだけはその気になって近未来の冥土への土産、子どもや孫らへの置き土産のつもりで出版することにしました。

出版に当たっては私の事務所近くの金港堂にお願いしました。さすが老舗の出版社、何度も校正していただいたり誤りを指摘していただいたりして、中身は別として造本は立派なものに出来上がりました。出版部の菅原真一さんには大変お世話になりました。心より御礼を申し上げます。

平成30年8月5日

著者略歴

高橋　輝雄（たかはし　てるお）

1941年横浜生まれ。中央大学法学部卒業。
仙台弁護士会所属弁護士。元同会人権擁護委員会委員長、元日弁連人権擁護委員会副委員長、青年法律家協会宮城支部長、宮城憲法会議事務局長などを歴任。93年より95年まで「仙台市民オンブズマン」代表。98年から7年まで宮城地域自治研究所理事長。元仙台のブナ林と水・自然を守る会会長。

続・私《わたくし》的旅の味わい方

平成30年9月2日　初　版

著　　者　髙　橋　輝　雄
発 行 者　藤　原　　　直
発 行 所　株式会社金港堂出版部
仙台市青葉区一番町二丁目3-26
電話 仙台（022）397-7682
FAX 仙台（022）397-7683
印 刷 所　株式会社ソノベ
